Word 2019

SÉRIE INFORMÁTICA

Dados Internacionais de Catalogação na Publicação (CIP)
(Jeane Passos de Souza — CRB 8ª/6189)

Pimentel, Leonardo
    Word 2019/ Leonardo Pimentel. — São Paulo: Editora Senac São Paulo, 2020. — (Série Informática)

    ISBN 978-85-396-3105-6 (impresso/2020)
    e-ISBN 978-85-396-3106-3 (ePub/2020)
    e-ISBN 978-85-396-3107-0 (PDF/2020)

    1. Microsoft Word (Programa de computador) 2. Aplicativo para computador: Processamento de texto I. Título. II. Série.

20-1067t
                                          CDD – 005.36
                                          BISAC COM058000

            Índice para catálogo sistemático:

    1. Microsoft Word : Computadores : Programas :
        Processamento de texto   005.36

Word 2019

Leonardo Pimentel

Editora Senac São Paulo – São Paulo – 2020

ADMINISTRAÇÃO REGIONAL DO SENAC NO ESTADO DE SÃO PAULO
Presidente do Conselho Regional: Abram Szajman
Diretor do Departamento Regional: Luiz Francisco de A. Salgado
Superintendente Universitário e de Desenvolvimento: Luiz Carlos Dourado

EDITORA SENAC SÃO PAULO

Conselho Editorial: Luiz Francisco de A. Salgado
　　　　　　　　　Luiz Carlos Dourado
　　　　　　　　　Darcio Sayad Maia
　　　　　　　　　Lucila Mara Sbrana Sciotti
　　　　　　　　　Luís Américo Tousi Botelho

Gerente/Publisher: Luís Américo Tousi Botelho
Coordenação Editorial: Ricardo Diana
Prospecção: Dolores Crisci Manzano
Administrativo: Verônica Pirani de Oliveira
Comercial: Aldair Novais Pereira

　　Edição e Preparação de Texto: Rafael Barcellos Machado
　　Coordenação de Revisão de Texto: Luiza Elena Luchini
　　Revisão de Texto: Augusto Iriarte
　　Projeto Gráfico e Capa: Antonio Carlos De Angelis
　　Editoração Eletrônica: Marcio da Silva Barreto
　　Impressão e Acabamento: Gráfica CS

Nenhuma parte desta publicação poderá ser reproduzida, guardada pelo sistema "retrieval" ou transmitida de qualquer modo ou por qualquer outro meio, seja este eletrônico, mecânico, de fotocópia, de gravação, ou outros, sem prévia autorização, por escrito, da Editora Senac São Paulo.

Todos os direitos desta edição reservados à
Editora Senac São Paulo
Av. Engenheiro Eusébio Stevaux, 823 – Prédio Editora
Jurubatuba – CEP 04696-000 – São Paulo – SP
Tel. (11) 2187-4450
editora@sp.senac.br
https://www.editorasenacsp.com.br

© Editora Senac São Paulo, 2020

Sumário

Apresentação — 7
    O que é a Série Informática — 9

1 Primeiros passos — 11
    Conhecendo o Word 2019 — 13
    Guia *Arquivo* — 22
    Exercícios — 28

2 Formatação básica — 29
    Guia *Página Inicial* (parte 1) — 31
    Exercícios — 57

3 Trabalhando com parágrafos — 59
    Guia *Página Inicial* (parte 2) — 61
    Exercícios — 84

4 Produtividade — 85
    Guia *Página Inicial* (parte 3) — 87
    Exercícios — 105

5 Trabalhando com páginas e tabelas — 107
    Guia *Inserir* (parte 1) — 109
    Exercícios — 135

6 Trabalhando com imagens — 137
    Guia *Inserir* (parte 2) — 139
    Exercícios — 161

7 Trabalhando com desenhos e modelos 3D — 163
    Guia *Inserir* (parte 3) — 165
    Exercícios — 181

8 Trabalhando com elementos gráficos — 183
    Guia *Inserir* (parte 4) — 185
    Exercícios — 201

9	**Trabalhando com recursos on-line**	**203**
	Guia *Inserir* (parte 5)	205
	Exercícios	219
10	**Aparência e exibição do documento**	**221**
	Guia *Design*	223
	Guia *Layout*	225
	Guia *Exibir*	226
	Exercícios	234
11	**Referências e revisão**	**235**
	Guia *Referências*	237
	Guia *Revisão*	244
	Exercícios	253

Sobre o autor	**255**
Referências bibliográficas	**257**
Índice geral	**259**

Apresentação

O que é a Série Informática

A Série Informática foi criada para que você aprenda informática sozinho, sem professor! Com ela, é possível estudar os softwares mais utilizados pelo mercado, sem dificuldade. Para utilizar o material da Série Informática, é necessário ter em mãos o livro, um equipamento que atenda às configurações necessárias e o software a ser estudado.

Neste volume, estruturado com base em atividades que permitem estudar o software passo a passo, são apresentadas informações essenciais para a operação do Microsoft Word 2019. Você deverá ler com atenção e seguir corretamente todas as instruções. Se encontrar algum problema durante uma atividade, volte ao início e recomece; isso vai ajudá-lo a esclarecer dúvidas e resolver dificuldades.

Estrutura do livro

Este livro está dividido em capítulos que contêm uma série de atividades práticas e informações teóricas sobre o Microsoft Word. Para obter o melhor rendimento possível em seu estudo, evitando dúvidas ou erros, é importante que você:

- leia com atenção todos os itens do livro, pois sempre encontrará informações úteis para a execução das atividades;
- faça apenas o que estiver indicado no passo a passo e só execute uma sequência após ter lido a instrução do respectivo item.

Como baixar o material da Série Informática

É muito simples utilizar o material da Série Informática. Inicie sempre pelo Capítulo 1, leia atentamente as instruções e execute passo a passo os procedimentos solicitados.

Para a verificação dos exercícios dos capítulos e das atividades propostas, disponibilizamos no site da Editora Senac São Paulo os arquivos compactados contendo o conjunto de pastas referentes aos projetos que serão desenvolvidos ao longo do livro.

1. Para fazer o download, acesse a internet e digite o link:

   http://www.editorasenacsp.com.br/informatica/word2019/atividades.zip

2. Ao ser exibido em seu navegador, faça o download da pasta com o nome de *Atividades* na área de trabalho (ou no local de sua preferência).

3. Descompacte os arquivos.

Bom estudo!

1

Primeiros passos

OBJETIVOS

» Conhecer a tela de trabalho do Word 2019
» Conhecer a guia *Arquivo*
» Criar um arquivo
» Inserir texto
» Salvar um arquivo

Conhecendo o Word 2019

Desde que foi lançado, em 1983, o Word se consolidou como o mais eficiente e popular programa de edição de textos do mercado. Com ele, podemos fazer relatórios, currículos, trabalhos escolares e muitos outros tipos de documentos. Embora não seja um programa de diagramação profissional, ele permite criar páginas razoavelmente complexas e bonitas, com recursos para a utilização de cores, diferentes formatações, ilustrações, tabelas e elementos multimídia. Em sua versão atual, o Word chega a fazer traduções automáticas e ler em voz alta o texto que acabamos de escrever!

É claro que, com um número maior de recursos disponíveis no programa, o estudante ou profissional que usa o Word precisa estar atualizado, conhecer suas novas funcionalidades. E é isso que pretendemos proporcionar com este livro. Assim, vamos começar a desbravar o Word 2019 conhecendo seu layout, seus elementos e suas diferentes telas, que serão detalhadas nos capítulos seguintes. Mas, antes de qualquer coisa, é preciso botar o programa para funcionar.

> Ao contrário de versões anteriores, o Word 2019 funciona somente no sistema operacional Windows 10.

1. Para abri-lo, digite *Word* na caixa de pesquisa da *Barra de Tarefas*.

2. Ao digitar o nome do programa, será exibida automaticamente uma lista de resultados que correspondem à pesquisa. Clique no ícone do programa para iniciá-lo.

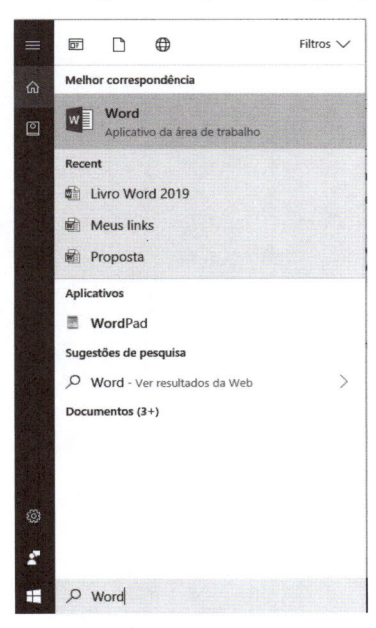

Outra maneira de abrir o Word é apertar a tecla *Windows* do teclado (ou clicar no botão *Windows* no canto esquerdo da *Barra de Tarefas*). Isso abrirá a lista alfabética de todos os programas instalados no computador. Localize o Word e clique sobre ele.

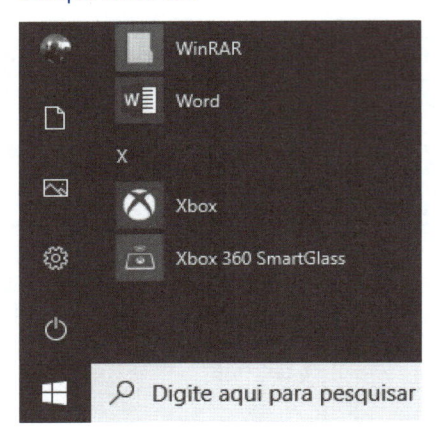

Para facilitar sua vida, caso você use o programa com frequência, clique sobre o ícone do Word com o botão direito do mouse. No alto do menu que se abre, clique em *Mais* e depois em *Fixar na Barra de Tarefas*. Com isso, o ícone do Word aparecerá permanentemente na parte de baixo da sua tela. Basta clicar nele para abrir o programa.

Ao iniciar o Word, você verá a seguinte tela.

Nela, você pode escolher entre diversos modelos de documento sugeridos pelo Word ou abrir um novo documento em branco, sem qualquer formatação. Do lado esquerdo, aparece uma lista com os documentos abertos recentemente, assim como o ícone para abrir arquivos salvos no computador.

3. Clique em *Documento em branco*, e será aberto um documento sem nada escrito.

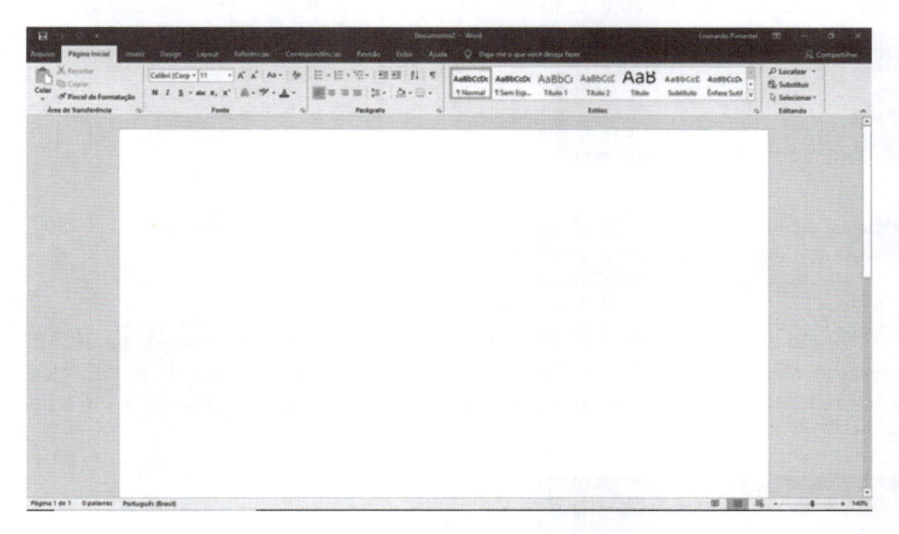

Barra de Ferramentas de Acesso Rápido

No alto, à esquerda, está a *Barra de Ferramentas de Acesso Rápido*, que permite acessar rapidamente os comandos mais comuns do Word.

4. Posicione o cursor do mouse (sem clicar) sobre o primeiro ícone da *Barra de Ferramentas de Acesso Rápido*. Perceba que o Word exibirá automaticamente o nome do botão e suas teclas de atalho: neste caso, *Salvar (Ctrl + B)*. Isso significa que, para acessá-lo, basta segurar a tecla *Ctrl* e pressionar a tecla *B* no teclado. Ele é usado para salvar seu documento, como veremos adiante.

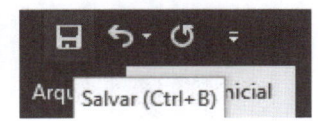

> Os botões de atalho são seus amigos e querem facilitar sua vida. É mais fácil usar os atalhos do teclado do que parar a digitação, pegar o mouse, levar o cursor ao ícone *Salvar* e clicar nele.

5. Posicione o cursor sobre o segundo ícone, sem clicar. Esse é o botão *Desfazer (Ctrl + Z)*, que anula a última ação realizada no programa (a imagem a seguir mostra *Desfazer Digitação*, porque essa foi a última ação feita). Repare que há uma pequena seta ao lado do ícone. Ela indica que existe um menu para essa função. Neste caso, ao clicar na setinha, é aberto um menu com as últimas operações feitas no arquivo, permitindo que você desfaça uma ação específica que não seja necessariamente a última.

Não é possível desfazer o salvamento de um arquivo.

6. Posicione o cursor sobre o terceiro ícone: *Repetir (Ctrl + R)*, que reproduz a última operação realizada no arquivo. Esse comando é particularmente útil em casos de ações repetitivas que não podem ser resolvidas pelas funções *Copiar (Ctrl + C)* e *Colar (Ctrl + V)*.

Imediatamente após usar a função *Desfazer*, o ícone de *Repetir* muda para *Refazer*, permitindo recuperar algo que tenha sido desfeito por engano.

7. No fim da *Barra de Ferramentas de Acesso Rápido*, há uma seta para baixo. Clique nela e será aberta a caixa *Personalizar Barra de Ferramentas de Acesso Rápido*. Com ela, você pode escolher as ações que deseja disponibilizar nessa barra, dependendo de seu tipo de trabalho e de suas preferências.

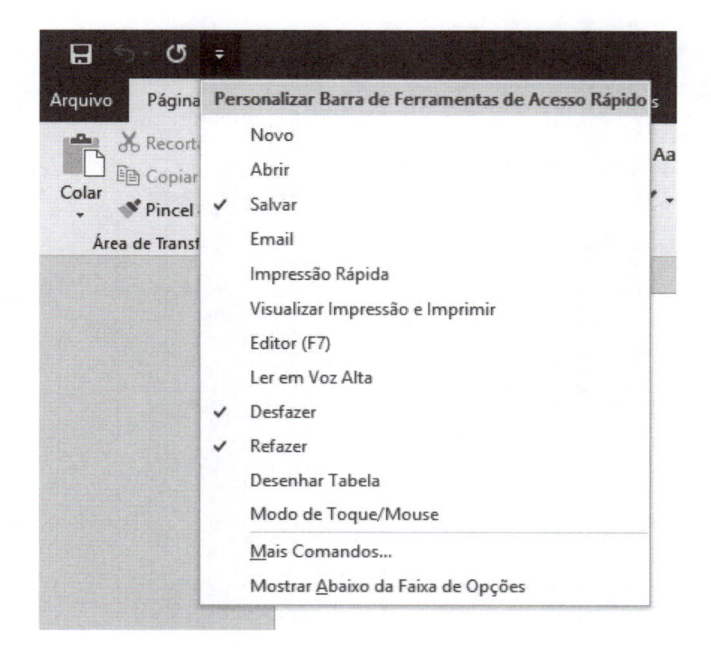

> Repare que no nome dos comandos aparecem algumas letras sublinhadas. Isso significa que elas funcionam como teclas de atalho acompanhadas de *Shift*. Por exemplo, para abrir *Mais Comandos*, você poderia usar *Shift* + *M*. Mas atenção: esses atalhos só funcionam quando o menu onde está o comando aparece na tela. Se você usar *Shift* + *M* no documento, sem nenhum menu aberto, apenas digitará um "M" maiúsculo.

8. Caso as operações que deseja incluir na *Barra de Ferramentas de Acesso Rápido* não apareçam na lista, clique em *Mais Comandos*. Será aberta a janela *Opções do Word*. Nela, você pode escolher os comandos que deseja adicionar à *Barra de Ferramentas de Acesso Rápido*. Basta selecionar o comando na lista da esquerda e clicar em *Adicionar*. Para retirar um comando da barra, selecione-o na lista da direita e clique em *Remover*.

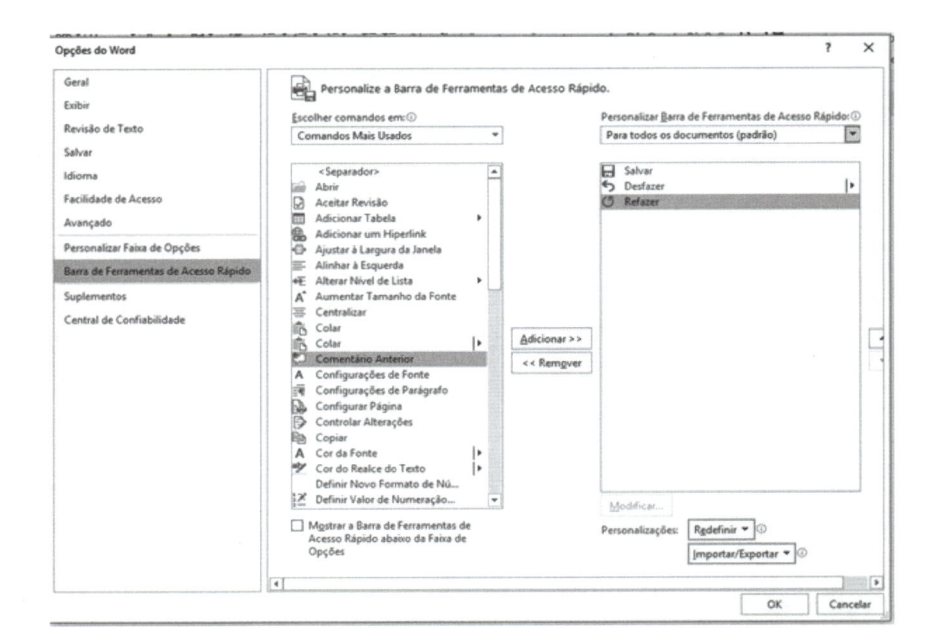

> Acima da lista da direita, há uma opção que permite escolher entre aplicar essa personalização a todos os documentos que forem criados de agora em diante, ou apenas ao documento em que estiver trabalhando no momento.

9. Após fazer as alterações que desejar, clique em *OK* para fechar essa janela e voltar ao documento.

> Se não quiser ou não puder usar o mouse para clicar, você pode usar a tecla *Tab* repetidamente até destacar o botão *OK* e então pressionar *Enter*.

ÍCONES DE COMANDO DA JANELA

No canto superior direito, ao lado do nome do usuário, estão o controle da *Faixa de Opções* e os ícones de comando da janela.

O ícone da esquerda permite gerenciar a exibição da *Faixa de Opções*. Vamos falar dele daqui a pouco. Os outros três são comuns a praticamente todos os programas e servem para minimizar a janela, reduzir seu tamanho (ou retornar ao modo de tela cheia, caso esteja reduzida) e fechar a janela.

Faixa de Opções

Logo abaixo da *Barra de Ferramentas de Acesso Rápido*, fica a *Faixa de Opções*, onde aparecem as guias. Cada uma delas corresponde a um grupo de ações específico para a produção do documento:

As funcionalidades de cada uma das guias:

- *Arquivo*: Gerencia operações básicas, tais como criar, salvar, abrir, imprimir e compartilhar documentos.
- *Página Inicial*: Engloba funções de edição de texto, com os comandos básicos para a elaboração de documentos simples.
- *Inserir*: Reúne as ferramentas que permitem acrescentar elementos gráficos, tabelas, vídeos, links de páginas da internet e outros objetos no documento.
- *Design*: Permite gerenciar a formatação do texto, assim como o esquema de cores e recursos como marcas d'água. É particularmente útil na elaboração de livros usando o Word.
- *Layout*: Agrupa ferramentas que permitem usar o Word como um software de diagramação. É muito simples, não tem os recursos de programas profissionais, mas é eficiente para o usuário iniciante.
- *Referências*: Permitem acessar recursos que gerenciam informações complementares do texto, tais como índices, sumários, bibliografias, citações, etc.
- *Correspondência*: Ideal para produzir e gerenciar envelopes e malas diretas. Muito útil para empresas que demandam grande uso de correios.
- *Revisão*: Reúne dicionários, corretor ortográfico, contador de palavras e caracteres, etc., tudo de que você precisa para auxiliar na correção do texto. Além disso, oferece ferramentas para acrescentar comentários e permitir a edição por outras pessoas.
- *Exibir*: Mostra as diversas opções de visualização do documento na tela, incluindo o formato para web.
- *Ajuda*: Oferece guias e tutoriais sobre a maioria das funcionalidades do Word 2019.

1. À exceção das guias *Arquivo* e *Ajuda*, todas as outras têm estrutura igual, com ferramentas organizadas em grupos. Clique na guia *Página Inicial* e veja que os comandos estão reunidos nos grupos *Área de Transferência*, *Fonte*, *Parágrafo*, *Estilos* e *Editando*.

Repare que alguns dos grupos possuem no canto inferior direito uma pequena seta ( ), que dá acesso a um menu de opções avançadas relacionadas às funcionalidades daquele bloco.

2. Clique na seta do grupo *Fonte*, onde estão as ferramentas que definem tipos, tamanhos e efeitos das letras. Será aberta a seguinte janela:

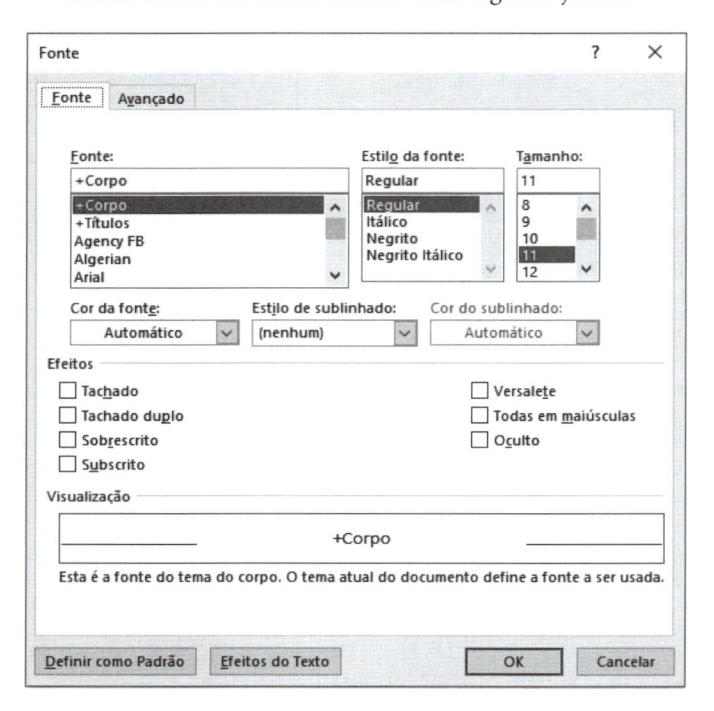

3. Após fazer as alterações desejadas, clique em *OK*.

Na *Faixa de Opções*, ao lado direito das guias, há a caixa *Diga-me o que você deseja fazer*, onde você pode digitar uma dúvida e consultar a base de informações do Word.

Por último, na mesma faixa das guias, há ainda o comando *Compartilhar*, que permite salvar o documento na nuvem (serviços de armazenamento na internet) e autorizar outras pessoas a lerem-no e editarem-no.

4. Caso você deseje mais espaço na tela para trabalhar, pode mudar a exibição da *Faixa de Opções*. Para isso, clique no ícone *Opções de Exibição da Faixa de Opções*, na faixa de comandos (   ). Será aberto um menu onde é possível escolher três modos de exibição:

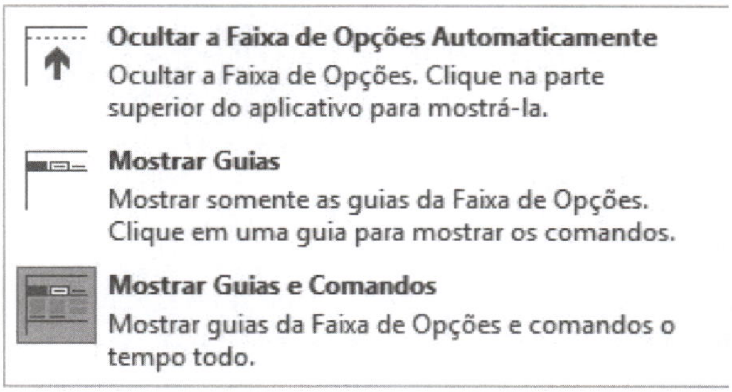

- *Ocultar a Faixa de Opções Automaticamente*: Retira da tela todos os elementos, deixando somente o seu trabalho e, no canto superior direito, o ícone de fechar, o ícone de gerenciamento da *Faixa de Opções* e três pontos. Basta clicar nesses três pontos para exibir temporariamente todos os elementos (porém, essa opção continuará ativa, e a *Faixa de Opções* ficará oculta novamente após usá-la).
- *Mostrar Guias*: Oculta os comandos, mas mantém as guias da *Faixa de Opções*.
- *Mostrar Guias e Comandos*: É a configuração padrão, exibindo todos os elementos da *Faixa de Opções*.

> Outra forma de ocultar os grupos é clicando no pequeno triângulo no canto inferior direito da *Faixa de Opções*. 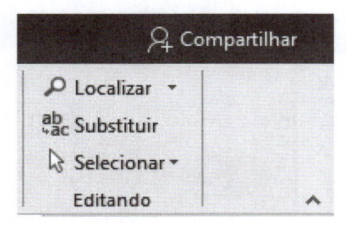
>
> Os grupos ficam ocultos e só voltam a aparecer quando você clica na respectiva guia. Para retornar ao modo de exibição normal, pressione *Ctrl + F1*.

BARRA DE REVISÃO

No canto inferior esquerdo da tela, abaixo do documento, fica a *Barra de revisão*.

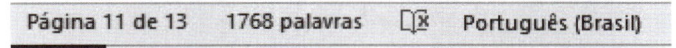

Da esquerda para a direita, ela indica o seguinte:

- O total de páginas do documento e em qual delas o usuário está trabalhando (no caso, 11 de 13).

- O total de palavras do documento.
- Se há erros de ortografia e/ou gramática (se não houver, não aparecerá um *x* como o da ilustração acima).
- Qual é o idioma padrão do documento.

Barra de Visualização

No canto inferior direito da tela, fica a *Barra de visualização*, que permite escolher rapidamente como o texto será exibido.

Da esquerda para a direita, temos os seguintes ícones:

- *Modo de leitura*: Faz com que o documento seja exibido como um livro, com as páginas lado a lado.
- *Layout de impressão*: É a visualização padrão, exibindo o documento em tela cheia com a formatação normal.
- *Layout da web*: Exibe o documento como uma página na internet.
- *Zoom*: Permite aumentar e diminuir o tamanho no qual o documento é exibido.

Guia *Arquivo*

Agora que estamos familiarizados com a aparência do Word 2019, a única coisa que nos resta saber antes de explorarmos as funcionalidades do programa é como criar, salvar, abrir e fechar um arquivo.

1. Para isso, vamos visitar a guia *Arquivo*. Ao clicar nela, é exibida a tela a seguir:

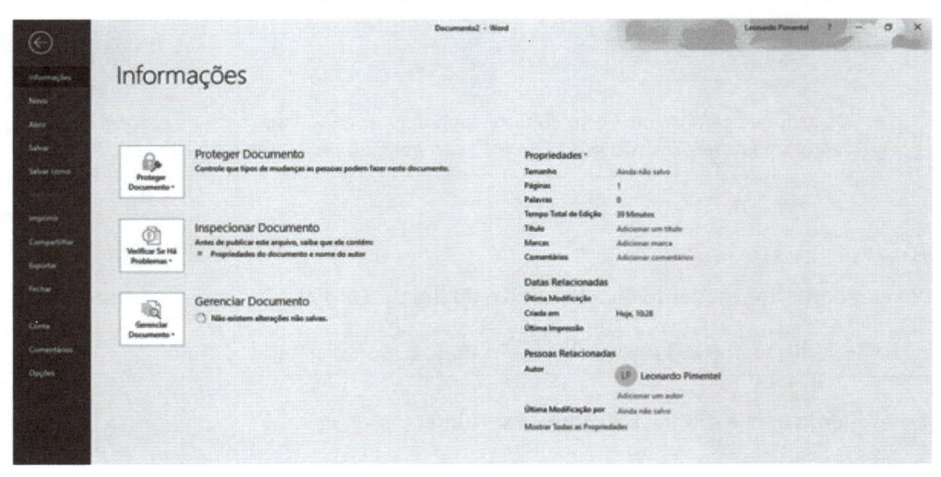

Essa tela oferece muitas opções, e veremos algumas delas a seguir:

Comando Novo

1. Como já vimos, ao iniciar o Word, temos a opção de criar um arquivo do zero ou usar os modelos sugeridos pelo programa. Porém, se quiser criar outro arquivo enquanto continua trabalhando no primeiro, não é preciso encerrar o programa e abri-lo de novo. Basta abrir a guia *Arquivo* e clicar em *Novo*. Temos, mais uma vez, a opção de usar um modelo pronto ou o documento em branco.

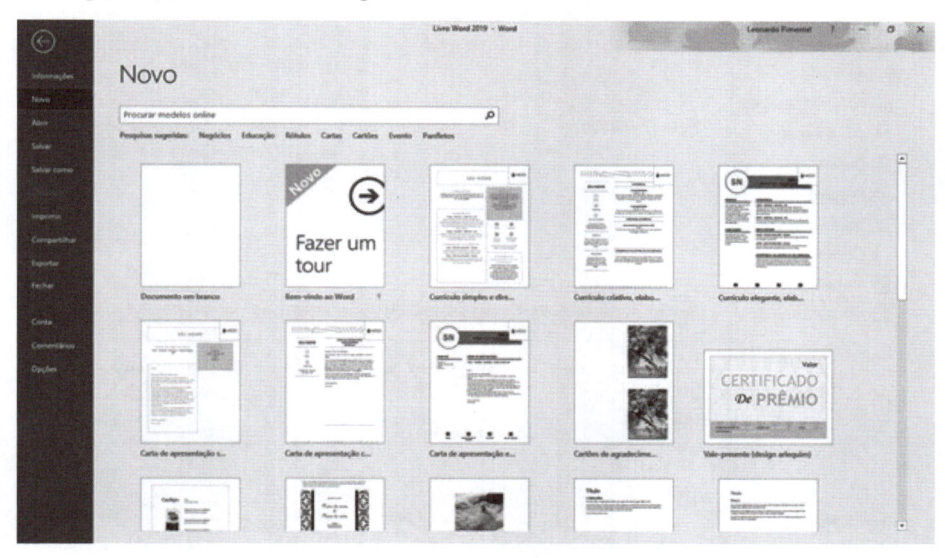

Comandos Salvar/Salvar como

1. Após criar um arquivo e trabalhar nele, é preciso salvá-lo no computador. Clique na guia *Arquivo* e depois em *Salvar*. Como é a primeira vez que você salva esse arquivo, o Word abrirá a tela *Salvar como*, para que você escolha um nome para o arquivo e defina o local onde será armazenado.

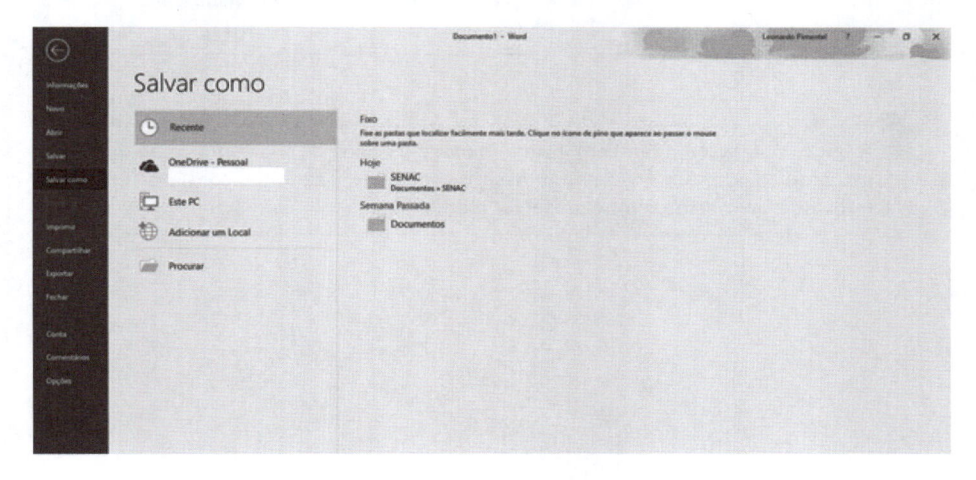

2. Ao clicar em *OneDrive – Pessoal*, você pode salvar o arquivo na nuvem da Microsoft. À direita, o programa mostra as pastas locais do computador que você usou mais recentemente. Clique em uma delas, dê um nome ao arquivo e clique em *Salvar*.

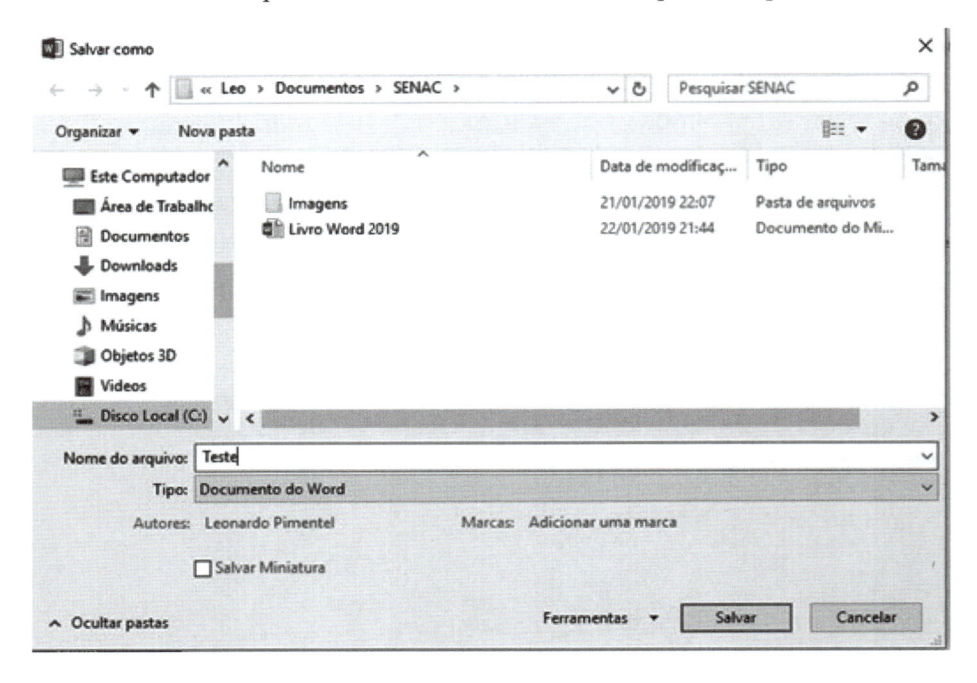

De agora em diante, sempre que você clicar no ícone *Salvar* ou usar o atalho *Ctrl + B*, o sistema atualizará automaticamente o arquivo.

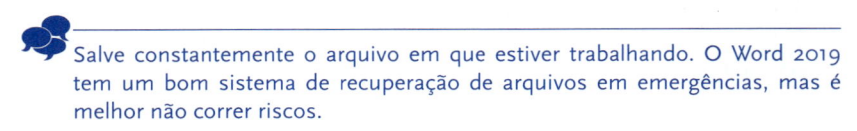

> Salve constantemente o arquivo em que estiver trabalhando. O Word 2019 tem um bom sistema de recuperação de arquivos em emergências, mas é melhor não correr riscos.

> A opção *Salvar como* também é uma maneira simples de criar uma cópia do seu arquivo com um novo nome. Assim, você pode fazer alterações em seu trabalho e ao mesmo tempo preservar o original.

COMANDO ABRIR

1. Se você quiser abrir um arquivo previamente salvo, clique na guia *Arquivo* e depois em *Abrir*. Você terá a opção de buscar um arquivo na nuvem, numa rede ou em seu computador. Além disso, no lado direito, aparecem os arquivos e pastas usados recentemente.

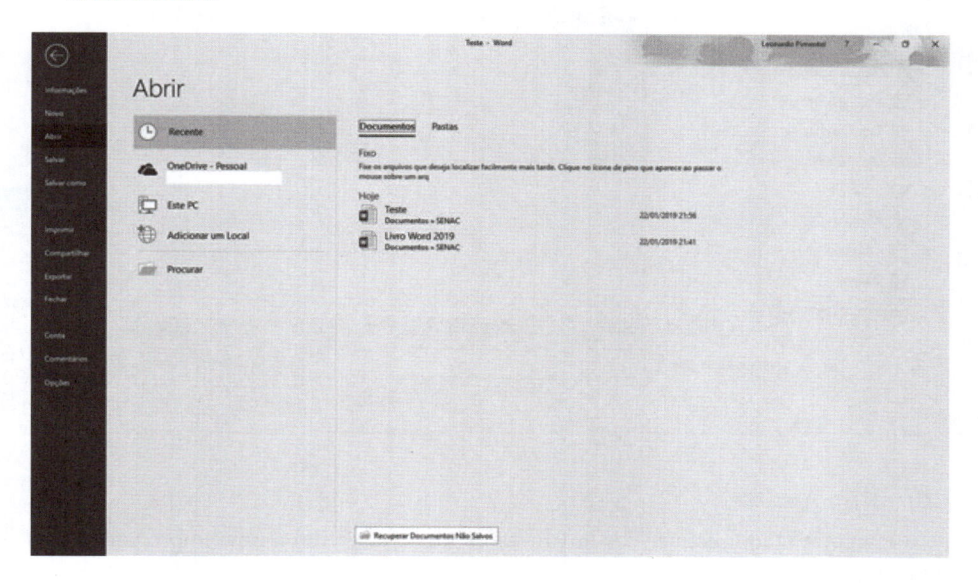

Na parte de baixo dessa tela, há um comando muito importante: *Recuperar Documentos Não Salvos*.

Caso o computador desligue emergencialmente sem que você tenha salvado o documento, reinicie o Word, clique na guia *Arquivo*, depois em *Abrir* e então em *Recuperar Documentos Não Salvos*. O Word abrirá uma pasta onde arquiva cópias de segurança de arquivos não salvos. Você pode abrir o arquivo desejado e salvá-lo adequadamente.

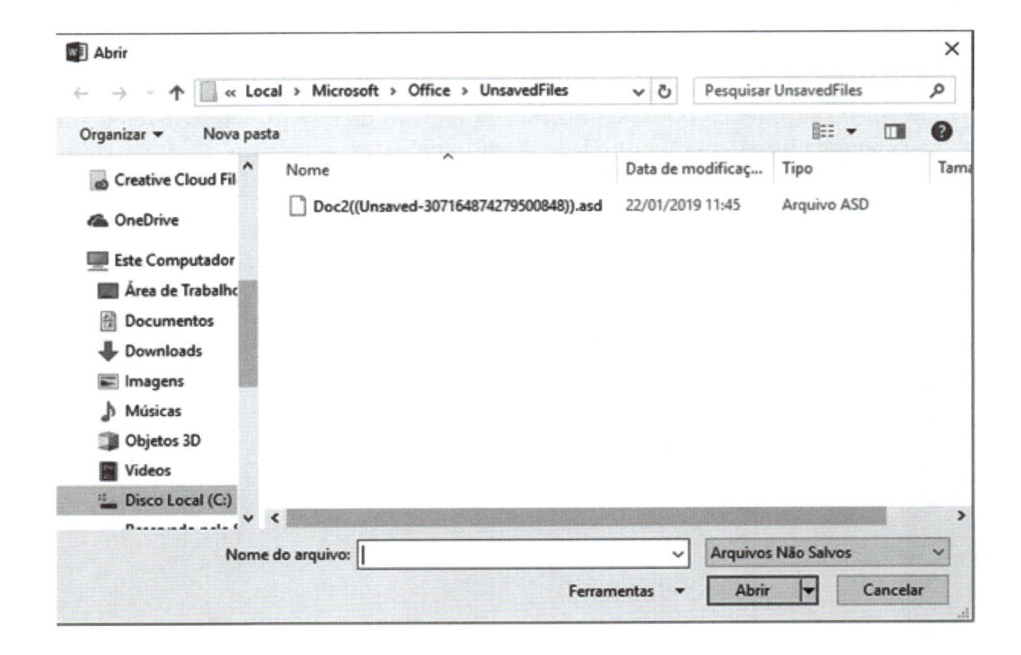

Comando Imprimir

Se o seu computador estiver ligado (diretamente ou em rede) a uma impressora, você pode imprimir seu trabalho.

1. Para isso, clique na guia *Arquivo* e depois em *Imprimir*. Isso abrirá uma tela para você escolher e configurar a impressora.

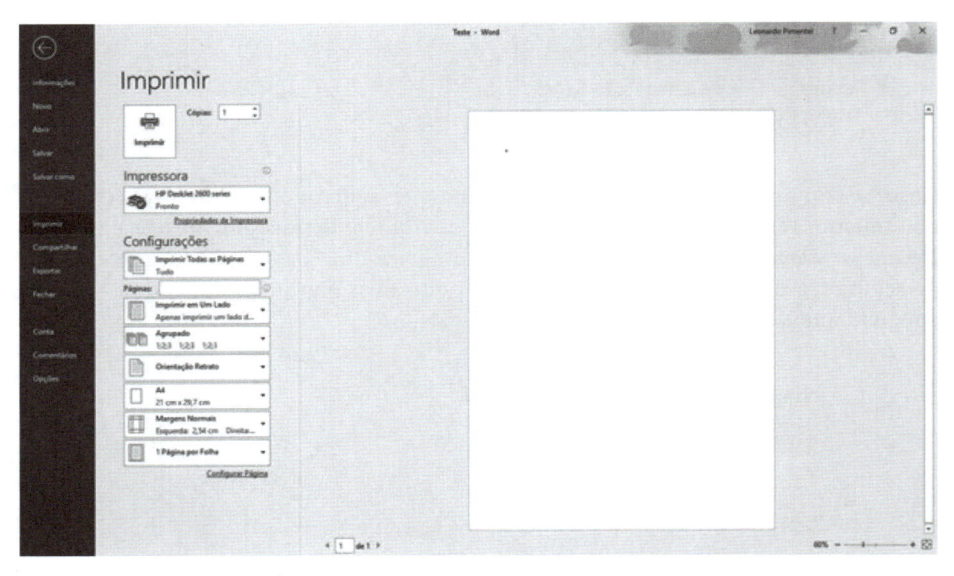

Comando Fechar

Para fechar um arquivo, basta clicar no X no canto superior direito da tela. Porém, se o documento que você quer fechar for o único aberto no momento, essa ação também vai finalizar o Word.

1. Para fechar o arquivo sem encerrar o programa, clique na guia *Arquivo* e depois em *Fechar*. Caso tenha feito alguma alteração não salva, o programa vai perguntar se deseja salvar o arquivo antes de fechá-lo.

Digitar um texto

1. Agora, crie um documento novo em branco (ou abra o arquivo em que vínhamos trabalhando até agora, caso o tenha salvado), seguindo os procedimentos que acabamos de ver. Quando o arquivo for aberto no Word, você perceberá uma linha vertical piscando. Essa linha é o cursor.

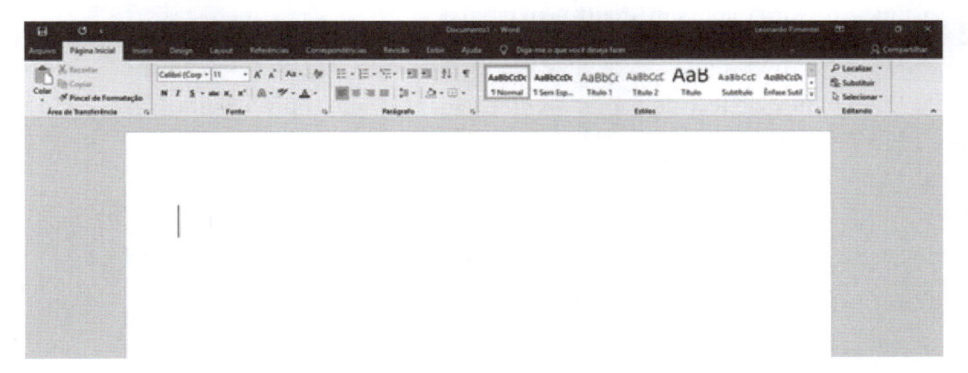

Conforme você digita um texto, o cursor vai se mover, ficando sempre à direita da letra, espaço ou comando digitado, indicando que qualquer coisa que você digitar será inserida a partir daquele ponto. Para alterar algo que já foi digitado, basta mover o cursor clicando com o mouse sobre a posição desejada. Outra forma de se deslocar pelo texto é usando o teclado:

- *Teclas direcionais* (< > ∧ ∨): Movem o cursor dentro do texto no sentido da seta pressionada.
- *Home*: Move o cursor para o início da linha.
- *Ctrl + Home*: Move o cursor para o início do documento.
- *End*: Move o cursor para o fim da linha.
- *Ctrl + End*: Move o cursor para o fim do texto.
- *PgUp (Page Up)*: Move o cursor para o início da página atual.
- *Ctrl + PgUp*: Move o cursor para o início da página anterior.

- *PgDn (Page Down)*: Leva o cursor até o fim da página atual.
- *Ctrl + PgDn*: Leva o cursor até o fim da página seguinte.

> O cursor só aparece dentro do corpo do texto, incluindo os espaços entre as letras e linhas em branco. Se você clicar com o mouse em uma das laterais do documento, por exemplo, o cursor não aparecerá nesses locais.

Exercícios

Vamos colocar em prática o que aprendemos até agora.

1. Inicie o Word e abra um arquivo em branco.
2. Digite um texto com pelo menos seis linhas.
3. Use o mouse e o teclado para mover o cursor entre uma linha e outra, levando-o do início ao fim do texto.
4. Use os comandos *Desfazer* e *Refazer*.
5. Salve o arquivo clicando no ícone *Salvar*, na *Barra de Ferramentas de Acesso Rápido*. Se preferir, clique na guia *Arquivo* e depois em *Salvar*, ou use o atalho *Ctrl + B*.
6. Feche o arquivo sem fechar o Word.
7. Abra o arquivo salvo.

2

Formatação básica

OBJETIVO
» Gerenciar as fontes (tipos de letras)

Guia *Página Inicial* (parte 1)

Até Johannes Gutenberg inventar a prensa de tipos móveis, em 1450, a produção de livros, jornais e revistas era sempre feita a partir de textos manuscritos. Muito tempo depois da prensa, os textos passaram a ser redigidos nas máquinas de escrever. Em ambos os casos, efeitos como negrito e itálico, o uso de tamanhos diferentes de letras (o que chamamos corpo da letra) ou de fontes diferentes em um mesmo texto tinham que ser feitos na gráfica. Porém, o uso de computadores e de programas como o Word concedeu essa possibilidade para o usuário comum.

Na guia *Página Inicial*, encontraremos os recursos que permitem ao próprio usuário deixar o documento pronto para impressão.

GRUPO FONTE

As características das letras no Word 2019 são gerenciadas pelo grupo *Fonte* na guia *Página Inicial*.

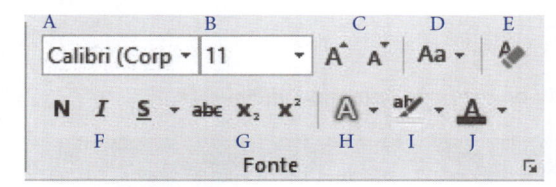

(A) *Fonte (Ctrl + Shift + F)*: A caixa superior esquerda indica a fonte, ou a família de letras que estamos usando.

(B) *Tamanho da Fonte (Ctrl + Shift + P)*: A caixa ao lado indica o tamanho da fonte (chamado de "corpo" na linguagem tipográfica).

(C) *Aumentar Tamanho da Fonte (Ctrl + Shift + >)* e *Diminuir Tamanho da Fonte (Ctrl + Shift + <)*: Permitem alterar gradativamente o corpo da fonte.

(D) *Maiúsculas e Minúsculas*: Apresenta opções para o uso de maiúsculas e minúsculas no texto.

(E) *Limpar Toda a Formatação*: Permite retirar todas as formatações aplicadas anteriormente no texto.

(F) *Negrito, Itálico e Sublinhado*: Aplicam **Negrito** *(Ctrl + N)*, Itálico *(Ctrl + I)* e Sublinhado *(Ctrl + S)*.

(G) *Tachado, Subscrito e Sobrescrito*: Deixam o texto T̶a̶c̶h̶a̶d̶o̶, $_{Subscrito}$ *(Ctrl + =)* ou ^{Sobrescrito} *(Ctrl + Shift + +)*.

(H) *Efeitos de Texto e Tipografia*: Permite aplicar sombras, reticulados e outros efeitos no texto.

(I) *Cor do Realce do Texto*: Funciona como uma caneta marca-texto.

(J) *Cor da Fonte*: Permite mudar a cor do texto selecionado.

Vamos ver agora como cada um desses recursos funciona.

Escolhendo uma fonte

1. Para trabalhar com as fontes, abra o arquivo *Cubas 1*, na pasta *Capítulo 2* das atividades baixadas do site. Para o fim deste exercício, vamos usar o primeiro parágrafo do livro *Memórias póstumas de Brás Cubas*, de Machado de Assis.

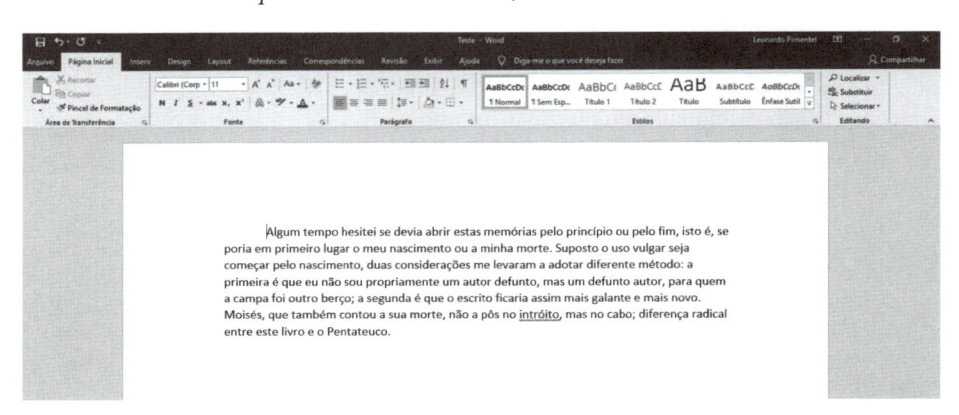

2. Em seguida, selecione uma palavra do texto, por exemplo, *memórias*.

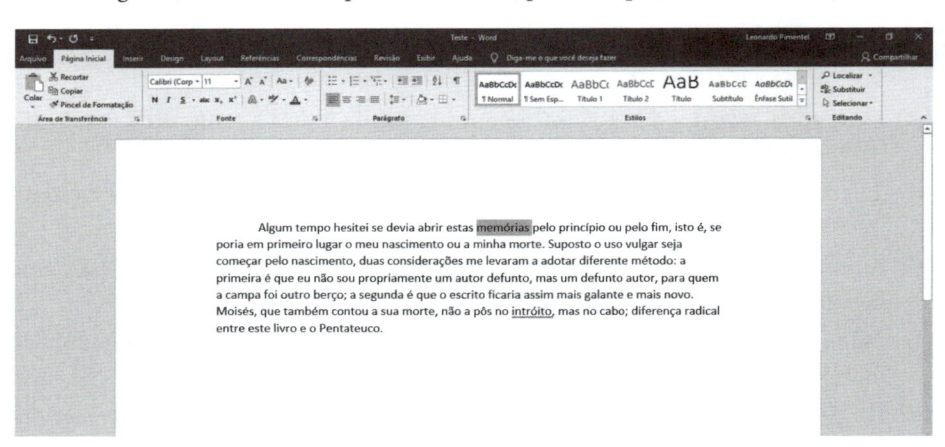

Para destacar uma palavra no texto, posicione o cursor antes da primeira letra da palavra, pressione o botão esquerdo do mouse e, mantendo-o pressionado, arraste-o até o fim da palavra. Outra forma é clicar duas vezes sobre a palavra (se clicar três vezes, você vai selecionar todo o parágrafo). Se quiser selecionar somente uma linha, você pode clicar com o botão direito do mouse na margem esquerda da linha desejada.

3. Com a palavra selecionada, clique na seta para baixo da caixa *Fonte*. Será aberta uma lista com todas as fontes instaladas no computador, exibidas em ordem alfabética e com a visualização de seu aspecto real.

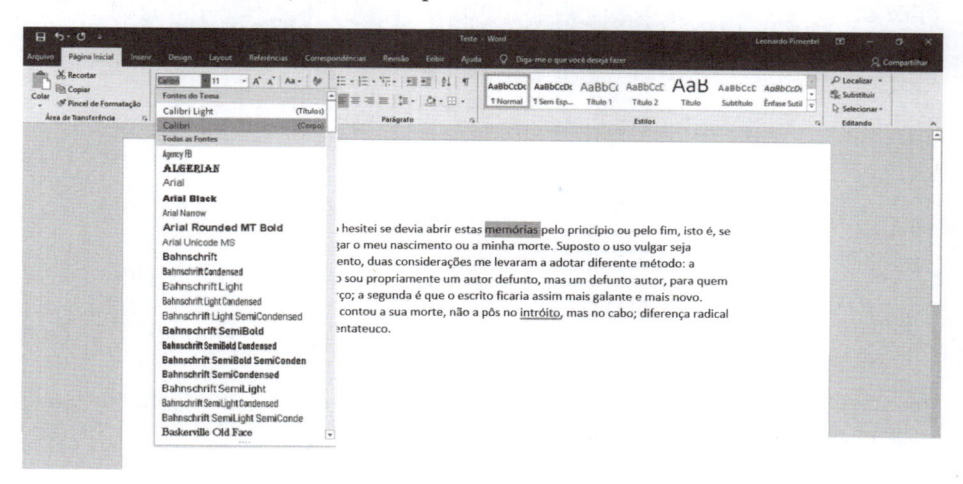

4. A fonte padrão dos textos criados no Word é a *Calibri*, mas você pode alterá-la. Corra a barra lateral da lista de fontes até localizar a opção *Times New Roman*, uma das mais usadas no mundo, criada em 1931 pelo jornal inglês *The Times*. Perceba que, ao passar o cursor do mouse sobre as fontes, o texto selecionado vai mudando para mostrar como ficará seu aspecto.

> Se souber previamente o nome da fonte que quer utilizar, você pode digitá-lo na caixa *Fonte*.

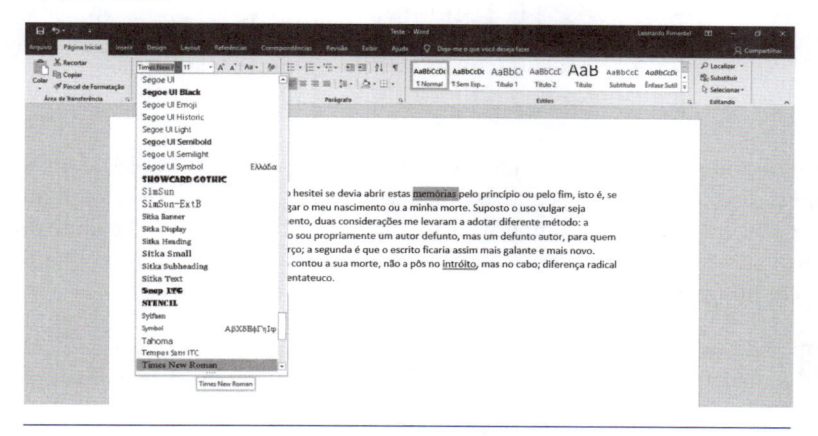

5. Clique no nome da fonte escolhida e você verá que o texto selecionado mudou de letra.

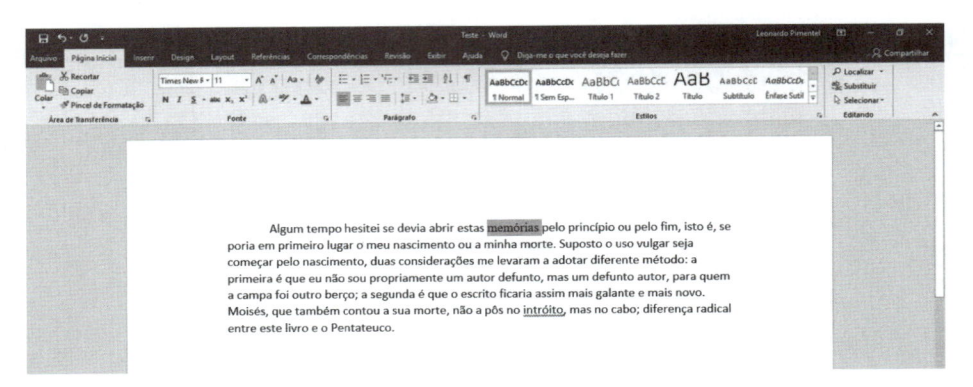

6. A fim de praticar, selecione outras palavras do texto e defina uma fonte diferente para cada uma delas, usando a caixa de fontes.

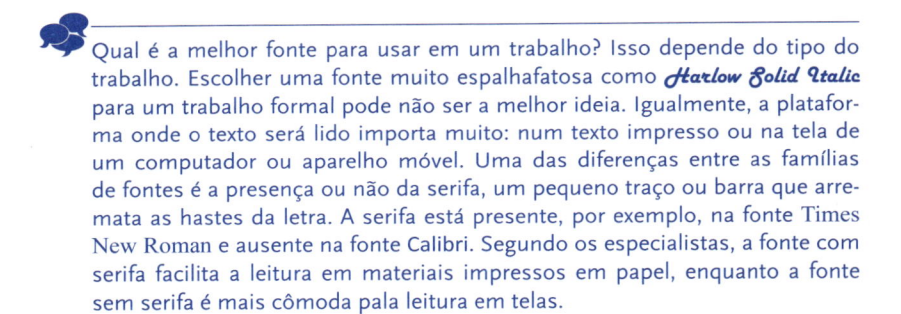

> Qual é a melhor fonte para usar em um trabalho? Isso depende do tipo do trabalho. Escolher uma fonte muito espalhafatosa como *Harlow Solid Italic* para um trabalho formal pode não ser a melhor ideia. Igualmente, a plataforma onde o texto será lido importa muito: num texto impresso ou na tela de um computador ou aparelho móvel. Uma das diferenças entre as famílias de fontes é a presença ou não da serifa, um pequeno traço ou barra que arremata as hastes da letra. A serifa está presente, por exemplo, na fonte Times New Roman e ausente na fonte Calibri. Segundo os especialistas, a fonte com serifa facilita a leitura em materiais impressos em papel, enquanto a fonte sem serifa é mais cômoda pala leitura em telas.

Definindo o corpo da letra

Tão importante quanto a fonte que você usa no texto é o corpo da letra, ou seja, seu tamanho. Um corpo muito pequeno dificulta a leitura. Um corpo muito grande pode parecer exagerado e também implica custos maiores se for impresso. O padrão do Word é o corpo *11*. Esse número significa que a letra tem altura de 11 pontos, uma unidade usada em tipografia.

> A mudança de corpo, assim como de fonte, pode ser usada para indicar um destaque no texto, por exemplo.

7. Para alterar o corpo de uma fonte, selecione um trecho do texto e clique na seta para baixo da caixa *Tamanho da Fonte* (ao lado da caixa *Fonte*). Será aberta uma lista de tamanhos predefinidos.

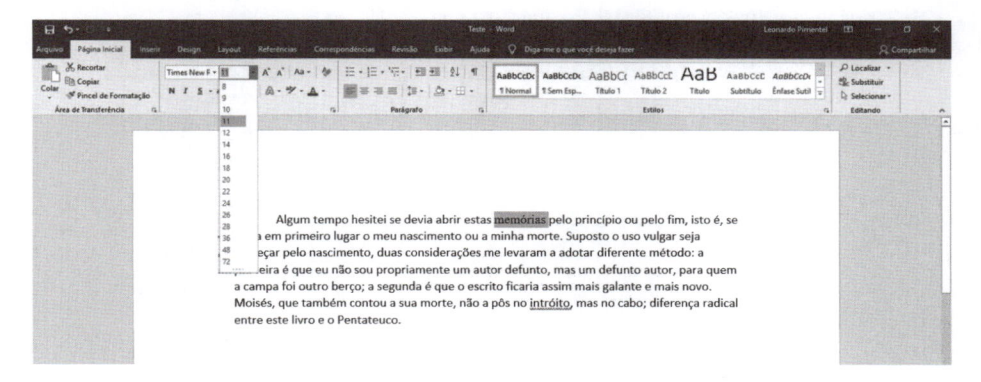

8. Para que a mudança fique mais visível, escolha o tamanho *22*.

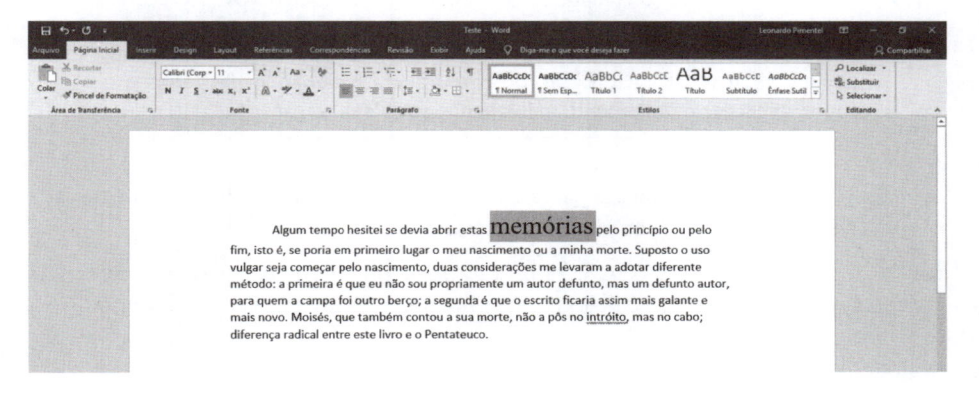

Outra forma de aumentar ou diminuir o corpo da letra é usar os botões *Aumentar Tamanho da Fonte* (atalho *Ctrl + Shift + >*) e *Diminuir Tamanho da Fonte* (*Ctrl + Shift + <*), ao lado da caixa de corpo.

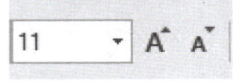

Clique em um deles para aumentar ou diminuir a fonte em um ponto.

> Você pode estabelecer qualquer tamanho de fonte, inclusive com números fracionados. Basta clicar dentro da caixa *Tamanho da Fonte*, selecionar o valor que está lá (da mesma forma que selecionou um trecho do texto), digitar o novo valor (por exemplo, *15,5*) e apertar *Enter*.

> Não confunda a funcionalidade de aumentar o corpo da letra com o recurso da barra de zoom, no canto inferior direito da tela. A barra aumenta apenas o tamanho de visualização do documento, como uma lupa, o que inclui texto, imagens, tabelas, etc. A variação do corpo altera o tamanho das letras e o próprio aspecto do documento, não apenas sua visualização.

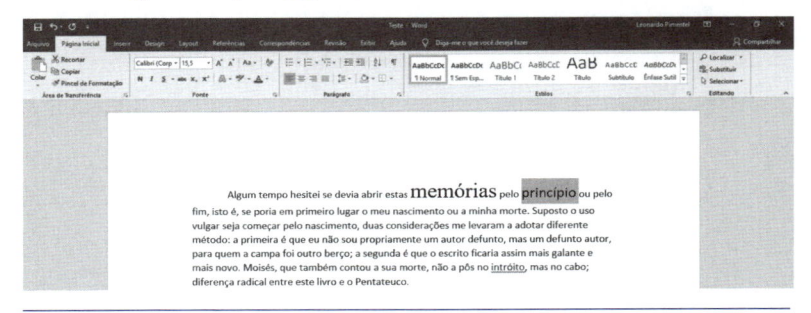

9. Para praticar, selecione outras palavras do texto e altere o tamanho da fonte de cada uma delas usando todos os métodos aprendidos.
10. Por fim, selecione todo o parágrafo (para isso, você pode clicar rapidamente três vezes sobre qualquer parte dele) e clique no botão *Limpar Toda a Formatação*.

Maiúsculas e Minúsculas

Outra maneira de destacar um elemento do texto é o uso de maiúsculas e minúsculas, ou, como se diz no jargão de tipografia, caixas alta e baixa. O Word conta com um menu que permite atribuir rapidamente regras de maiúscula e minúscula ao texto selecionado.

11. Abra o arquivo *Cubas 2*. Perceba que, na primeira frase do parágrafo, algumas letras estão em maiúsculas, mas não deveriam estar, e vice-versa. Posicione o cursor dentro dessa frase.

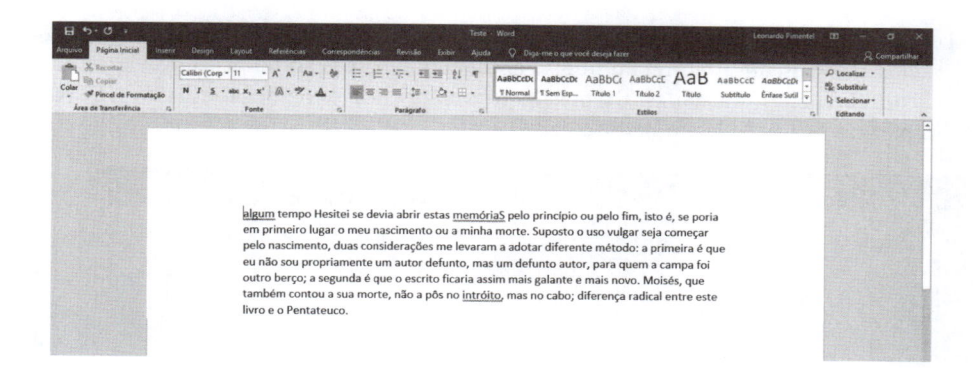

> O Word tem um eficiente sistema de autocorreção que ajusta automaticamente a primeira letra de uma frase para maiúscula. Para deixar o texto com uma formatação maiúscula deliberadamente errada, você precisa desfazer manualmente a correção automática.

12. Agora, clique no ícone *Maiúsculas e Minúsculas* para exibir o menu de opções.

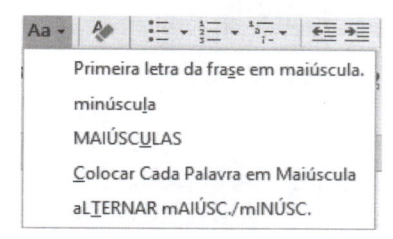

13. Clique em *Primeira letra da frase em maiúscula* (já que o *s* da palavra *frase* está sublinhado, você pode usar o atalho *Shift + S*). A minúscula que começava a frase tornou-se maiúscula. Porém as maiúsculas aleatórias que estavam dentro da frase permaneceram. Esse comando formata somente a primeira letra da frase.

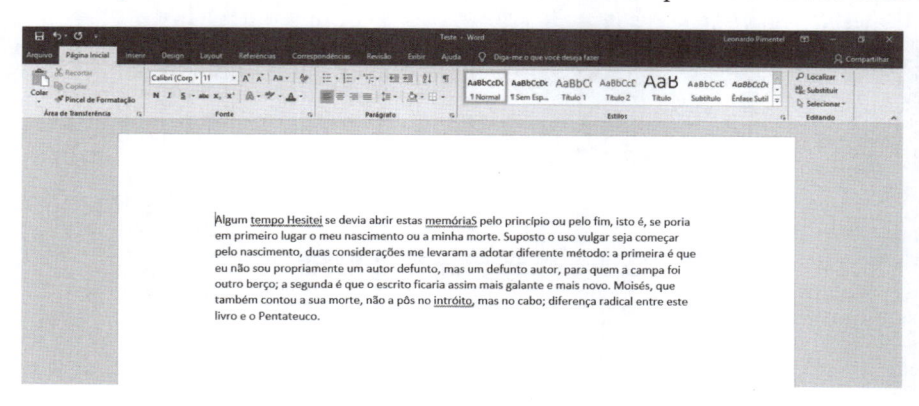

Formataçãobásica – 37

14. Coloque o cursor no meio da palavra *Hesitei* e clique novamente no ícone *Maiúsculas e Minúsculas*. No menu que se abre, clique na opção *minúscula*. A palavra ficará toda em minúsculas. Da mesma forma, se clicasse na opção *MAIÚSCULA*, a palavra ficaria toda em maiúsculas.

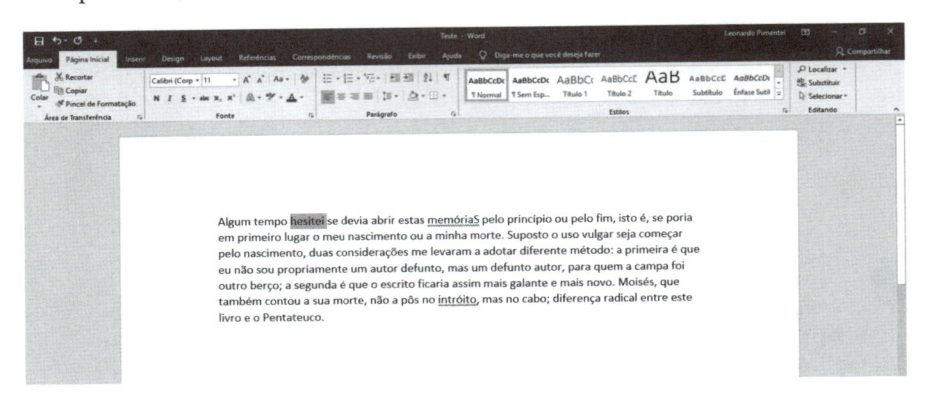

15. Selecione agora a primeira frase inteira, clique no ícone *Maiúsculas e Minúsculas* e selecione a opção *Colocar Cada Palavra Em Maiúscula* para aplicar esse efeito.

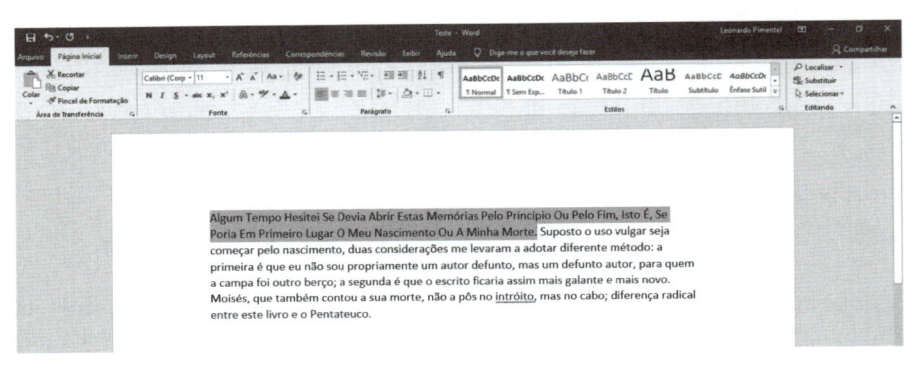

16. Finalmente, com essa mesma frase selecionada, clique na opção *aLTERNAR mAIÚSC./mINÚSC.*

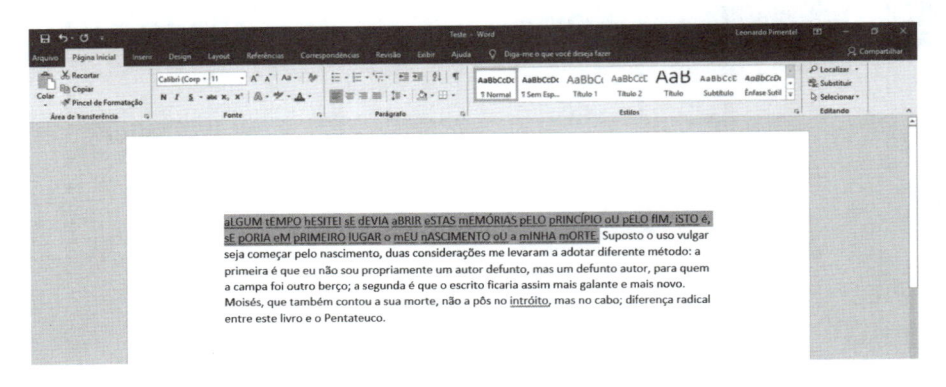

> Ao repetir essa operação, o programa desfaz a mudança.

> Os comandos do menu *Maiúsculas e Minúsculas* se aplicam automaticamente à palavra (ou à primeira letra da frase) em que o cursor estiver. Para aplicar seu efeito a mais de uma palavra ou à frase inteira, é preciso destacar o trecho desejado.

17. Pratique mudar o estilo de maiúsculas e minúsculas de outras palavras ou frases, usando tanto os ícones quanto as teclas de atalho. Por fim, volte à posição inicial, apenas com a primeira letra de cada frase em maiúscula.

Efeitos básicos nas letras

Alguns dos efeitos mais comuns para destaque em tipografia são o **negrito**, o *itálico* e o sublinhado. Aplicá-los no Word é bastante simples. Basta colocar o cursor dentro da palavra que se deseja modificar e clicar nos respectivos ícones no grupo *Fonte* (ou usar as teclas de atalho).

- N *Negrito* (Ctrl + N)
- I *Itálico* (Ctrl + I)
- S - *Sublinhado* (Ctrl + S)

18. Para praticar, selecione a palavra *memórias* e aplique *Negrito*. Selecione a palavra *pelo* e aplique *Itálico*. Por fim, selecione *princípio* e aplique *Sublinhado*. O efeito é aplicado imediatamente sobre a palavra selecionada, conforme mostra a ilustração a seguir.

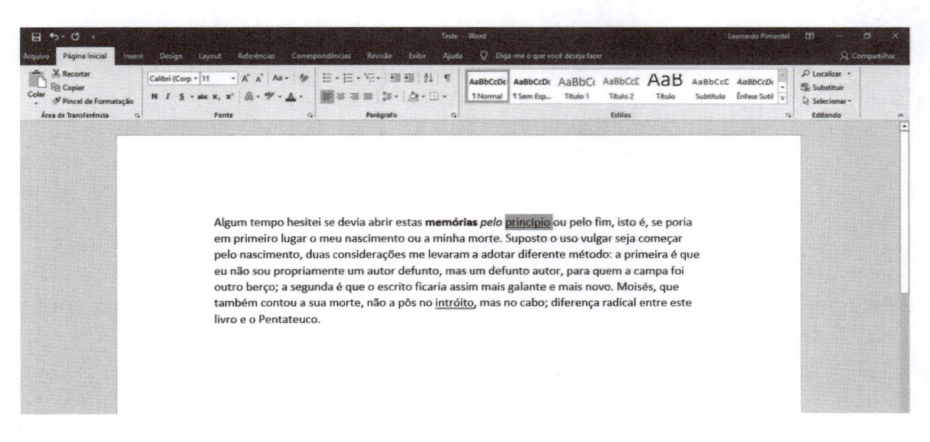

> Para aplicar os efeitos a mais de uma palavra, basta selecionar o trecho desejado e usar o comando ou tecla de atalho.

> Esses efeitos são cumulativos, ou seja, você pode ter uma palavra ao mesmo tempo em negrito, itálico e sublinhado, o que a torna ainda mais **destacada**.

19. Repare que o ícone de sublinhado possui uma seta ao lado (s ▾). Isso significa que ali há um menu disponível. Clique nessa seta para ver os estilos de linhas disponíveis para sublinhar o texto.

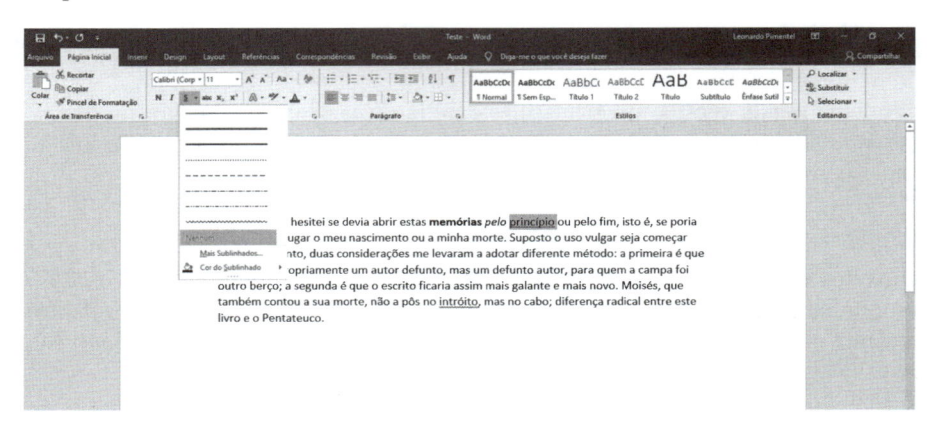

20. Basta clicar em uma delas para aplicar esse estilo. Para testar esse recurso, selecione a palavra *propriamente* e escolha a terceira opção de sublinhado, a linha mais grossa.

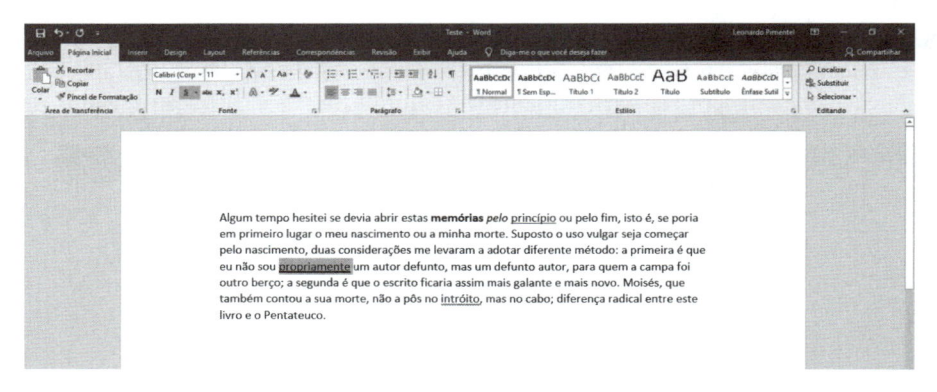

21. Você pode personalizar completamente o sublinhado. No menu, clique na opção *Mais Sublinhados*. Será aberta a janela *Fonte*, que permite gerenciar as fontes.

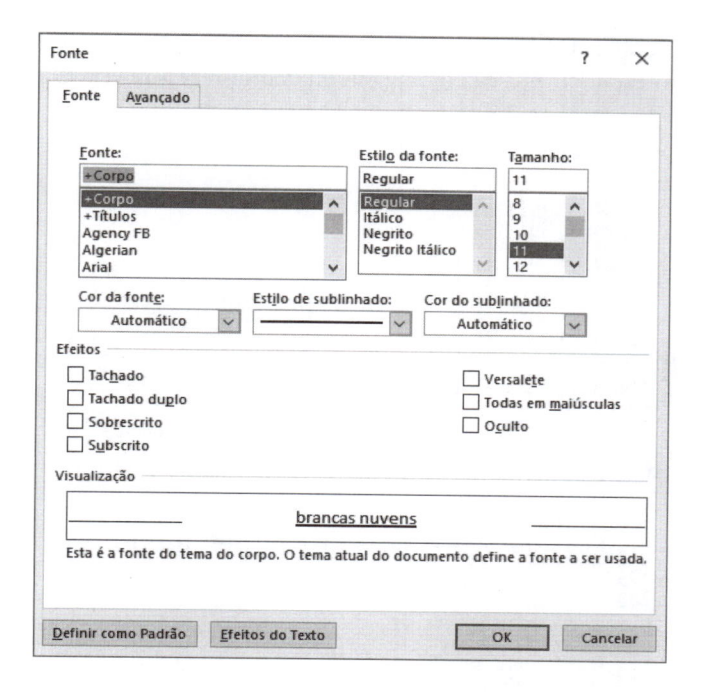

22. Além de alterar o sublinhado, nessa caixa você pode escolher uma fonte específica para o trecho selecionado, alterar a cor tanto da linha quanto da fonte e aplicar outros efeitos. Também é possível aplicar efeitos ao texto, que veremos mais adiante neste capítulo, no botão *Efeitos do Texto*. Se quiser que as configurações escolhidas sejam usadas automaticamente de agora em diante, basta clicar em *Definir como Padrão* e depois em *OK*. Se preferir usá-las só neste momento, basta clicar em *OK* e retornar ao texto.

23. A última opção do menu é *Cor do Sublinhado*, que permite colorir a linha. Clique nessa opção para ver a lista de cores mais comuns. Basta clicar em uma delas para usá-la.

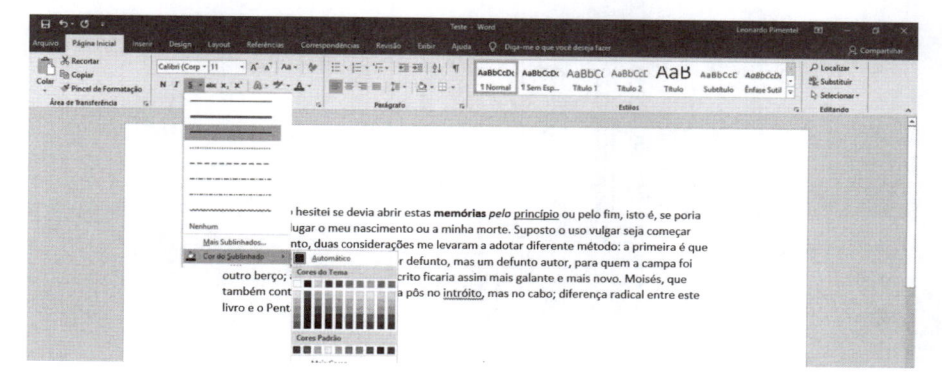

24. Como em quase todas as opções, o Word apresenta as alternativas mais comuns e oferece a possibilidade de expandir essa escolha. Clique em *Mais Cores* para ver uma lista maior de cores padrão.

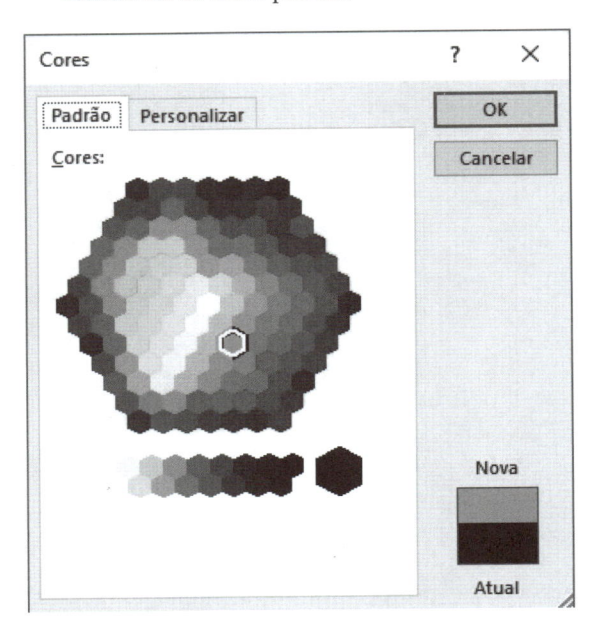

25. Clique na aba *Personalizar*, que apresenta um gradiente de cores. Clique sobre a cor desejada, ou digite os valores para *Vermelho*, *Verde* e *Azul*. No final, clique em *OK*.

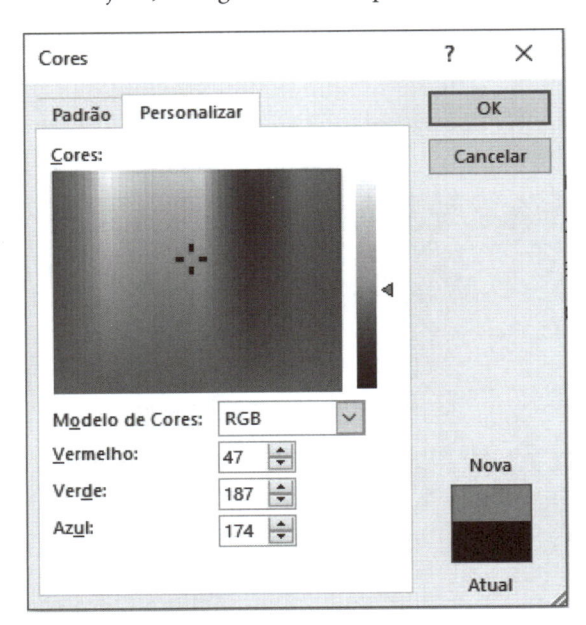

> A escolha de uma cor forte aumenta muito o destaque do sublinhado.

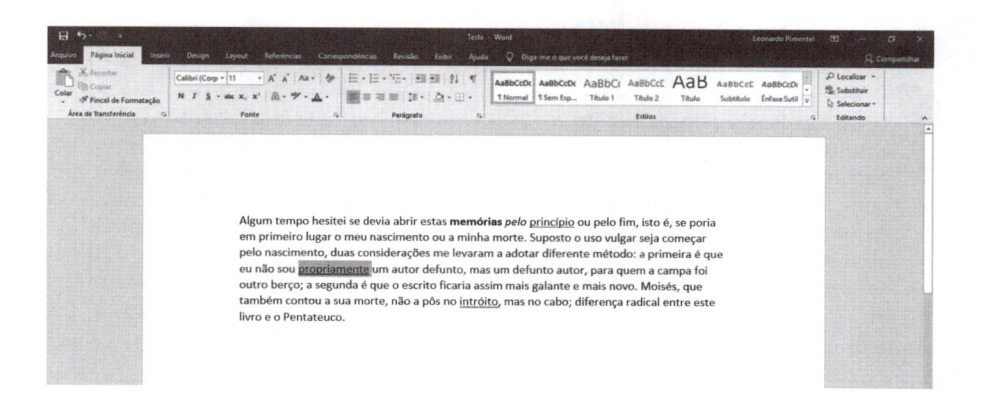

26. O próximo ícone do grupo *Fonte* é tachado (abc), que traça uma linha em cima do texto. Ele é usado principalmente para indicar que aquele trecho deve ser desconsiderado. Para testá-lo, selecione a palavra *desmaio* e clique no ícone do comando. Esse efeito não tem teclas de atalho.

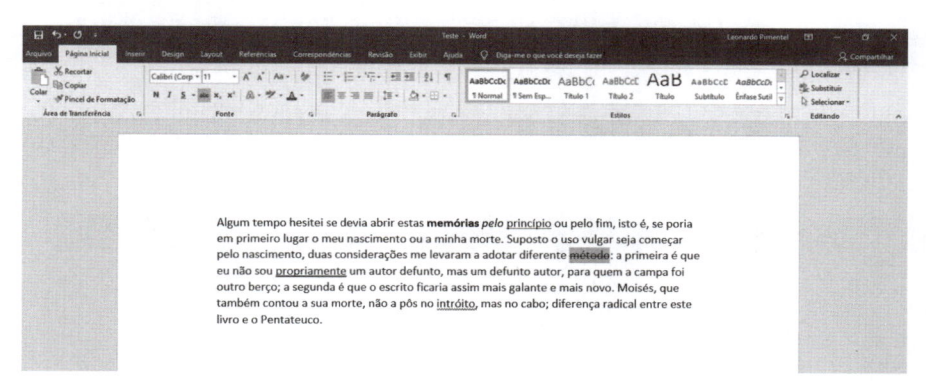

Os dois últimos ícones de formatação são particularmente úteis para quem trabalha com fórmulas matemáticas ou químicas, embora tenham também muita utilidade em outros campos. São eles:

- x_2 *Subscrito* (*Ctrl* + =)
- x^2 *Sobrescrito* (*Ctrl* + *Shift* + +)

27. Vamos começar pelo *Subscrito*, que deixa o texto menor e ligeiramente abaixo da letra anterior. Para isso, ative a tecla *Caps Lock* e digite a fórmula química da água: H2O. Em seguida, selecione o número 2 e clique no botão *Subscrito* (ou use a tecla de atalho *Ctrl* + =). A fórmula deve estar assim: H_2O.

28. O *Sobrescrito* funciona com a mesma lógica, mas deixa o texto menor e ligeiramente acima da letra anterior. Para escrever numericamente "quatro ao quadrado", digite *42*, selecione o número *2* e clique no botão *Sobrescrito* (ou use o atalho *Ctrl + Shift + +*), resultando em *4²*.

> O Word preserva essas formatações. Se você aplicar qualquer uma, negrito, por exemplo, e continuar a escrever, tudo dali em diante ficará em negrito. Isso, porém, não afeta a formatação de textos que já estavam escritos além daquele ponto. Para desfazer qualquer uma dessas formatações, destaque o trecho formatado e clique novamente no ícone do efeito desejado (ou digite as teclas de atalho).

Pratique em diferentes partes do texto todas as formatações apresentadas até agora. Procure usar tanto os ícones quanto as teclas de atalho (onde houver). Mude também o estilo e a cor de pelo menos um sublinhado.

Efeitos de Texto e Tipografia

As formas de realçar um texto não se resumem a negrito, itálico e congêneres. Como o Word entrega ao usuário um verdadeiro universo de tipografia, é possível aplicar efeitos avançados ao texto. No ícone *Efeitos de texto e tipografia*, encontramos as ferramentas mais completas para destaque artístico das letras.

29. Para mostrar mais claramente as mudanças que ele proporciona, abra o arquivo *Cubas 3*. Em seguida, selecione a primeira letra da primeira palavra do parágrafo (*Algum*) e clique no ícone *Efeitos de Texto e Tipografia* para ver o menu.

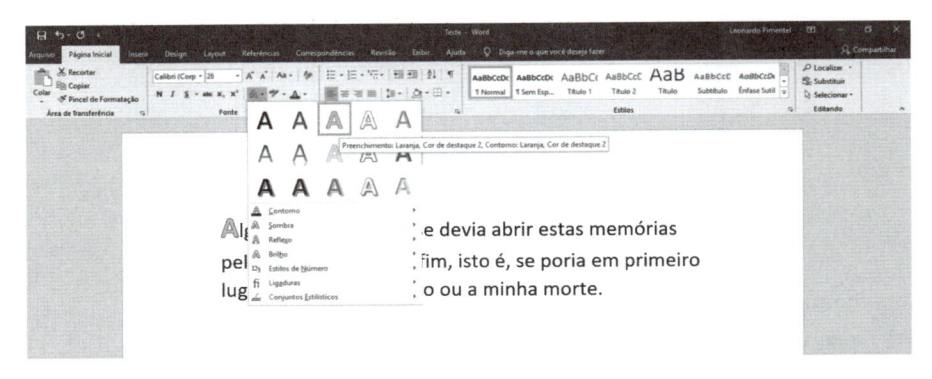

30. Perceba que a parte de cima desse menu oferece opções predefinidas de formatação. À medida que passamos o cursor sobre cada uma, vemos a letra ou trecho selecionado mudar, o que permite verificar como ficará o resultado. Para aplicar um desses efeitos, clique na opção desejada.

> Use esses efeitos com parcimônia. Se por um lado eles embelezam seu texto, por outro tornam a leitura mais cansativa. O ideal é que fiquem restritos a títulos e outros elementos de destaque.

Na parte de baixo desse menu, há comandos que permitem personalizar *Contorno*, *Sombra*, *Reflexo*, *Brilho* e outros efeitos. Veremos cada um deles a seguir.

31. Para começar, clique em *Contorno*.

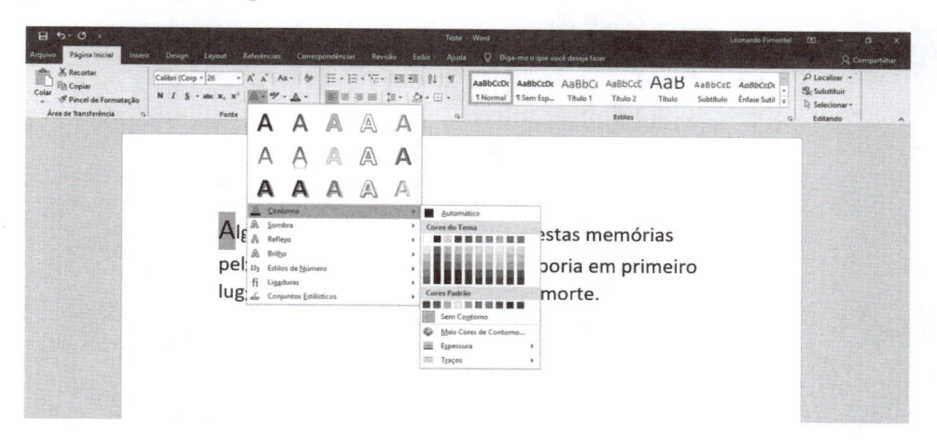

Esse submenu nos mostra qual contorno está ativo. A opção padrão é *Automático*, com a mesma cor da letra. Em seguida, temos as *Cores do Tema*, inclusive com escala de cinza, as *Cores Padrão* básicas e a opção *Sem Contorno*. Ao posicionar o cursor sobre uma cor, é possível visualizar o efeito antes de aplicá-lo.

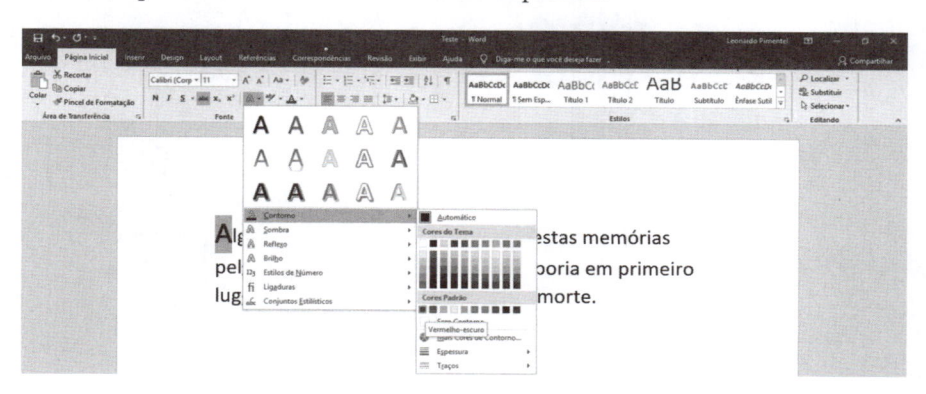

Podemos ainda escolher diferentes cores clicando em *Mais Cores de Contorno*, que abre a janela *Fonte*, a qual vimos anteriormente nas opções de *Sublinhado*.

32. É possível escolher ainda a espessura do contorno. Coloque o cursor do mouse sobre o item *Espessura* para ver as opções. Lembre-se de que quanto mais espesso, mais dominante será o contorno na cor da letra.

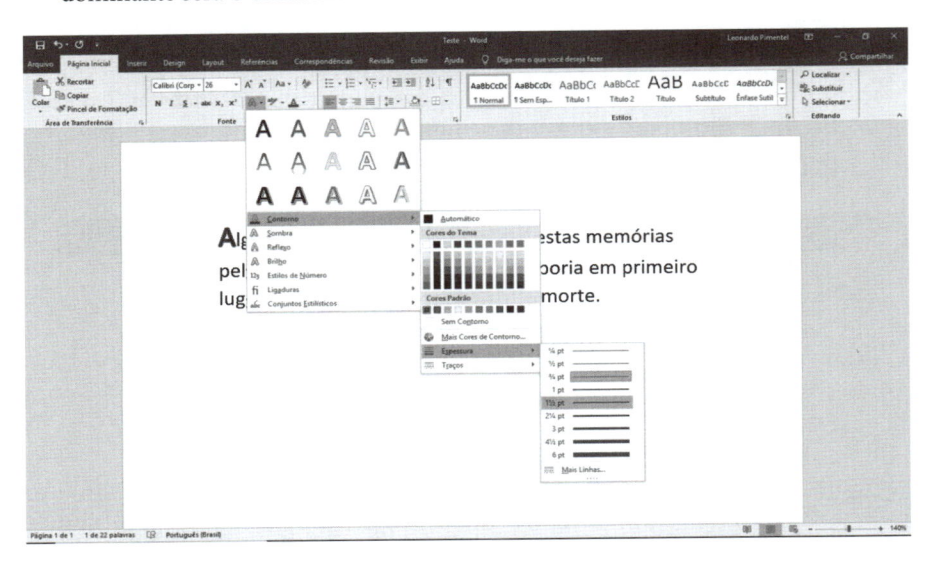

33. Abaixo das opções de *Espessura*, clique em *Mais Linhas*. Será aberto o menu lateral *Fomatar Efeitos de Texto*, que permite configurações avançadas de contorno. Para fechá-lo, clique no X ao lado do nome do menu, no alto à direita.

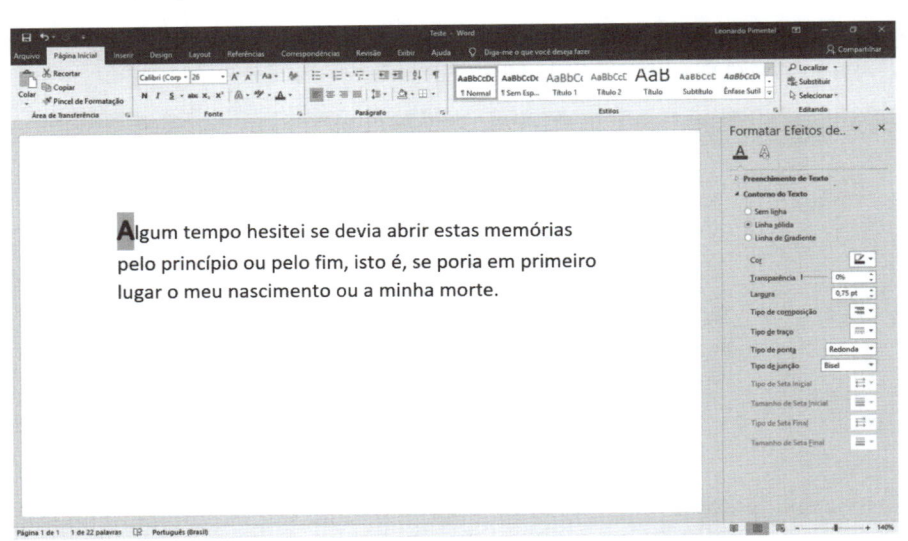

34. A última opção do menu de contornos é *Traços*, onde você escolhe que tipo de linha irá contornar a letra, seja contínua ou formada por pontos e/ou traços. Esse submenu também possui a opção *Mais Linhas*.

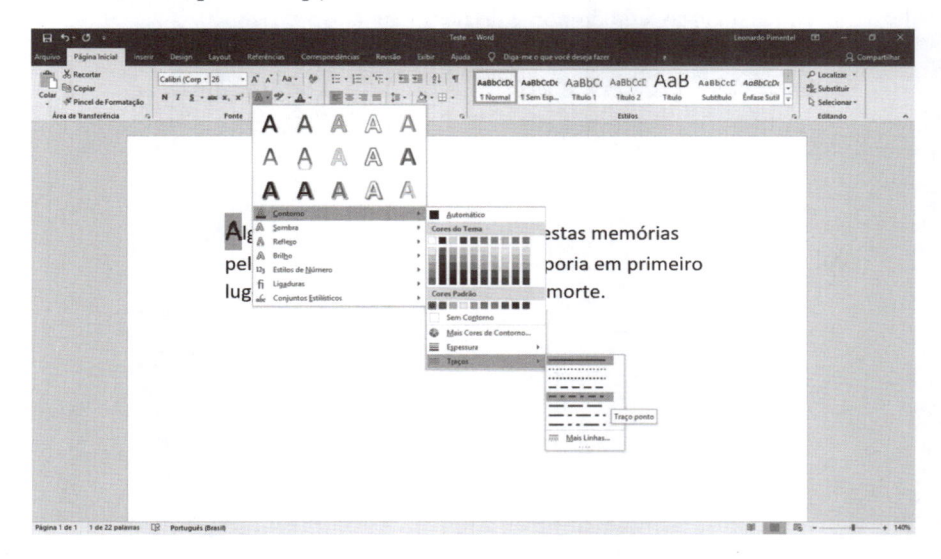

35. Um dos efeitos mais populares para quem começa a mexer com o Word é o sombreamento de letras, que dá uma certa tridimensionalidade à palavra. Clique nesse comando para ver as opções.

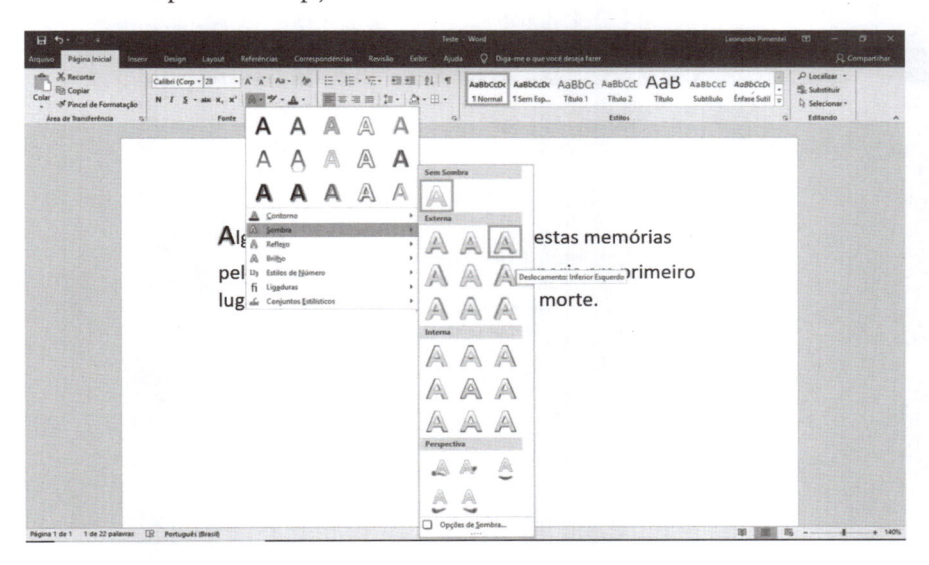

36. As sombras podem ser internas, externas e em perspectiva, simulando a luz vindo de diferentes ângulos. Clique no comando *Opções de Sombra*. Será aberto um menu lateral que permite adicionar uma cor ou diminuir a opacidade da sombra. Para fechá-lo, clique no *X* ao lado do nome do menu, no alto à direita.

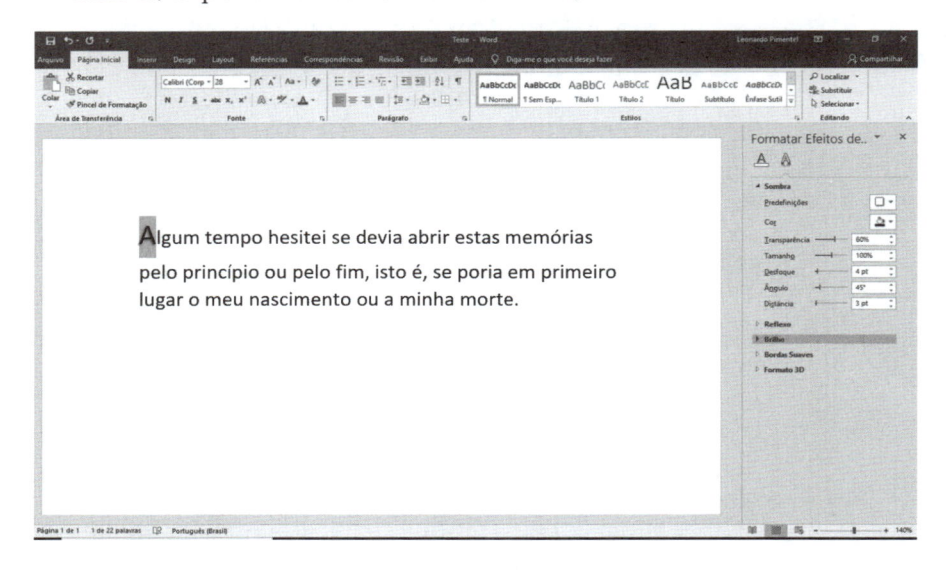

37. Já pensou em uma letra projetando um reflexo, como se estivesse sobre a água? Para fazer isso, clique no efeito *Reflexo*.

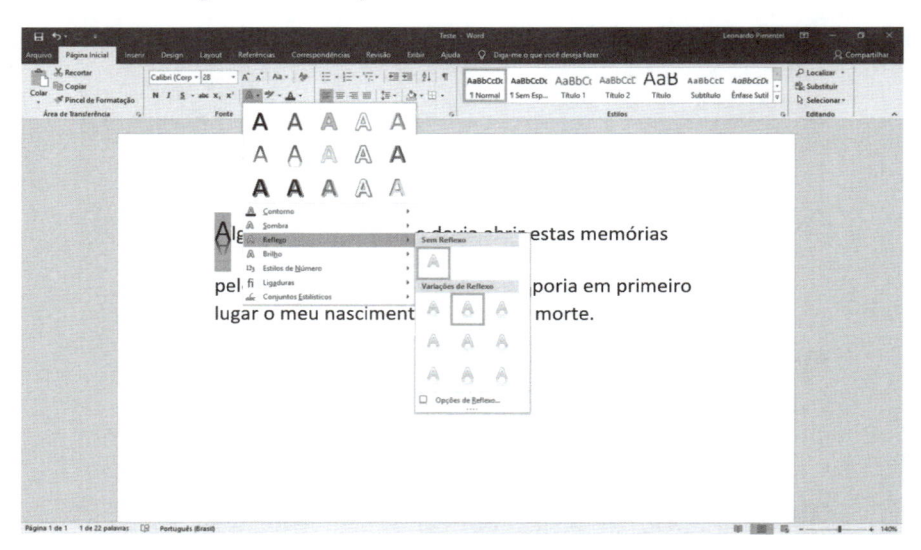

38. As *Variações de Reflexo* apresentam nove opções com dois critérios: tamanho do reflexo (compacto, meio reflexo e total) e distância em relação à letra original (toque, 4 pontos de distância e oito pontos de distância). Para visualizar o resultado, passe o cursor sobre cada opção.

39. Para abrir as configurações avançadas com o menu lateral, clique em *Opções de Reflexo*.

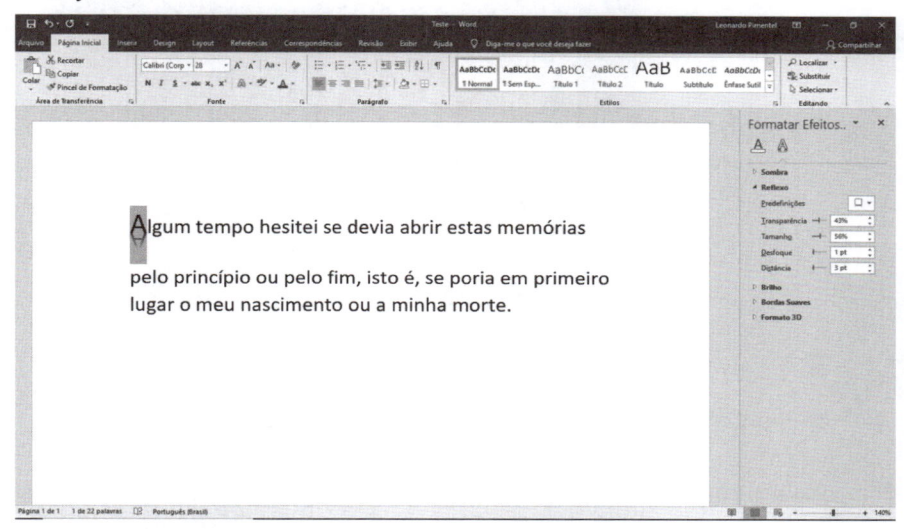

40. Você pode também fazer com que a letra pareça uma lâmpada na tela acrescentando brilho. Clique no comando *Brilho* do menu de efeitos para ver como isso acontece.

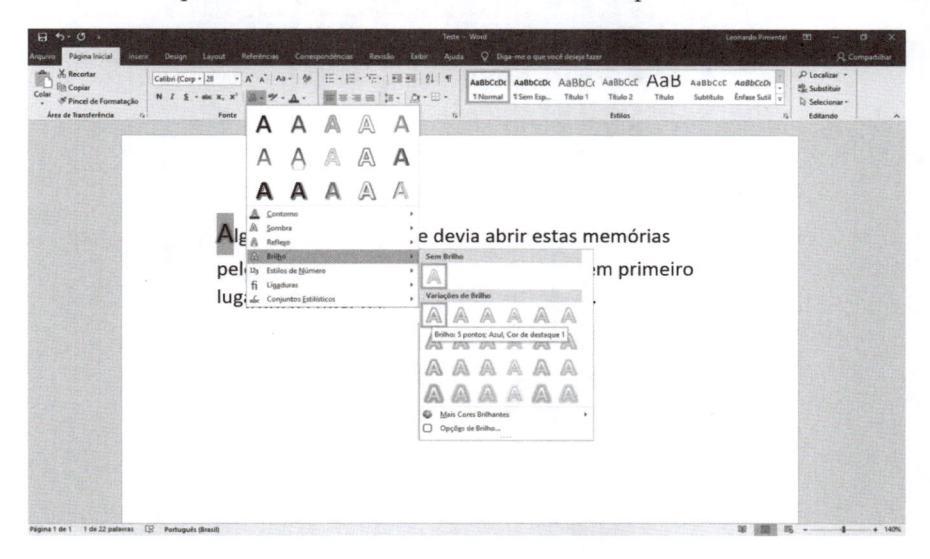

As diferentes opções representam as cores e a intensidade do brilho, ou seja, o tamanho que o brilho ocupa além da letra. Na imagem anterior, vemos o menor brilho predefinido, com 5 pontos. Na imagem a seguir, vemos o maior, com 18 pontos.

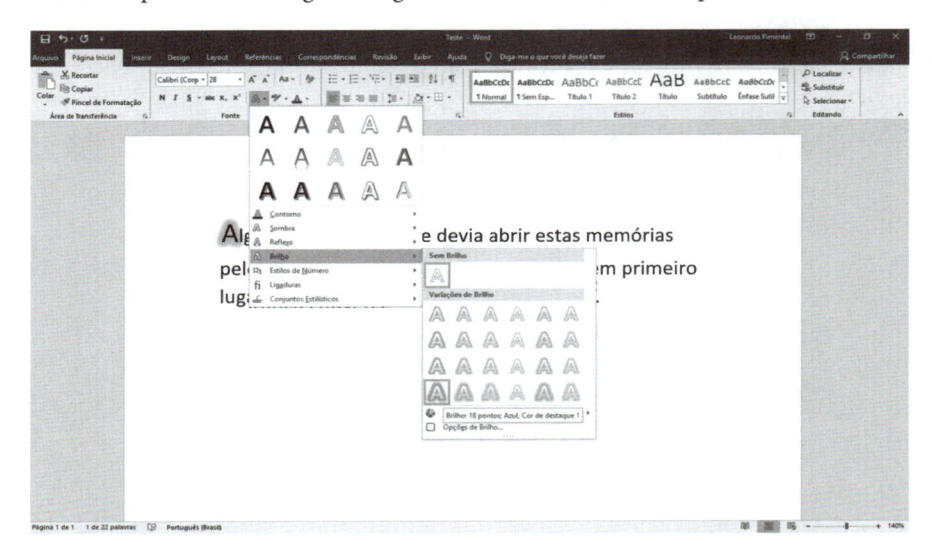

41. Para escolher novas cores, clique em *Mais Cores Brilhantes*. Será aberto um menu semelhante ao que vimos em outros efeitos. Use seu senso estético para combinar a cor do brilho com a cor da letra (vamos ver daqui a pouco como alterá-la).

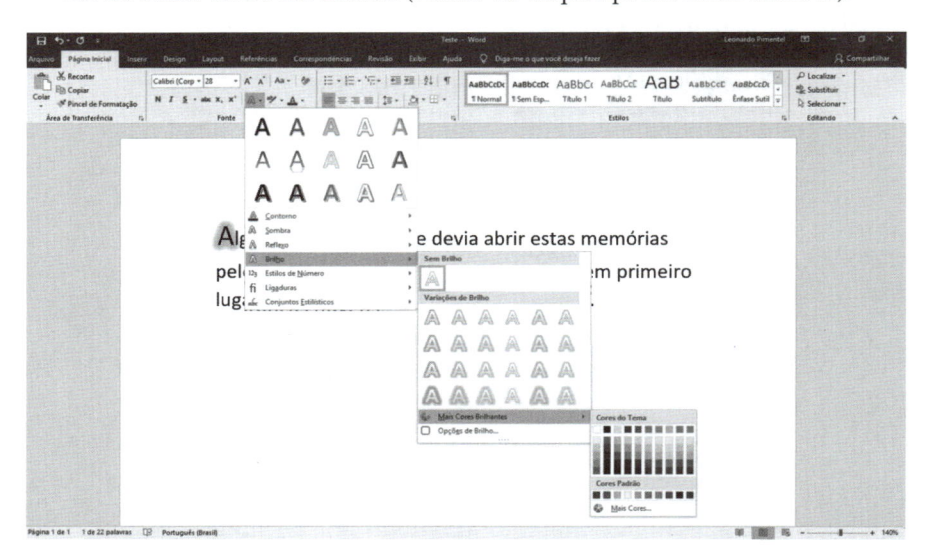

42. Para editar a cor, o tamanho e a transparência do brilho, clique em *Opções de Brilho*. Será aberto o menu lateral.

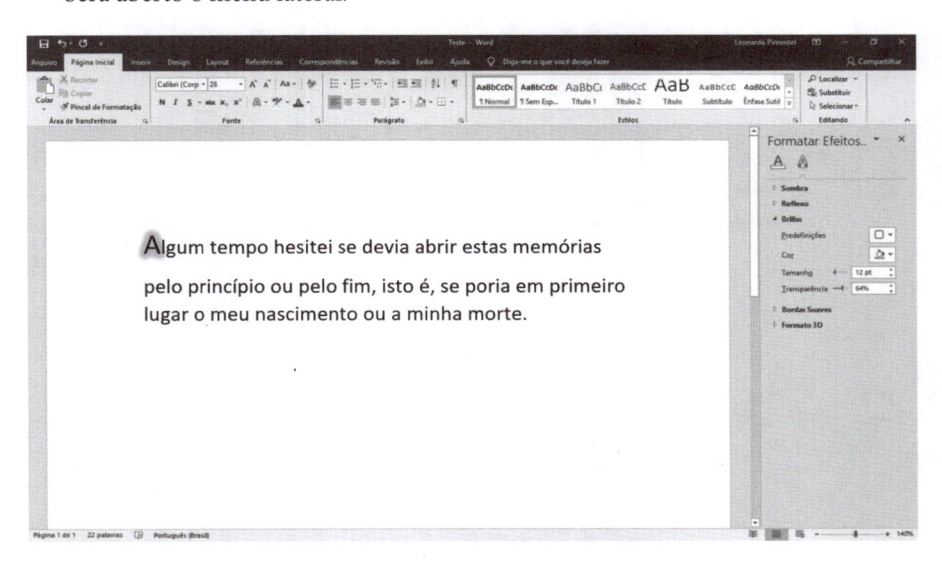

> A transparência menor deixa o brilho mais visível. Por outro lado, um brilho com pouquíssima transparência acaba virando um contorno exagerado.

Não feche a barra lateral ainda: ela tem uma funcionalidade que não aparece no menu de efeitos, mas é muito importante: a opção *Formato 3D*.

Não é possível reproduzir perfeitamente um objeto em três dimensões numa tela ou numa folha de papel, que são meios bidimensionais. O que fazemos é criar ilusões para que nossa mente imagine ver profundidade e volume naquele objeto.

> Esse efeito é praticamente imperceptível quando a letra é preta. Escolha uma cor clara para que o bisel fique mais visível.

43. Na barra lateral, clique em *Formato 3D*. Podemos escolher se o bisel (ou o estilo da aresta), que dá a ilusão de profundidade, será superior ou inferior, o tamanho e a cor da profundidade e do contorno e que tipo de material o efeito vai simular.

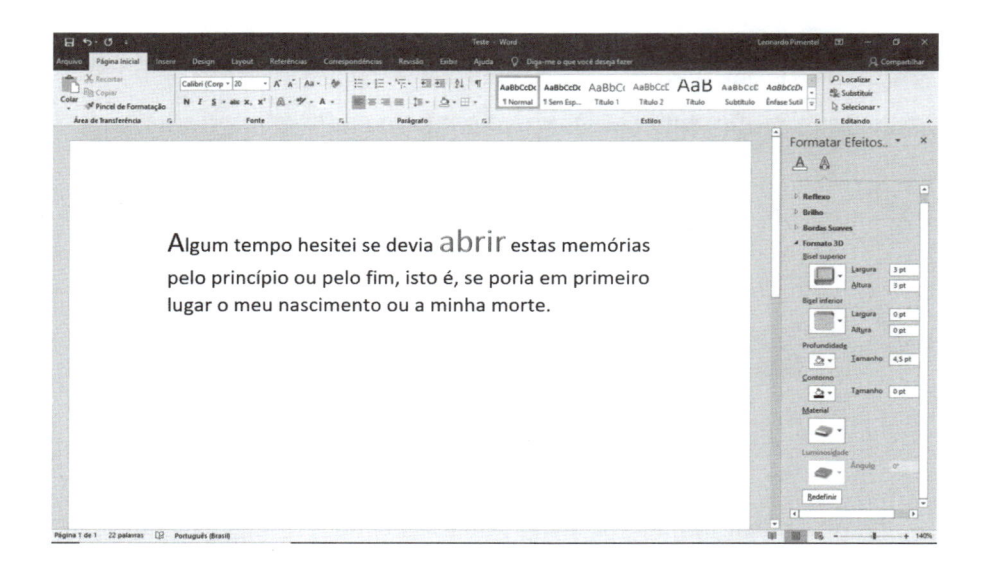

44. De volta ao menu *Efeitos de texto e tipografia*, clique na opção *Estilos de Número*, que permite definir como os algarismos são exibidos dentro do texto, especialmente no que se refere a sua proporção e seu espaçamento. O sistema reconhece o estilo do trabalho que você está fazendo e recomenda a melhor exibição, mas você pode alterá-la, escolhendo, por exemplo, um modo em que a distância entre os números seja proporcional a seu tamanho (1 e 8 teriam espaçamentos diferentes) ou tabulada (com o mesmo espaçamento em todos os algarismos). Você também pode usar o chamado *Old Style*, onde 1 e 2 são menores que os demais algarismos.

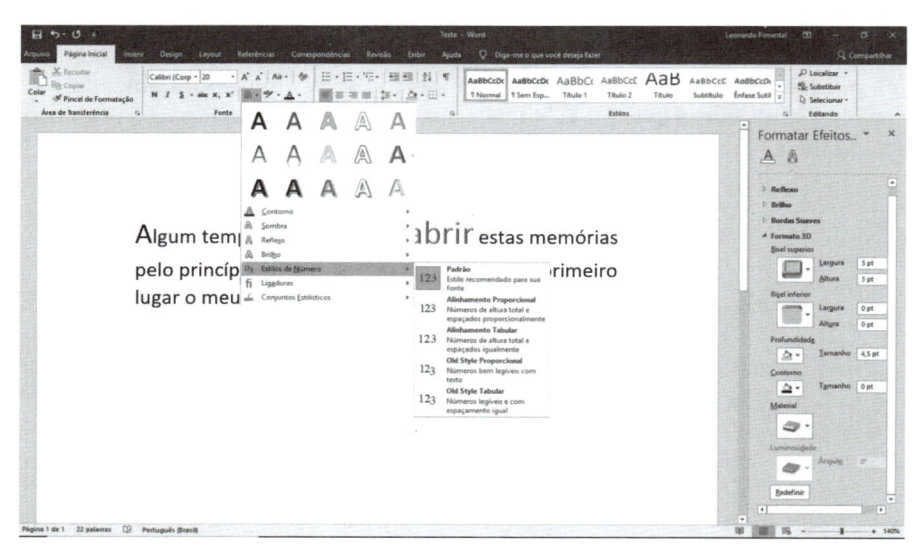

Ligaduras são a união de duas letras em um mesmo contexto, a ponto de se tornarem um novo caractere. Foi assim, por exemplo, que "e" e "t", da palavra latina "et", se misturaram e viraram &.

45. O Word permite ativar ligaduras onde elas são possíveis, para facilitar a leitura ou dar um aspecto histórico/ornamental ao texto. Por exemplo, dois "tês" seguidos aparecerão ligados. Clique no menu *Ligaduras* para ver as opções.

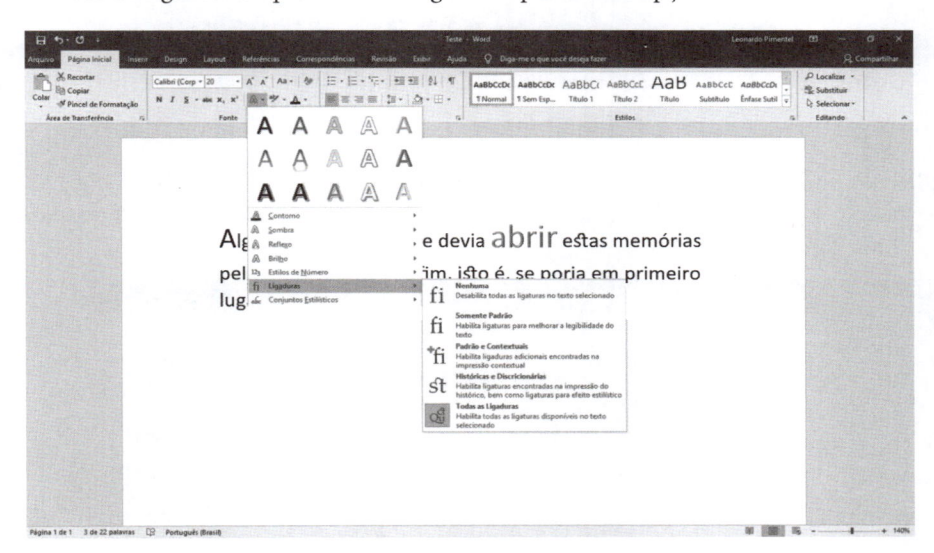

> Mesmo soando redundante, é importante lembrar que esses efeitos são como um tempero na culinária. Bem usados, valorizam o sabor do alimento. Exagerados, deixam o prato intragável.

46. Pratique os seguintes efeitos em algumas palavras do parágrafo: *Contorno, Sombra, Reflexo, Brilho* e *Formato 3D*. Por fim, desfaça as alterações e defina o *Tamanho da Fonte 11* para todo o texto.

Realce do texto

47. Canetas marca-texto são feitas para destacar numa cor vibrante um trecho importante do texto. O Word oferece exatamente esse recurso, com uma gama limitada de cores. Para usá-lo, destaque o trecho desejado e clique no ícone *Cor do Realce do Texto* dentro do grupo *Fonte*.

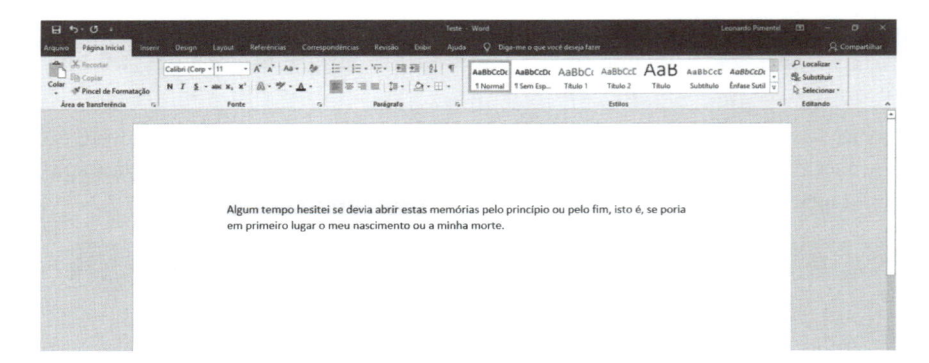

48. Esse comando realça o texto destacado com a cor que está aparecendo no ícone. O padrão é o amarelo típico dos marca-textos. Para alterá-la, clique na seta ao lado desse ícone.

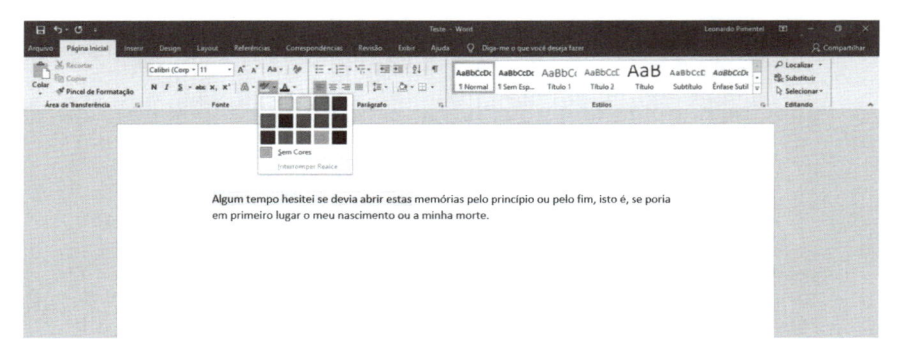

49. Clique na cor desejada, que vai aparecer no ícone. Ela será o padrão até que você mude novamente.

Cor da Fonte

50. Por último, para alterar a cor das letras, clique no ícone *Cor da Fonte* ( ). A cor padrão é o preto, a cor de fonte automática do Word. Para conferir outras opções, clique na seta para baixo.

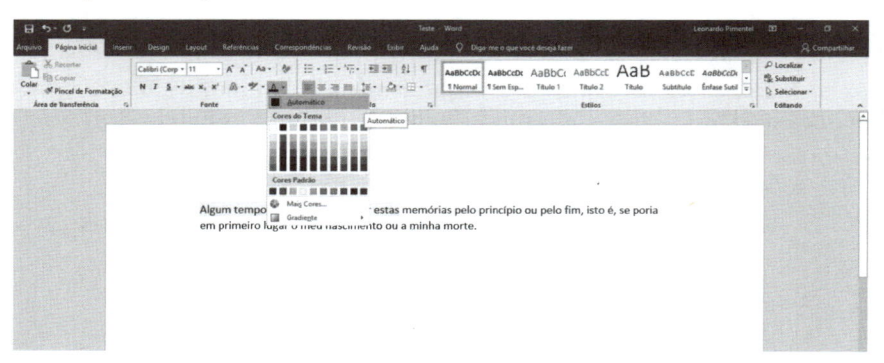

Ao passar com o cursor sobre as cores, você verá seu efeito na palavra ou trecho que estiver selecionado. Para aplicar a cor desejada, basta clicar sobre ela. A mudança só se aplica à palavra ou trecho selecionado, embora a nova cor fique aparecendo no ícone.

> Se quiser fazer todo o texto numa nova cor, você pode alterar a cor da fonte antes de começar a escrever. Sempre que você fizer essa alteração de cor num ponto sem texto, ela será aplicada ao que for digitado dali em diante.

> Para mudar a cor de apenas uma letra dentro de uma palavra, destaque a letra e faça a alteração. O resto da palavra não sofrerá mudança.

51. Como as demais ferramentas que gerenciam cores, esse menu oferece a opção *Mais Cores*, para escolher entre cores padrão ou personalizadas. O que ele tem de diferente é a opção *Gradiente*, que permite aplicar um efeito de gradiente de cor na palavra ou trecho selecionado. Para visualizá-lo melhor, aumente o tamanho da fonte de todo o texto. Em seguida, clique na opção *Gradiente* para ver as opções. É possível variar de tons claros a escuros e começar o gradiente em diversas posições dentro do objeto selecionado.

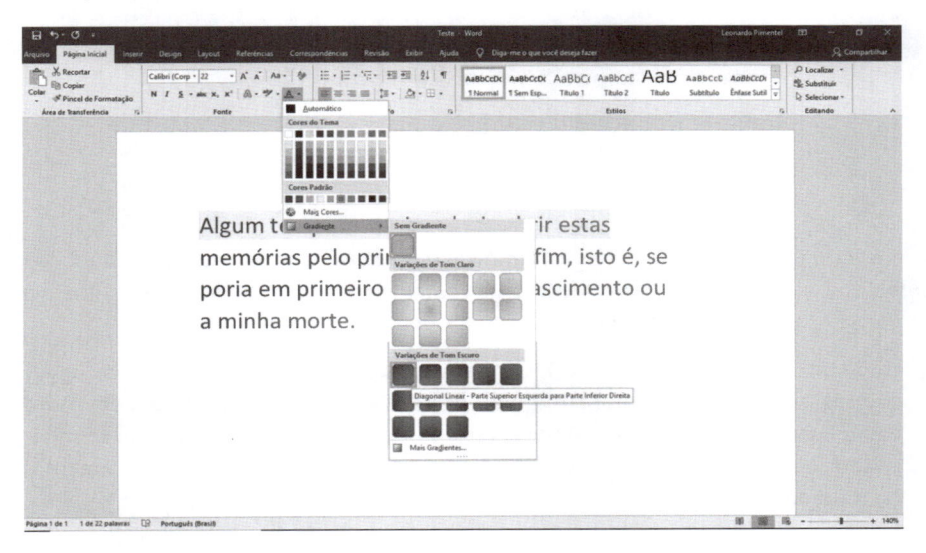

52. Para praticar, selecione um trecho do texto e aplique a cor de sua preferência. Em seguida, selecione outro trecho e mude a cor de todas as palavras, cada uma com uma cor diferente. Aplique efeito gradiente em pelo menos uma delas.

Limpar formatação

53. O último ícone do grupo *Fonte* é o prático *Limpar Toda a Formatação* ( ), que anula todas as alterações de corpo e fonte aplicadas no texto selecionado, e de cores a partir do ponto em que você estiver trabalhando. Para testar esse recurso, selecione todo o texto do documento e clique em *Limpar Toda a Formatação*.

> Se limpar a formatação de algo que não devia, basta clicar no ícone *Desfazer*.

Menu de atalhos

54. Uma vez que já vimos a maneira formal de usar as funcionalidades do grupo *Fontes*, vamos conhecer um jeito mais simples de acessá-las. Clique duas vezes sobre uma palavra (ou três vezes sobre o parágrafo) para selecioná-la. Perceba que aparece um menu de atalhos.

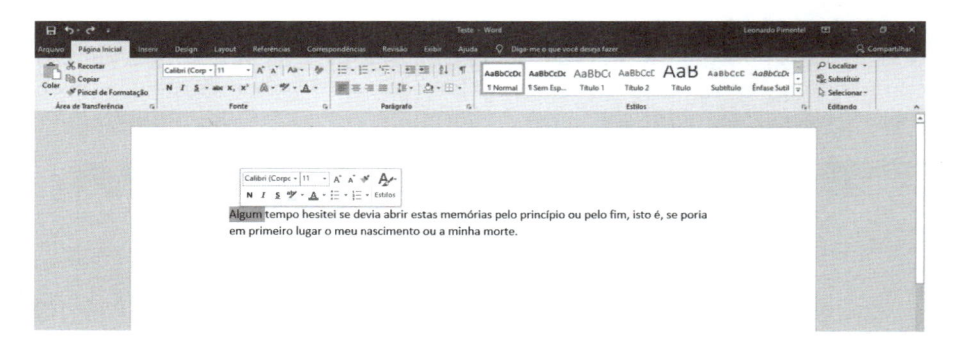

Nele estão as funcionalidades mais comuns, como *Fonte*, *Corpo*, *Negrito*, *Itálico*, *Sublinhado*, *Realce* e *Cor da Fonte*, além de ferramentas de parágrafo, cópia e estilo, que veremos nos próximos capítulos.

55. Para exibir esse menu sem selecionar uma palavra ou parágrafo, clique em qualquer parte do texto com o botão direito do mouse. Ele aparecerá junto com outro menu, com mais funções que ainda serão abordadas. Quando você estiver familiarizado com as funcionalidades do Word, esse menu se tornará uma das ferramentas mais usadas.

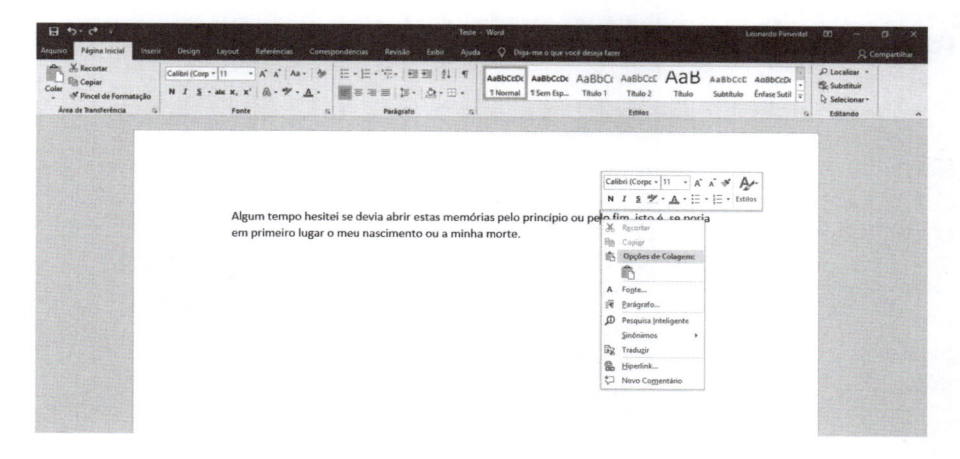

Com isso, concluímos as ferramentas que permitem gerenciar a formatação do texto. No próximo capítulo, vamos aprender a configurar os parágrafos e os estilos de um texto.

Mas antes vamos praticar o que aprendemos.

Exercícios

1. Crie um texto com título e pelo menos dois parágrafos, ou use um texto já existente.
2. Destaque o título aumentando o corpo e acrescentando pelo menos um efeito de destaque.
3. Selecione um dos parágrafos, diminua o corpo e aplique itálico, de forma a diferenciá-lo dos demais.
4. Realce uma frase do texto.
5. Mude as cores de pelo menos três palavras.

Anotações

3
Trabalhando com parágrafos

OBJETIVOS
» Organização espacial dentro da página
» Trabalhar com parágrafos

Guia *Página Inicial* (parte 2)

Dando prosseguimento ao estudo da guia *Página Inicial*, neste capítulo vamos aprender a criar listas simples e compostas, com os mais diversos marcadores. Veremos também como alinhar um texto e as vantagens de cada tipo de alinhamento, como ordenar recuos, como configurar parágrafos e como usar bordas para estabelecer tabelas simples.

GRUPO PARÁGRAFO

Parágrafos são os conjuntos de frases que, em geral, encerram um raciocínio dentro do texto. Embora o parágrafo seja apenas uma de suas funcionalidades, é ele que dá nome a esse grupo na guia *Página Inicial*.

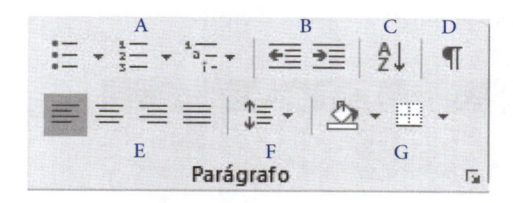

(A) *Marcadores, Numeração* e *Lista de Vários Níveis*: Os três primeiros ícones são as ferramentas para a criação de listas.

(B) *Diminuir Recuo* e *Aumentar Recuo*: Permitem diminuir e aumentar os recuos.

(C) *Classificar*: Serve para ordenar os parágrafos selecionados.

(D) *Mostrar Tudo (Ctrl + *)*: Exibe os elementos ocultos no texto, como marcas de espaços e de fins de parágrafo.

(E) *Alinhar à Esquerda (Ctrl + Q), Centralizar (Ctrl + E), Alinhar à Direita (Ctrl + G)* e *Justificar (Ctrl + J)*: Permitem alinhar o texto em relação a diferentes posições da página.

(F) *Espaçamento de Linha e Parágrafo*: Define o espaço entre as linhas ou entre um parágrafo e outro.

(G) *Sombreamento* e *Bordas*: Permitem configurar e colorir tabelas simples dentro do Word. O primeiro define o sombreamento (cor) de cada item da tabela, enquanto o segundo gerencia as bordas que formam a tabela propriamente dita.

1. Listas são praticamente um sinônimo de organização, pois é exatamente esse caráter que elas conferem ao texto. As ferramentas de listas do Word são particularmente intuitivas e eficientes. Para testá-las, crie um novo arquivo e escreva duas linhas: *Criação e Salvamento de um Arquivo* na primeira linha, e *Clique na guia Arquivo* na segunda (use a imagem a seguir como referência). Com o cursor na segunda linha, clique no ícone *Marcadores* ( ). O programa fará um recuo em relação à linha anterior e inserirá um marcador, no caso, o padrão do Word: uma bolinha preta.

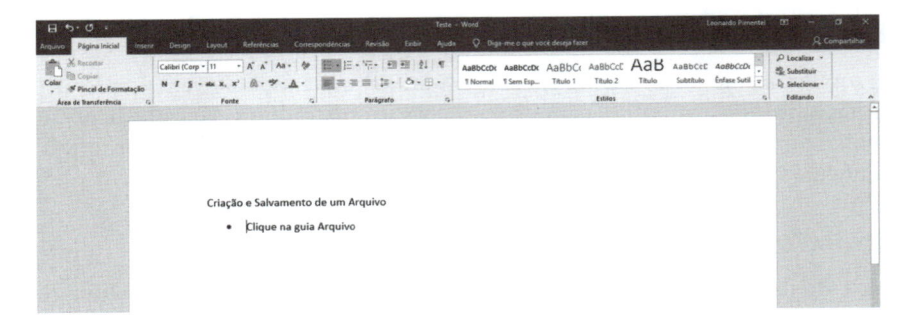

2. Com isso, a lista está iniciada. Coloque o cursor no final dessa linha e pressione *Enter*. Você verá que a nova linha criada já terá o marcador, constituindo-se no segundo item dessa lista.

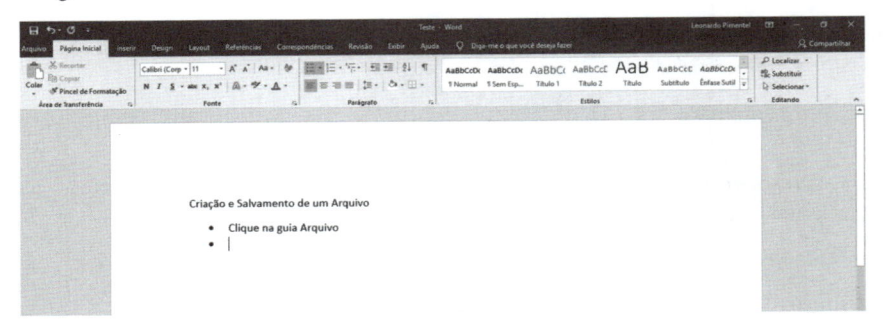

3. Digite *Clique em Abrir* e pressione *Enter* novamente. Cada vez que pressionar *Enter* após um item da lista, será aberto um novo marcador.

4. Digite os seguintes itens para completar a lista: *Clique novamente na guia Arquivo* e *Clique em Salvar Como*. Quando a lista chegar ao fim, basta pressionar *Enter* mais uma vez e depois *Backspace* para apagar o marcador seguinte e retomar a formatação normal do texto.

5. A bolinha preta, porém, não é o único marcador disponível no Word. Com a lista destacada, clique na setinha do ícone para abrir o menu dessa ferramenta.

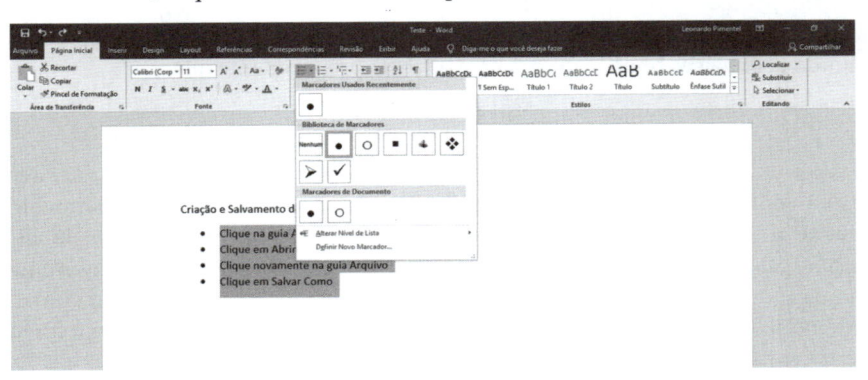

6. Clique em um dos diferentes marcadores da biblioteca. Todos os marcadores da lista vão assumir essa configuração, que se tornará o padrão até ser alterada.

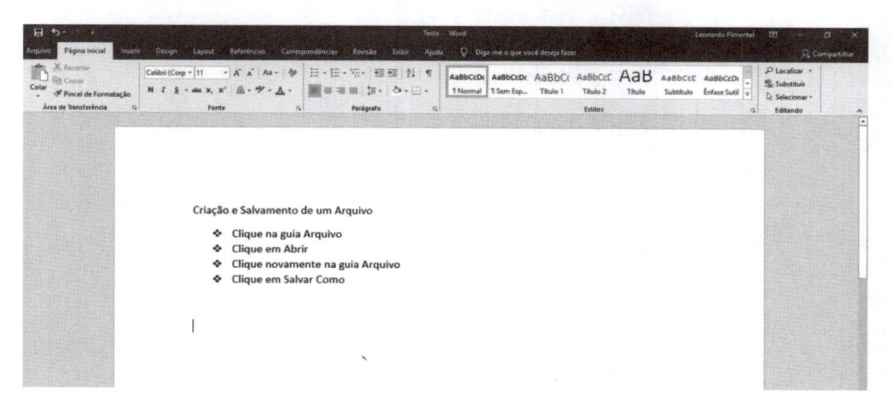

7. Logo após a biblioteca, o menu da ferramenta traz uma lista com os marcadores que você usou recentemente. Há ainda duas outras opções: *Alterar Nível de Lista*, um conceito que vamos ver daqui a pouco, e *Definir Novo Marcador*. Clique nesse último item.

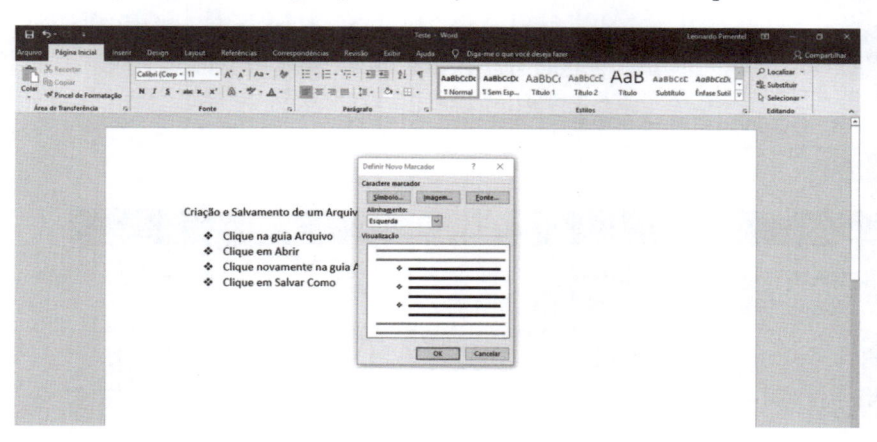

Será aberta a janela *Definir Novo Marcador*, onde encontramos três opções principais: *Símbolo*, *Imagem* e *Fonte*.

8. A primeira opção, *Símbolo*, permite escolher um símbolo dentre as fontes instaladas no computador. Por definição, a fonte que aparece é *Wingdings*, a tradicional lista de símbolos e ilustrações do Windows, mas você pode escolher outras clicando no menu *Fonte*. Uma vez selecionado o símbolo que quer usar, clique em *OK* para aplicá-lo.

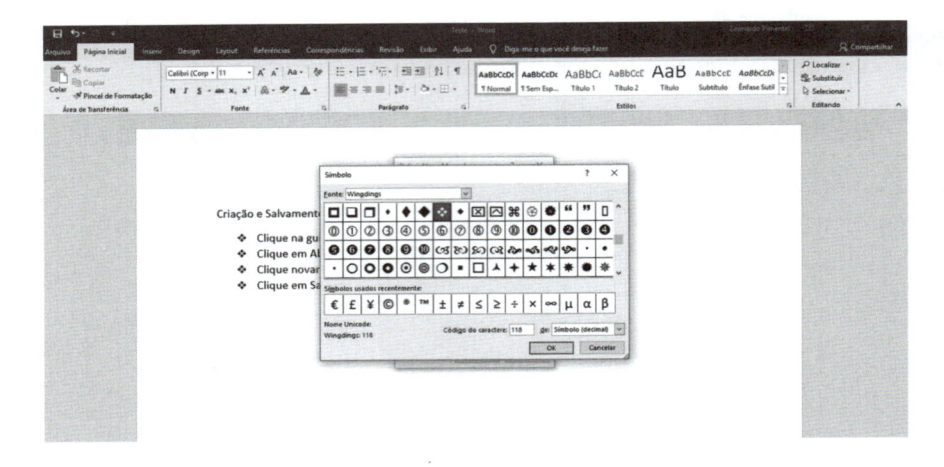

9. A segunda opção é *Imagem*, que permite usar uma foto ou uma ilustração (como o logo da companhia, por exemplo). Ao clicar nessa opção, o sistema abrirá uma janela para que você localize a imagem que deseja usar.

> Embora a ideia de usar uma imagem como o marcador de uma lista seja atraente, lembre-se de que ela aparecerá pequena, e talvez não seja possível identificá-la.

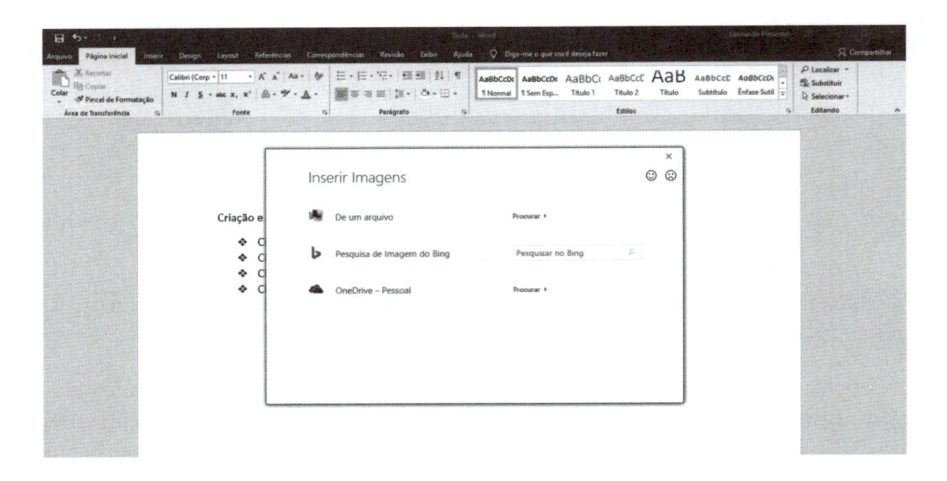

10. A última opção é usar um elemento de uma fonte.

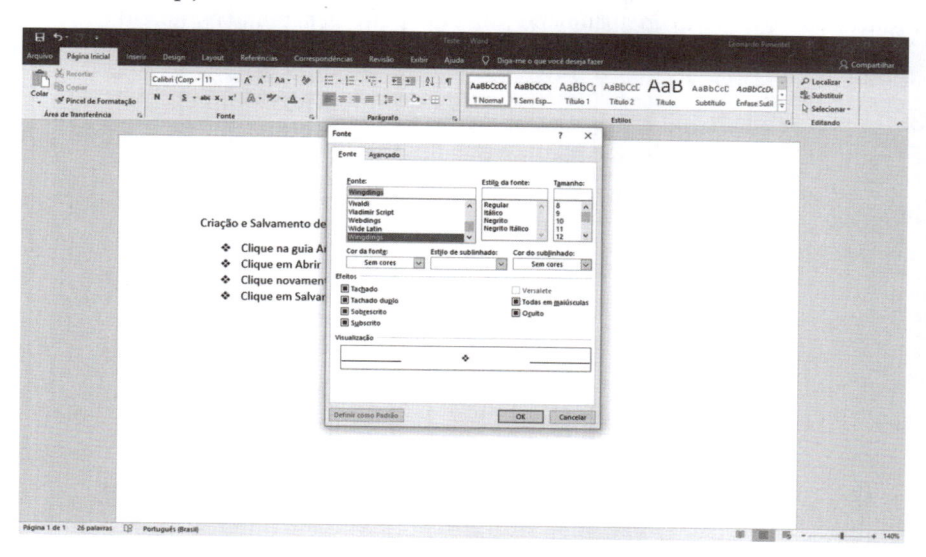

Numeração

11. A segunda ferramenta de listas é *Numeração*. Apesar do nome, ela permite o uso de números e letras. A lógica é a mesma: para aplicá-la, selecione a lista e clique no ícone *Numeração* ( ).

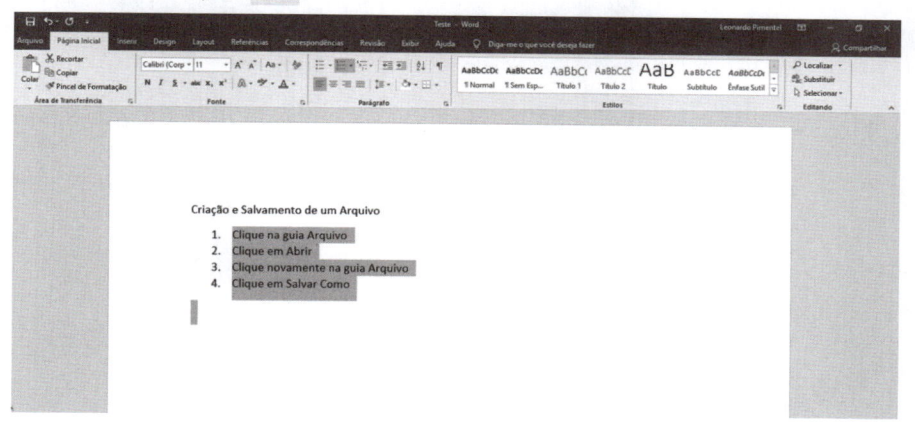

> Como você pode reparar na imagem anterior, os marcadores (sejam objetos ou alfanuméricos) não são destacados junto com a lista. Para editá-los, é preciso usar a ferramenta.

12. Por padrão, a lista será organizada em ordem numérica crescente, usando a mesma fonte e corpo do resto do documento, com um ponto separando o número e o texto da lista. Para alterar esse padrão, clique na seta ao lado do ícone.

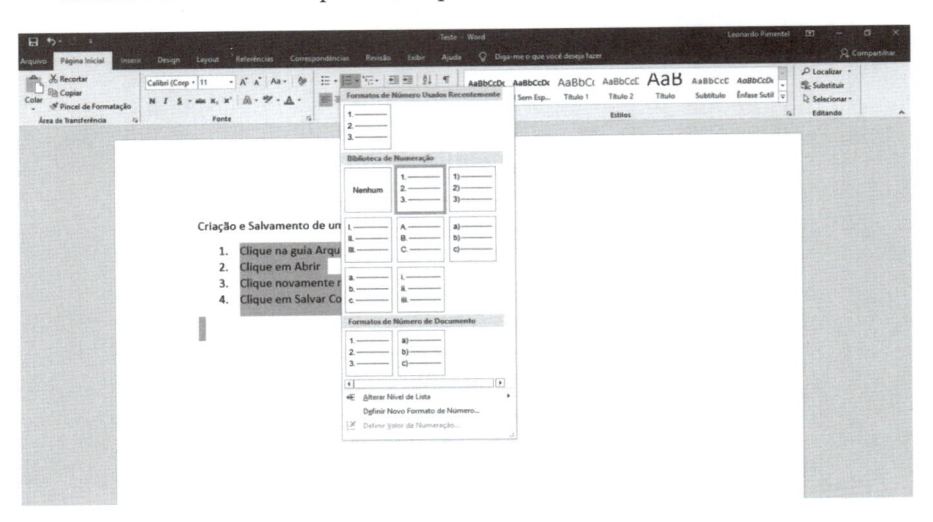

13. É possível escolher algarismos indo-arábicos (1, 2, 3, etc.) e romanos (I, II, III, etc., e também minúsculos) e letras, com diferentes opções de separadores. Clique na opção com algarismos romanos maiúsculos, para alterar a lista.

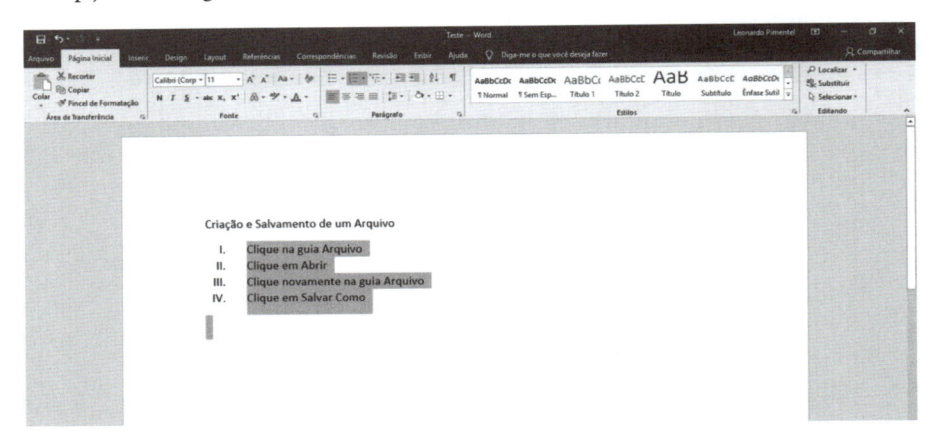

14. Porém, você não está preso a esses modelos. Para personalizar as opções, clique em *Definir Novo Formato de Número*. Nessa janela, você pode escolher o estilo, podendo optar até pelo número escrito por extenso, e mudar a fonte. Na ferramenta *Formato do número*, você pode digitar o espaçador que deseja usar e como ele ficará separado do texto. Também é possível ordenar o alinhamento dos números. Na imagem anterior, eles estão alinhados à esquerda, mas você pode centralizá-los ou alinhá-los à direita.

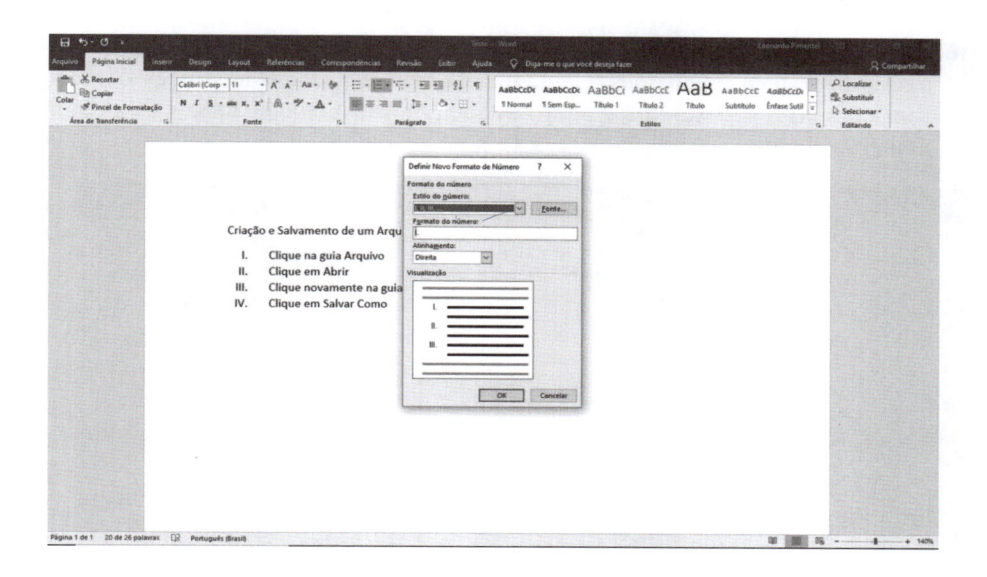

Lista de Vários Níveis

Imagine que você está fazendo uma lista com cinco itens, mas cada um deles tem dois ou três subitens. Usar o mesmo formato para esses diferentes níveis de informação pode ser confuso, então podemos usar o recurso *Lista de Vários Níveis* ( ).

15. Para testar essa funcionalidade, desfaça as marcações aplicadas até aqui e digite os seguintes novos itens na lista: *Digite um texto*, *Clique no ícone Salvar*, *Clique na guia Arquivo* e *Clique em Fechar*. Em seguida, selecione toda a lista e clique em *Lista de Vários Níveis*. Em vez de aplicar um formato, o recurso vai abrir um menu.

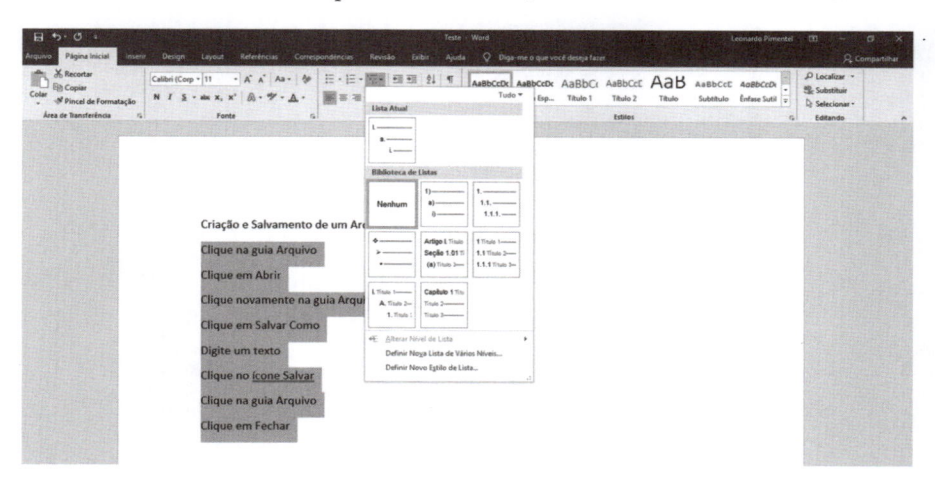

16. Como podemos ver, há diversas opções, incluindo números e letras, diferentes objetos, números com subdivisões (1, 1.1, 1.1.1), estilos, etc. Clique na primeira opção, com números e letras. O programa vai tabular a lista como se fosse uma ordem numérica comum.

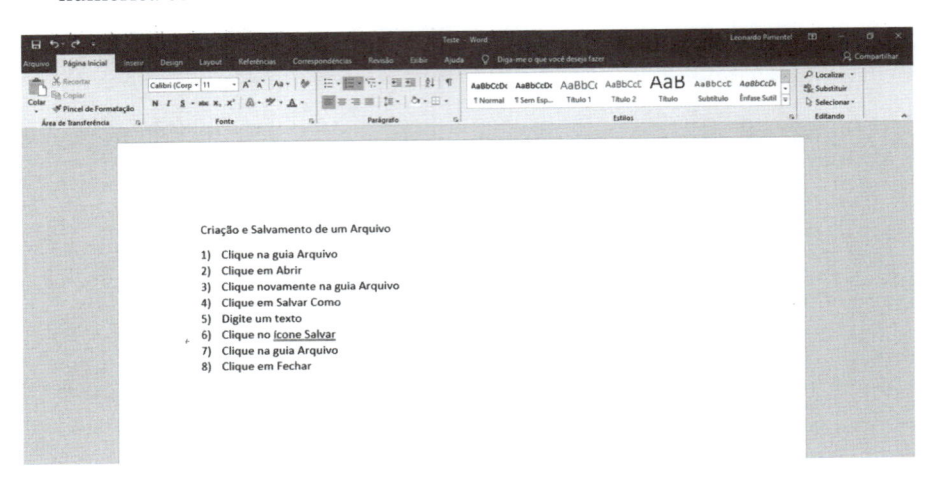

17. Para aplicar diferentes níveis, selecione um dos itens, abra novamente o menu e clique em *Alterar Nível de Lista*.

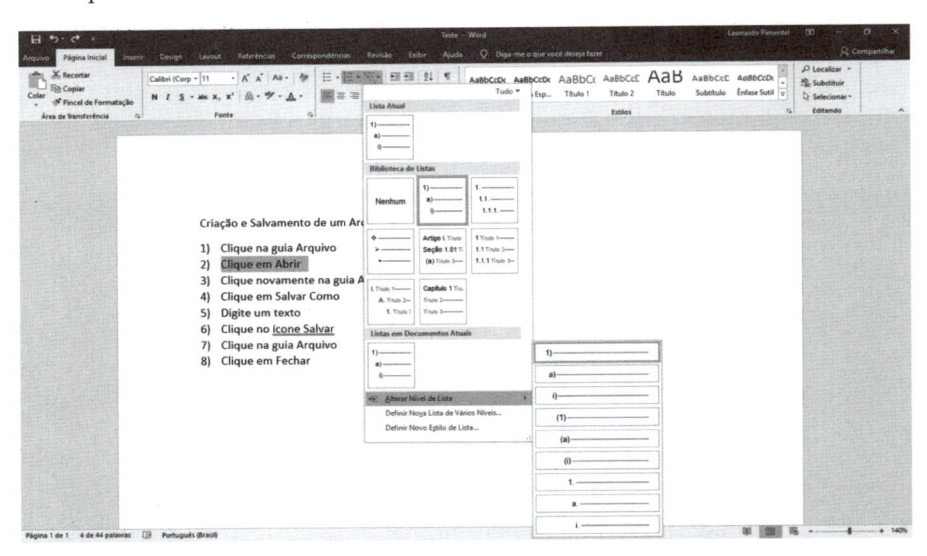

18. Clique na segunda opção, que transformará esse item num subitem do anterior. Repare que, como o nível seguinte da lista não foi alterado, ele manterá a formatação original, mas passará ao item de número *2*, em vez de *3*.

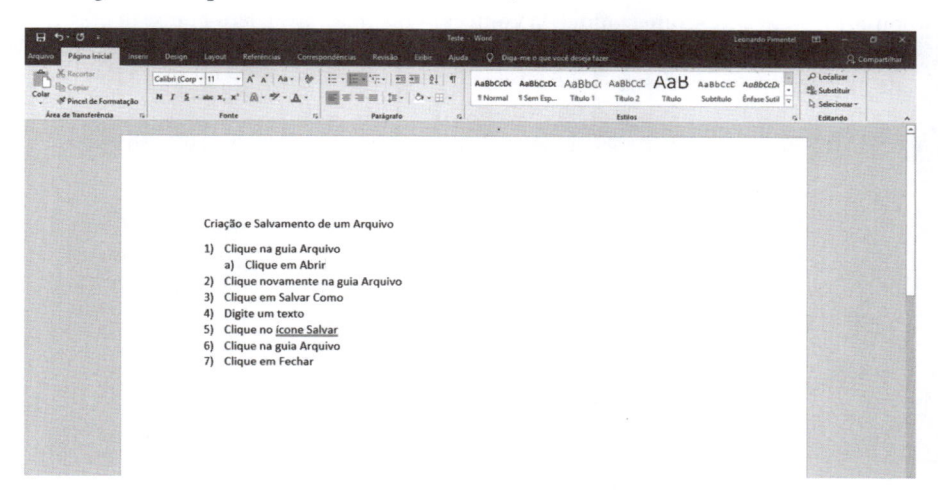

19. Repetindo essa operação, você pode criar quantos níveis achar necessário. Você pode também mudar a apresentação da lista clicando na opção *Definir Nova Lista de Vários Níveis*.

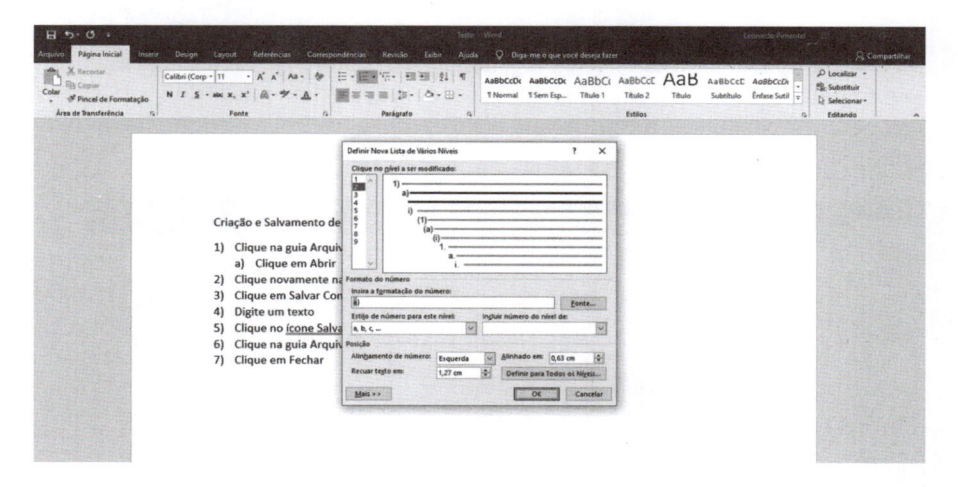

É possível, por exemplo, substituir a letra por outra, ou mesmo por um símbolo, e alterar a fonte, além de ajustar o alinhamento e o recuo. Você pode aplicar as mudanças a todos os níveis.

20. Outra possibilidade é criar um formato de lista totalmente novo, clicando na opção *Definir Novo Estilo de Lista*. Você pode dar um nome para a lista e salvá-la para usar depois. É possível definir fonte, corpo, realces, cor ou usar um símbolo ou foto, além de escolher onde ela começará e a qual nível será aplicada essa formatação. O novo estilo pode ser aplicado somente ao documento aberto, ou servir de padrão para os próximos.

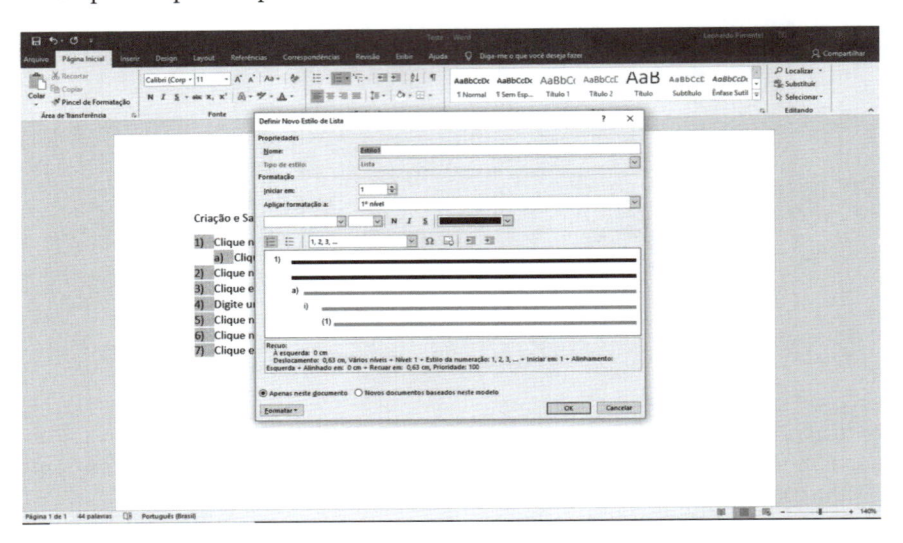

21. É possível aplicar diferentes níveis a planilhas já existentes, tanto numéricas quanto de símbolos. Para isso, com o item destacado na lista, clique na setinha ao lado do ícone correspondente (*Marcadores* ou *Numeração*) e selecione a opção *Alterar Nível de Lista*. Escolha o formato desejado para criar um novo nível.

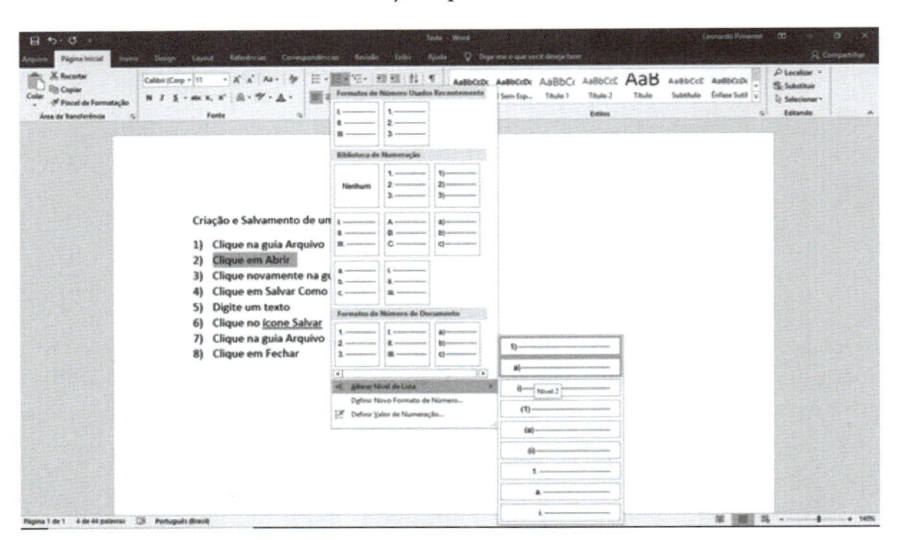

> O Word cria automaticamente uma lista quando você digita algo que ele interpreta como um marcador, por exemplo, *1)* ou *a.* no início do parágrafo. Quando você pressiona a barra de espaço após digitar esses marcadores, o programa aplica um recuo e muda o marcador para o formato padrão. Para desfazer essa formatação, pressione *Alt + Backspace*.

22. Para praticar, selecione a lista e utilize a opção *Marcadores*. Em seguida, altere o símbolo do marcador.

23. Por fim, transforme a lista numa lista numerada e crie um subnível nela.

Recuo

Mesmo sem criar uma lista, é possível destacar um trecho de texto por meio de um recuo. Como o nome indica, esse recurso recua todo um parágrafo em relação ao anterior. É possível aumentar e diminuir recuos usando os ícones *Diminuir Recuo* e *Aumentar Recuo* ( ).

24. Para ver como esse recurso funciona, abra o arquivo *Recuo*, na pasta *Capítulo 3*.

25. Clique dentro do segundo parágrafo e depois no ícone *Aumentar Recuo*. Você verá que todo aquele bloco de texto se desalinha em relação ao parágrafo anterior. Se quiser desfazer ou voltar à formatação anterior, clique em *Diminuir Recuo*.

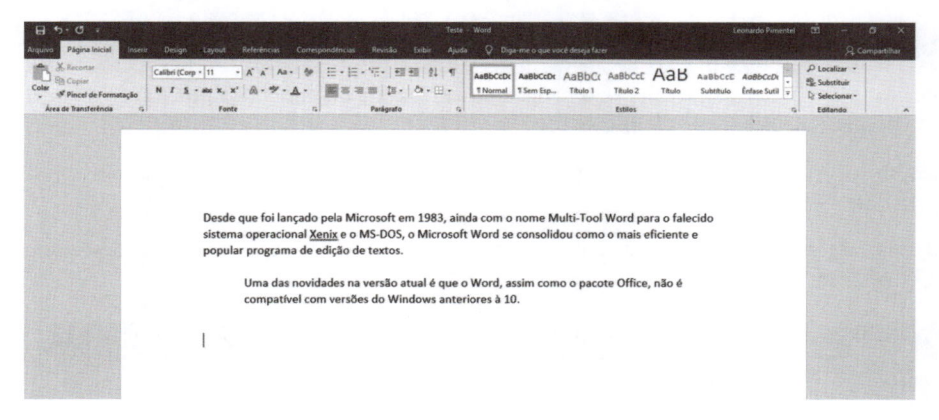

> Se você clicar no ícone *Aumentar Recuo* dentro de uma lista, vai automaticamente criar um nível inferior. Se clicar em *Diminuir Recuo*, vai trazer o trecho de volta ao nível do restante da lista.

Classificar

Imagine que você precisa montar uma lista em ordem alfabética, mas os itens que vão compô-la estão em ordem aleatória. A solução normal seria verificar e mover manualmente um a um desses itens, o que pode ser inviável numa relação muito longa, como a lista de alunos de um colégio, por exemplo. No Word, isso é facilmente resolvível com o recurso *Classificar*.

26. Abra o arquivo *Classificar 1* e clique no ícone *Classificar* ( ). Ele automaticamente destaca todo o texto e abre um menu.

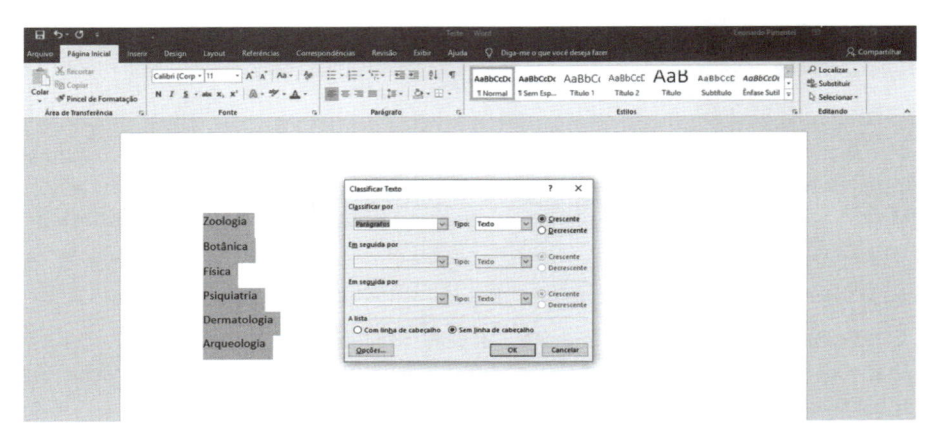

Esse menu tem três níveis de seleção.

27. No primeiro, você escolhe se o programa vai fazer a classificação por *Parágrafos* ou *Títulos*. Selecione *Parágrafos*.

28. No segundo, você define se o critério será a ordem alfabética, a ordem numérica ou a data. Selecione *Texto*.

29. No terceiro, você escolhe se a classificação será *Crescente* ou *Decrescente*. Selecione *Crescente* e clique em *OK*.

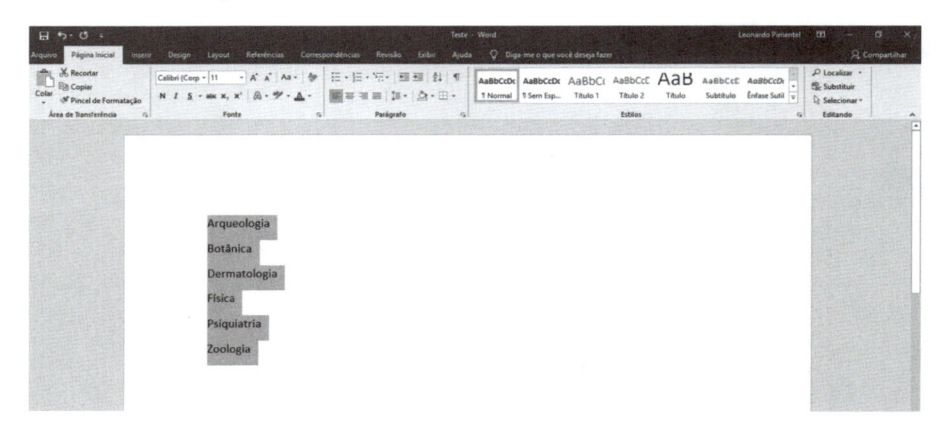

Perceba que a lista se organiza automaticamente.

Porém, se em vez de uma lista você estiver fazendo uma tabela, pode considerar mais de um elemento ao ordenar a classificação (você pode estabelecer três níveis de classificação).

30. Abra o arquivo *Classificar 2*, clique em *Classificar* e depois em *Opções* para determinar que tipo de separador usar para cada campo e se o programa deve diferenciar maiúsculas e minúsculas.

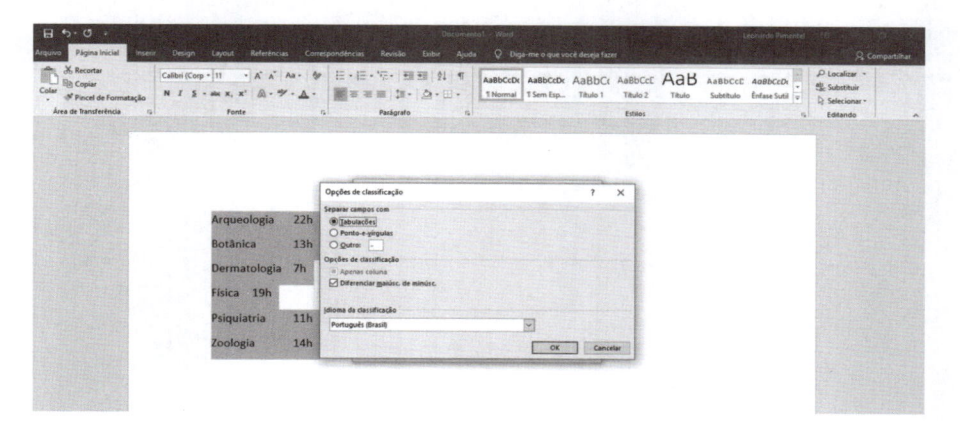

A ferramenta de classificação seleciona automaticamente todo o texto do documento. Se você deseja classificar somente parte do texto, destaque o trecho desejado antes de clicar no ícone. O programa vai ordenar apenas o trecho selecionado.

Mostrar Tudo

No sistema de impressão por tipos móveis, inventado pelo já citado Gutenberg, a página era montada colocando-se numa forma uma série de pequenos blocos de metal (glifos), que tinham na ponta uma letra ou sinal gráfico. Depois, passava-se tinta nas pontas de metal, que eram então prensadas contra uma folha de papel, onde ficavam marcadas as letras e sinais gráficos. Para separar cada palavra, havia um glifo sem nada, pois mesmo o espaço vazio deveria estar presente na forma de impressão.

O texto que você está digitando no Word não é diferente. Ele é um arquivo digital formado por uma sequência de números 0 e 1, de forma que onde você vê um espaço vazio entre duas palavras, o programa vê um espaço ocupado por uma informação, como um glifo sem sinal. São os chamados caracteres ocultos.

31. Para vê-los, abra o arquivo *Cubas 4* e clique no ícone *Mostrar Tudo* (¶), ou use o atalho *Ctrl* + *.

Como você pode ver na figura a seguir, todos os espaços foram substituídos por um ponto, e os finais de parágrafo são indicados por um símbolo igual ao do ícone *Mostrar Tudo*. O recuo no início de cada parágrafo aparece em branco porque não foi feito com espaços, e sim com a tecla *Tab*. Porém, se você usar *Tab* para criar um espaço dentro do texto, será indicado por uma seta, como você pode ver no subtítulo, antes da palavra *Autor*.

Entre as muitas utilidades dessa função, está identificar facilmente espaços duplos entre palavras, e o uso errado de separadores como *Tab*.

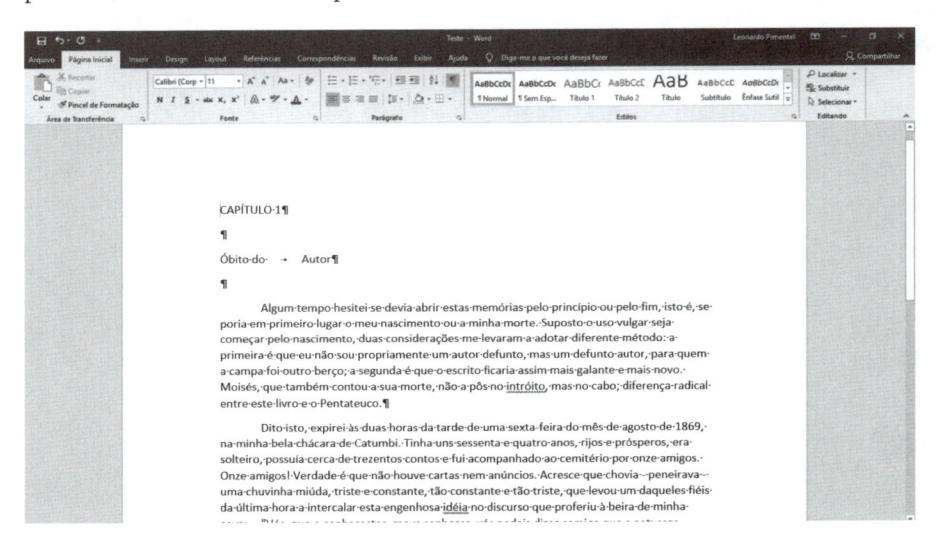

Alinhamento

Alinhamento é como chamamos a forma como o texto é organizado graficamente em relação à página e em relação a ele mesmo. Nos idiomas ocidentais, a leitura acontece da esquerda para a direita, o que faz com que o alinhamento à esquerda seja mais comum. No árabe e no hebraico, em que a leitura é feita da direita para a esquerda, é o contrário. O texto pode ainda ser alinhado pelo meio ou justificado (quando forma um bloco alinhado pelos dois lados com hifens separando as sílabas nas palavras, como é comum em livros, jornais e revistas).

O Word permite aplicar esses quatro tipos de alinhamento de forma rápida, usando ícones no grupo parágrafo.

> Se você alterar o alinhamento assim que criar o arquivo, ele vai se aplicar a todo o texto que for digitado. Se fizer a mudança num texto com vários parágrafos, ela vai ser aplicada somente ao parágrafo onde o cursor estiver. Para mudar o alinhamento do texto todo, selecione-o com o mouse ou use o atalho *Ctrl + T*.

O padrão do Word é o alinhamento à esquerda, tanto que o ícone *Alinhar à Esquerda* (≡) aparece selecionado quando criamos um documento. O resultado é o que vemos a seguir.

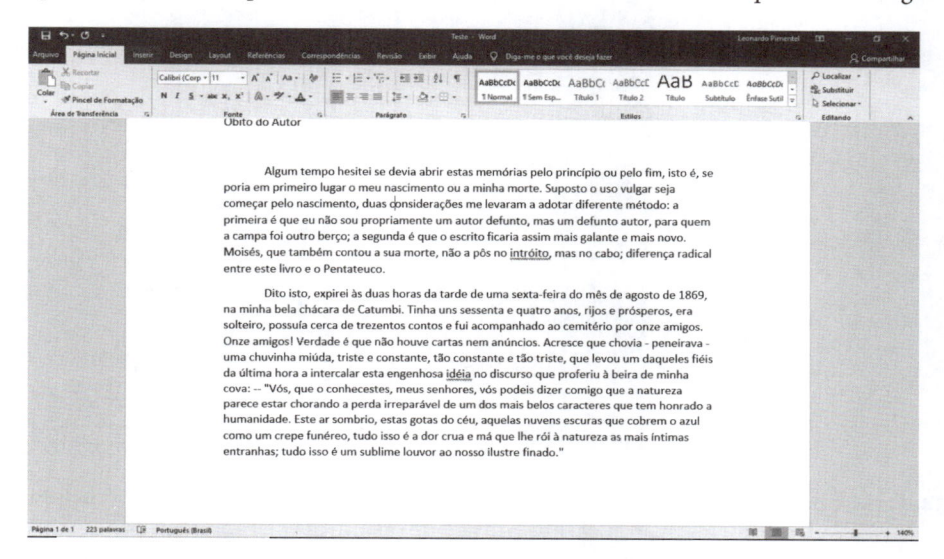

32. Para centralizar o texto, selecione todo o texto e clique no ícone *Centralizar* (≡). Não é uma leitura confortável para os nossos padrões e deve ser usada mais para destaques.

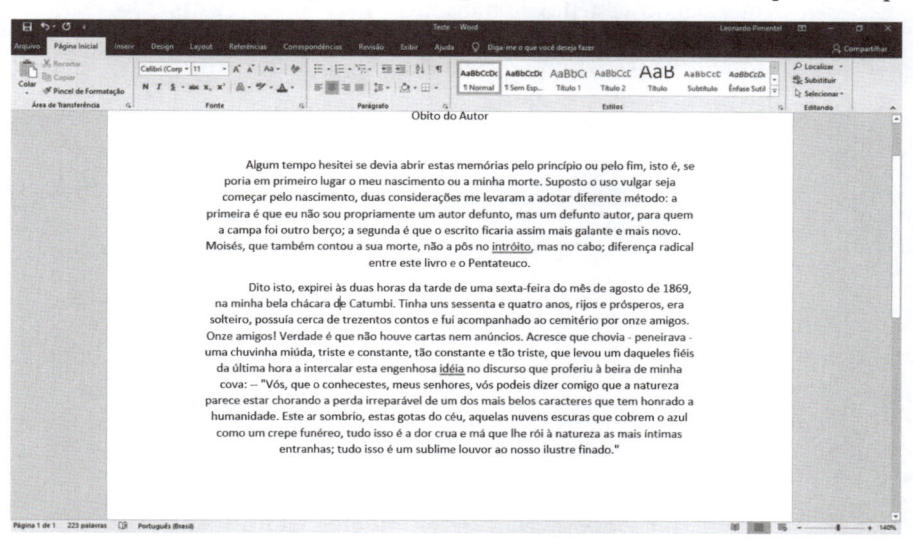

33. Para alinhar o texto à direita, clique no ícone *Alinhar à Direita* (≡). Por ser contrário ao sentido de escrita ocidental, esse alinhamento tem uma leitura muito cansativa, mas ao mesmo tempo faz com que o trecho assim alinhado chame a atenção. Use-o em destaques de pés de página e observações.

Trabalhando com parágrafos – 75

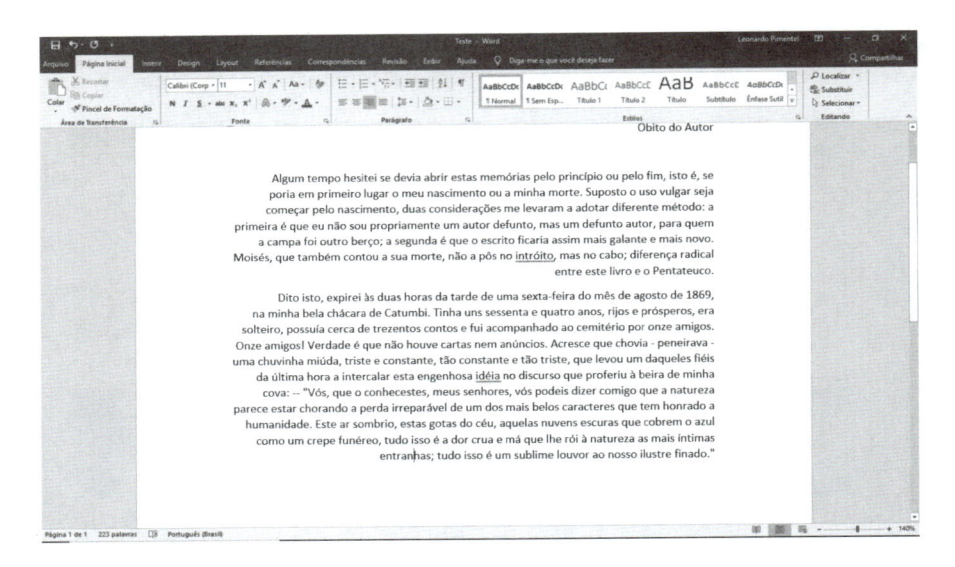

34. Para deixar o alinhamento justificado, clique no ícone *Justificar* (≡). De leitura agradável, essa formatação exige que a opção de separar sílabas por hífen esteja habilitada (veremos como habilitá-la no Capítulo 10). Como as palavras são distribuídas para encaixarem nas margens, uma palavra longa que não for quebrada por hífen será passada inteira para a linha de baixo, e as da linha de cima terão um espaço excessivo, atrapalhando a estética do trabalho.

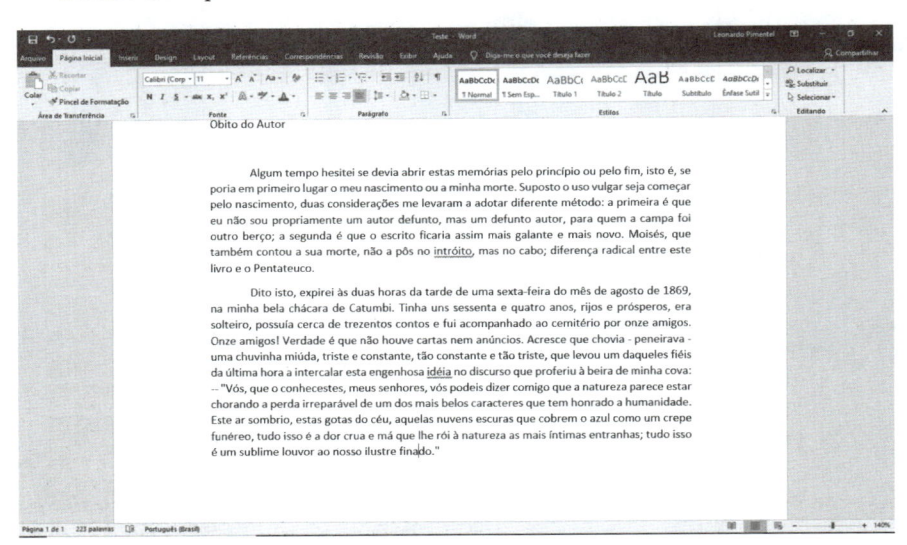

35. Para praticar, aplique um alinhamento diferente a cada um dos parágrafos.

Entrelinhas e parágrafos

Outro elemento que pode facilitar ou dificultar muito a leitura é o espaçamento entre as linhas do texto. Se ele for muito pequeno, as linhas podem ficar coladas, criando confusão entre os tipos. Também não deve ser muito grande, pois o espaço excessivo entre as linhas torna a leitura dispersa. O espaçamento grande é útil quando o texto vai ser impresso e há a necessidade de fazer anotações entre as linhas.

36. A entrelinha (como esse espaçamento é chamado em tipografia) é controlada no Word com a mesma ferramenta que gerencia os parágrafos. Clique no ícone *Espaçamento de Linha e Parágrafo* ( ) para abrir esse menu.

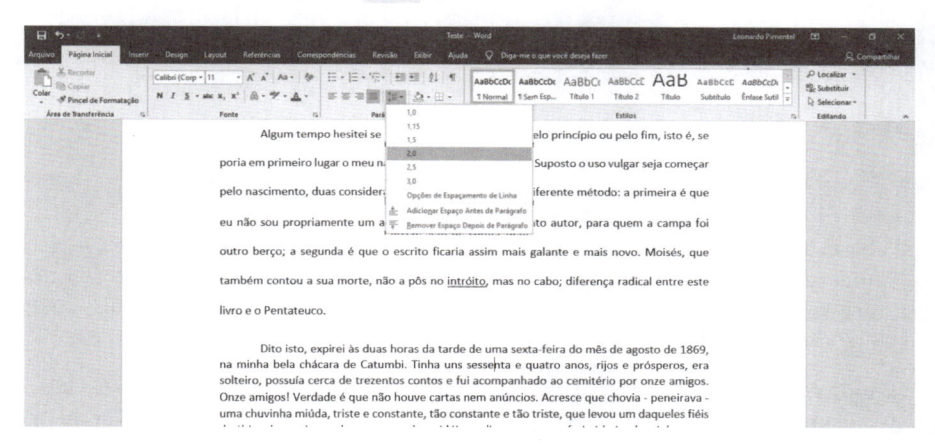

37. O padrão de espaçamento do Word é *1,0*, ou seja, o espaço entre as linhas equivale à altura de uma letra. O menu lhe dá opções que vão de *1,0* a *3,0*. Passe o mouse sobre essas opções para ver o resultado no parágrafo onde está o cursor, como vemos na imagem anterior.

Esse menu possui dois outros ícones: *Adicionar Espaço Antes de Parágrafo* e *Remover Espaço Depois de Parágrafo*.

38. Para configurações avançadas, clique em *Opções de Espaçamento de Linha*.

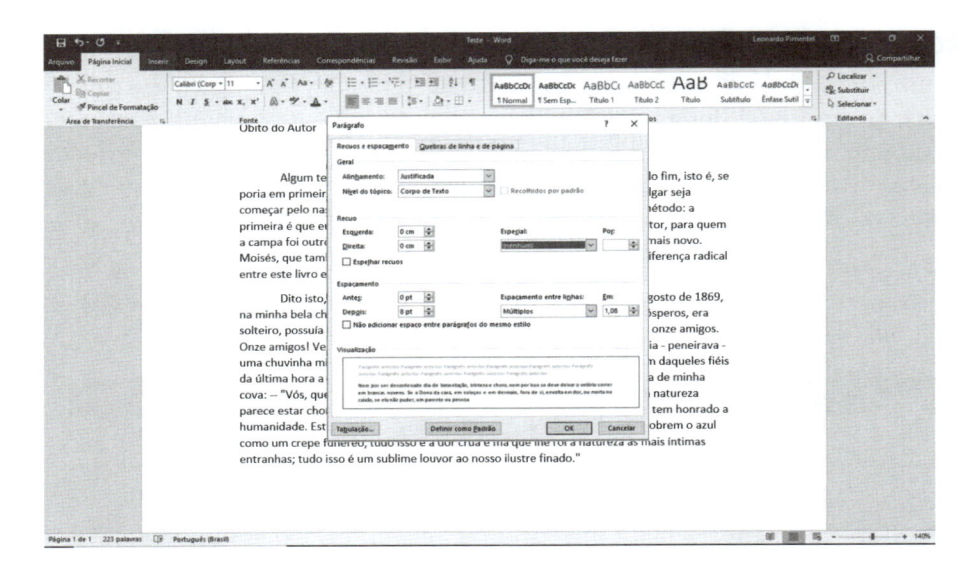

Será aberta a janela *Parágrafo*. A primeira aba dessa janela é *Recuos e espaçamento*. Nela você pode determinar o alinhamento do trecho em que estiver trabalhando (ou dos trechos destacados) e se esse alinhamento se aplica a algum nível de tópico, caso esteja numa lista.

Em seguida, há opções para gerenciar o recuo do parágrafo, ou seja, o quanto ele vai estar deslocado em relação ao texto principal. O recuo tanto pode ser à esquerda, à direita ou espelhado (mesmo quando espelhado, o recuo não muda o alinhamento do texto).

> Para fazer com que o texto destacado extrapole o limite da formatação inicial, basta colocar um valor negativo no recuo. Um recuo à direita de -0,2, por exemplo, fará com que o texto destacado avance além da margem do texto principal.

As últimas opções permitem definir o espaçamento entre os parágrafos. Por definição, cada vez que você pressiona *Enter* para abrir uma nova linha, o Word cria um espaço extra depois do parágrafo. Você pode reduzir ou aumentar esse espaço, além de criar também um espaço antes do parágrafo, ou selecionar a opção de não adicionar espaço entre parágrafos do mesmo estilo (veremos daqui a pouco o que são estilos de texto).

39. Clique na segunda aba, *Quebras de linha e de página*, para ver as opções na paginação.

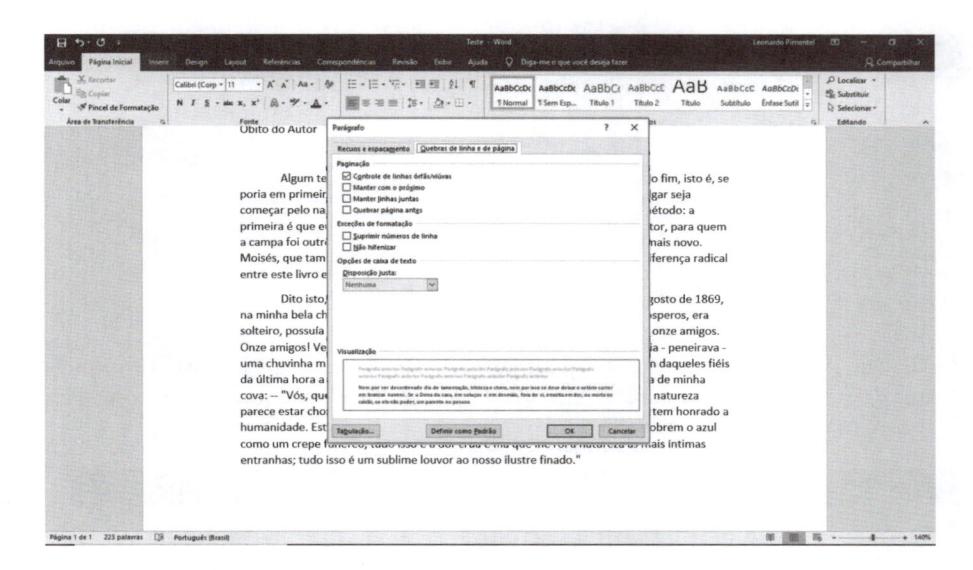

A primeira opção é *Controle de linhas órfãs/viúvas*. Linhas órfãs e viúvas são duas expressões de tipografia. Viúva é uma linha curta demais no final de um parágrafo. Órfã é uma linha curta no início de uma coluna de texto (por exemplo, quando a última linha de um parágrafo fica sozinha na coluna ou na página seguinte).

Em seguida, há a opção *Manter com o próximo*, que permite manter o parágrafo selecionado junto com o próximo. Isso fará com que o Word não os separe com uma quebra de página. Funcionando de forma semelhante, há a opção *Manter linhas juntas*.

Já a opção *Quebrar página antes* faz com que o parágrafo seguinte vá automaticamente para a próxima página.

Nas *Exceções de formatação*, há as opções *Suprimir números de linha* e *Não hifenizar*, para que o Word não separe sílabas com hífen, embora isso possa prejudicar esteticamente o texto.

As *Opções de caixa de texto* lidam com funcionalidades das quais vamos falar mais adiante, no capítulo sobre diagramação.

40. Para praticar, no mesmo arquivo usado até agora, altere o espaçamento de linhas entre os parágrafos, aplique um recuo no segundo e modifique o espaço entre os parágrafos.

Bordas

41. Todo texto do Word está dentro de uma caixa delimitada. Essa caixa possui uma borda que não é visível. Para torná-la visível, posicione o cursor de texto dentro do primeiro parágrafo e clique no ícone *Bordas* ( ). Por padrão, o Word aplica apenas a borda inferior no parágrafo selecionado:

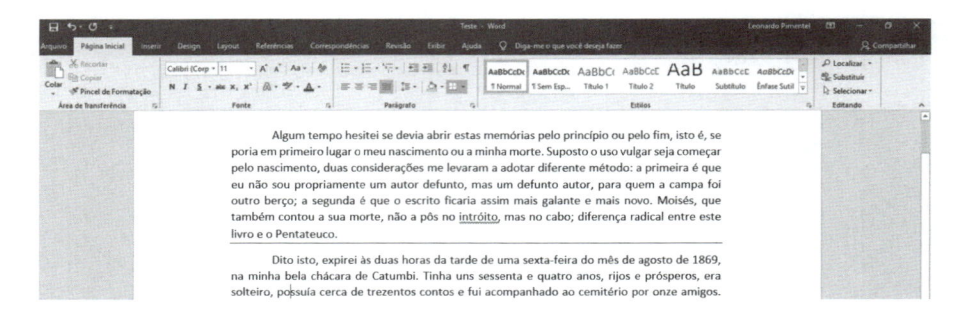

42. Esse fio não é um elemento de diagramação que possa ser movido para outros pontos do texto. Ele é uma parte integrante do parágrafo. Clique na seta do ícone para ver mais opções de borda.

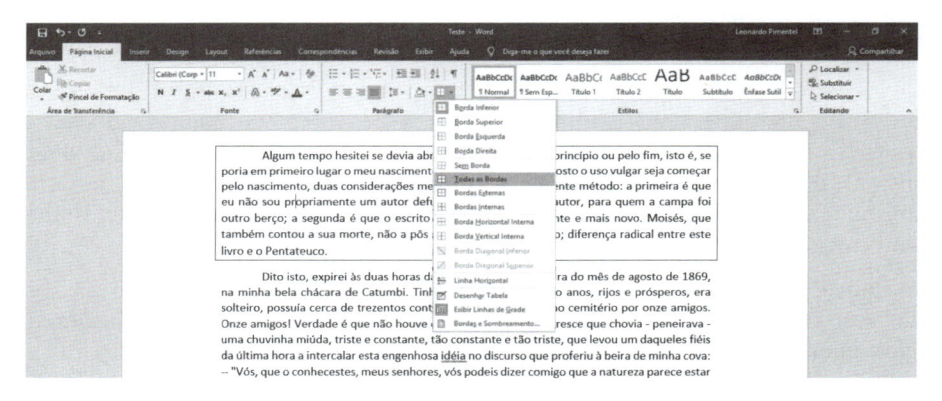

Conforme você passa o mouse sobre as opções, vê o resultado na tela.

É possível ter uma borda apenas na parte superior ou nas laterais. Ou, como mostra a figura anterior, ao longo de todo o parágrafo, que é transformado numa caixa de texto falsa, já que ainda faz parte do texto principal.

43. Após visualizar como fica cada opção, clique em *Sem Borda*.

> Caso haja uma divisão de colunas, serão exibidas bordas internas, que veremos em outro capítulo, ao falarmos sobre colunas e diagramação.

Além da borda, você pode acrescentar manualmente uma linha horizontal, que aparecerá no ponto do texto em que o cursor estiver. Essa linha, ao contrário da borda, é um elemento gráfico editável. Você pode clicar nela para destacá-la, encolhê-la ou aumentá-la.

44. Coloque o cursor no início do segundo parágrafo, vá em *Bordas* e selecione a opção *Linha Horizontal*.

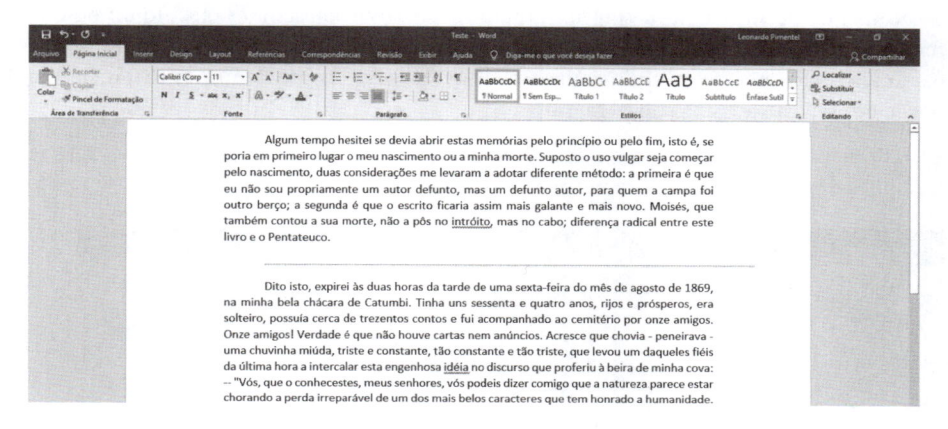

45. Clique sobre a linha e arraste-a para movê-la, ou arraste as pontas para redimensioná-la. Depois de testar esse recurso, pressione *Delete* para excluí-la.

> No menu *Bordas*, há opções para desenhar tabelas e exibir linhas de grade, mas esse conteúdo será abordado no capítulo em que trataremos dos elementos gráficos da página.

46. Por fim, clique no último item desse menu, *Bordas e Sombreamento*, que exibe a caixa a seguir.

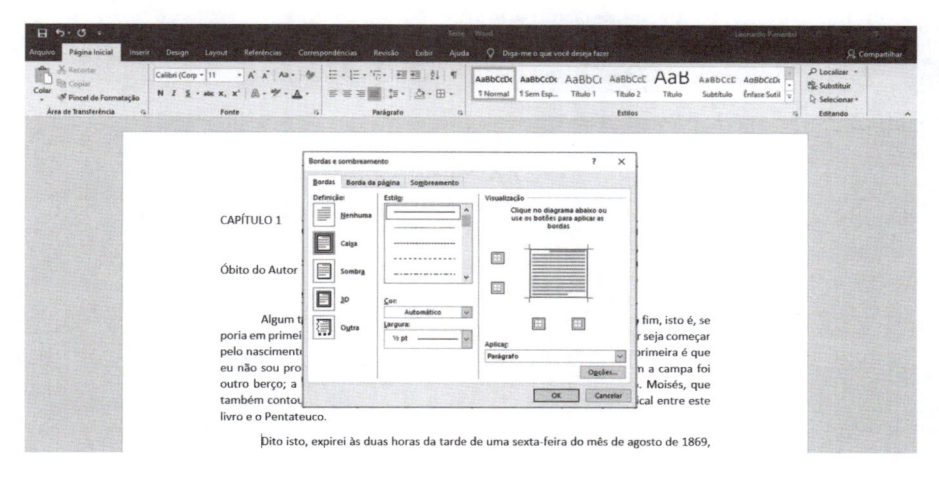

A primeira aba dessa janela trata da borda aplicada a um parágrafo. Você pode escolher entre o tipo comum que já vimos (*Caixa*), mas também há as opções *Sombra*, *3D* e *Outra* (que permite definir seu tipo). Também é possível escolher o estilo do fio que marca a borda, sua espessura e a cor. Como a caixa se aplica apenas a um parágrafo, essa é a única opção no menu *Aplicar*, mas o botão *Opções* permite definir as distâncias da borda em relação ao texto do parágrafo.

47. Clique na aba seguinte, *Borda da página*. Ela tem as mesmas funcionalidades, mas se aplica à página, não ao parágrafo, e tem alguns detalhes específicos.

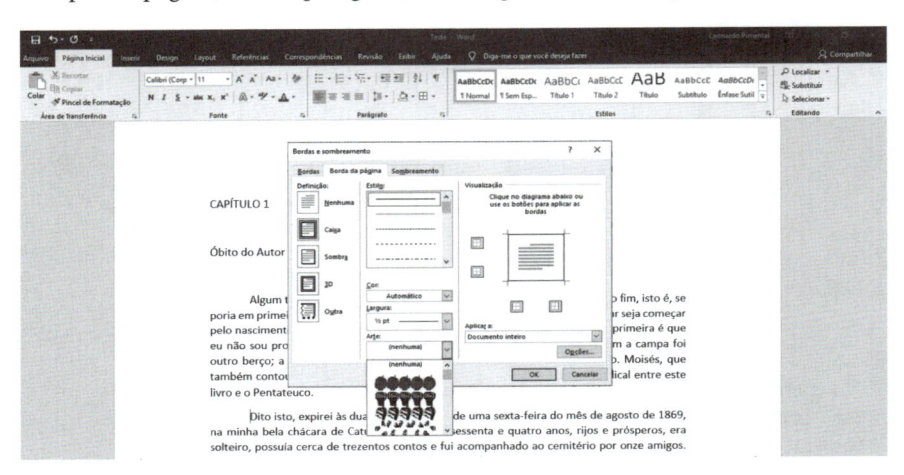

48. Há duas diferenças em relação à borda do parágrafo. Primeiro, podemos usar artes como bordas e não apenas fios. Clique na caixa *Arte* para ver as opções e escolha uma qualquer. O resultado, que vemos a seguir, chama a atenção, mas deve ser usado com parcimônia, levando em conta a natureza do trabalho.

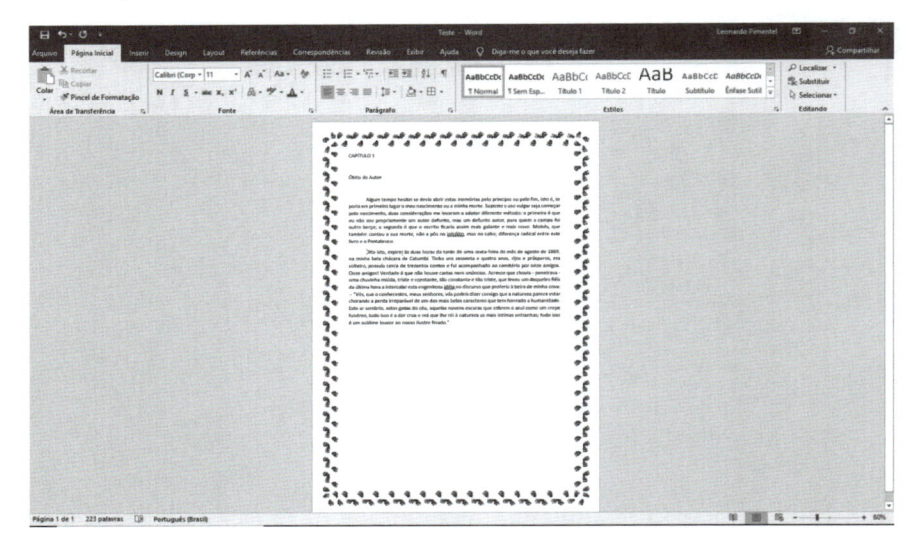

49. Após ver o resultado, pressione *Ctrl + Z* para desfazer a alteração.

A outra diferença é que, no caso de um documento com múltiplas páginas, a caixa *Aplicação* nos oferece mais opções. A borda pode ser aplicada ao documento inteiro, somente à primeira página, ou a todas as páginas menos a primeira.

O botão *Opções* permite, assim como no parágrafo, determinar a distância da borda e estabelecer se ela tem como referência a margem do arquivo ou o corpo do texto.

50. Por fim, há uma outra forma de destacar um parágrafo que combina muito bem com a caixa criada pelas bordas: a aplicação de cores. Posicione o mouse dentro do parágrafo desejado e clique no ícone *Sombreamento* ( ). A cor de fundo padrão do Windows é o branco, de forma que, ao clicar no ícone, você não verá mudança. Para alterar a cor, clique na setinha ao lado do ícone.

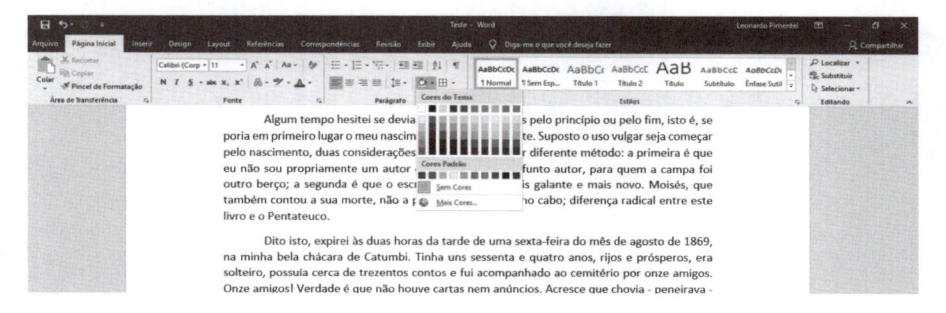

O mecanismo é idêntico ao que vimos nas fontes, com *Cores do Tema*, *Cores Padrão* e a opção *Mais Cores* para personalização. Escolha uma cor do tema e veja o resultado.

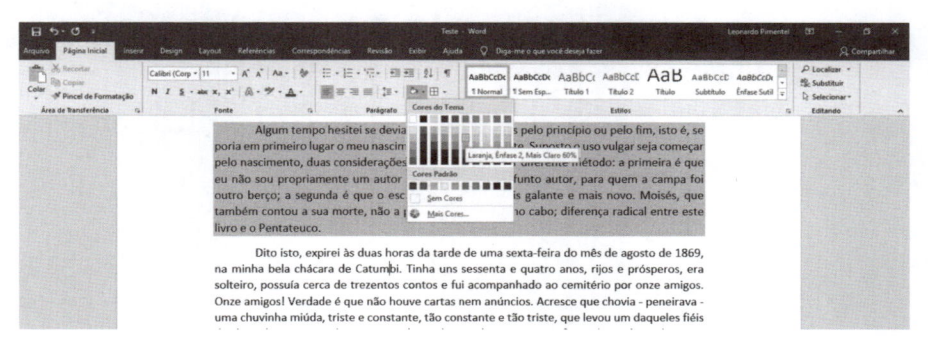

O parágrafo se destaca completamente, embora continue a ser parte do texto principal e não um elemento separado.

No próximo capítulo, vamos conhecer os últimos recursos para a edição de um arquivo de texto simples: os *Estilos*, a transferência de conteúdo e a busca e substituição. Mas antes vamos exercitar o que aprendemos até aqui.

Exercícios

1. Crie um texto com mais de um parágrafo e uma sequência de itens.
2. Transforme essa sequência numa lista.
3. Altere o alinhamento do último parágrafo.
4. Aplique bordas a esse parágrafo.
5. Aplique uma cor de sombreamento ao parágrafo com bordas.
6. Aplique bordas à página.

4
Produtividade

OBJETIVOS
» Usar a área de transferência
» Aplicar estilos
» Localizar e substituir palavras

Guia *Página Inicial* (parte 3)

Após trabalhar com o texto e com os parágrafos, podemos agora começar a aprender alguns segredos do Word 2019 para aumentar a produtividade. Para finalizar o estudo da guia *Página Inicial*, vamos analisar agora os três grupos restantes: *Estilos*, *Área de Transferência* e *Editando*.

GRUPO ESTILOS

Um dos benefícios de programas como o Word – aliás, da maioria dos softwares – é tornar automático todo o trabalho que não requer inteligência. Dito assim, pode até parecer ofensivo, então vamos explicar melhor. Quando você está elaborando um projeto gráfico, precisa escolher que padrões de texto serão usados para cada elemento, sejam títulos, entretítulos, textos, citações, etc. São os chamados estilos de texto, e escolhê-los requer um trabalho criativo, portanto, inteligente.

Uma vez escolhido esse estilo, esgotou-se (do ponto de vista estritamente gráfico) a parte criativa. Agora, entra o trabalho braçal de, a cada título ou entretítulo, aplicar o formato escolhido. E é exatamente isso que o Word não quer que você perca tempo fazendo. Para tanto, contamos com o grupo *Estilos*, que vamos conhecer agora.

1. Para esta atividade, abra o arquivo *Casmurro 1*, na pasta *Capítulo 4*, que contém o início de um dos textos mais importantes da literatura brasileira, *Dom Casmurro*, de Machado de Assis. Veja que o Word oferece uma lista predefinida de estilos, o que nos poupa trabalho em projetos que não requerem um nível muito elevado de personalização.

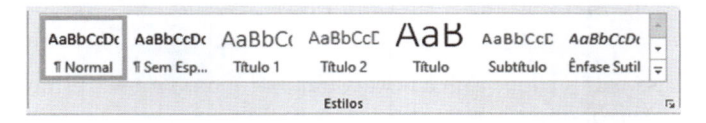

2. A seta de rolagem no lado direito da lista de estilos indica que há outras opções disponíveis. Clique nela para exibi-las.

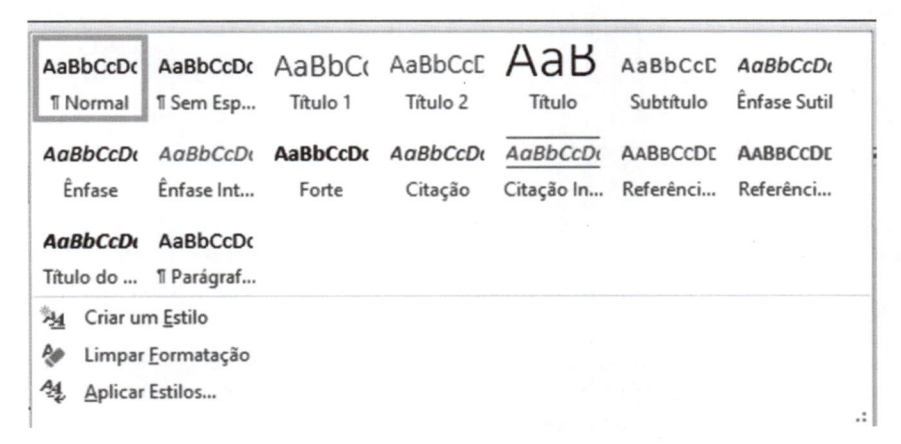

O programa oferece um leque de opções, que cobrem praticamente todos os recursos necessários à criação de um texto diversificado, como títulos, subtítulos, ênfases, citações e referências, e temos ainda a possibilidade de criar um estilo próprio, caso seja necessário.

> Por padrão, quando criamos um documento no Word, ele traz o estilo *Normal*, fonte *Calibri* em corpo *11*, espaçamento de *1,08* entre as linhas e um espaço extra de *8* pontos após cada parágrafo.

Modificando estilos

3. No texto, selecione as palavras *Engenho Novo*, mude sua cor para vermelho e a fonte para *Arial Black*.

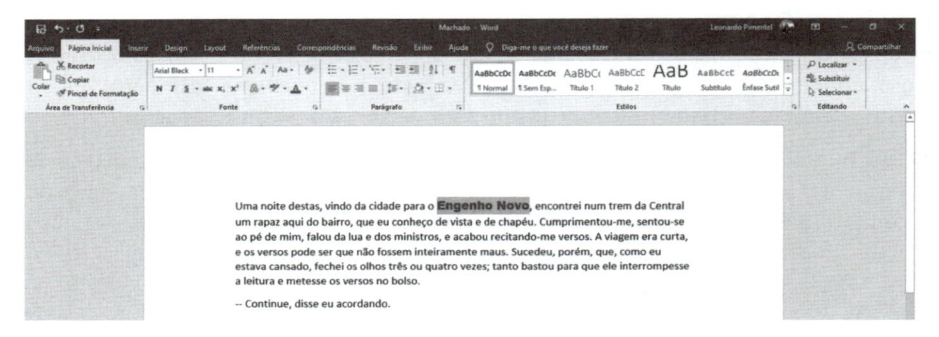

4. Com o trecho ainda selecionado, clique com o botão direito do mouse sobre o estilo *Normal*, para ver as opções abaixo:

As duas primeiras opções fazem essencialmente a mesma coisa por caminhos inversos, ou seja, alteram o estilo. Caso a padronização gráfica de seus trabalhos preveja um padrão diferente e constante, essas são as ferramentas para mudar o estilo escolhido (neste caso, *Normal*) permanentemente.

5. Clique na primeira opção, *Atualizar Normal para Corresponder à Seleção*. O estilo *Normal* será modificado de acordo com o trecho selecionado, e todo o texto já feito com esse estilo será atualizado para o novo padrão.

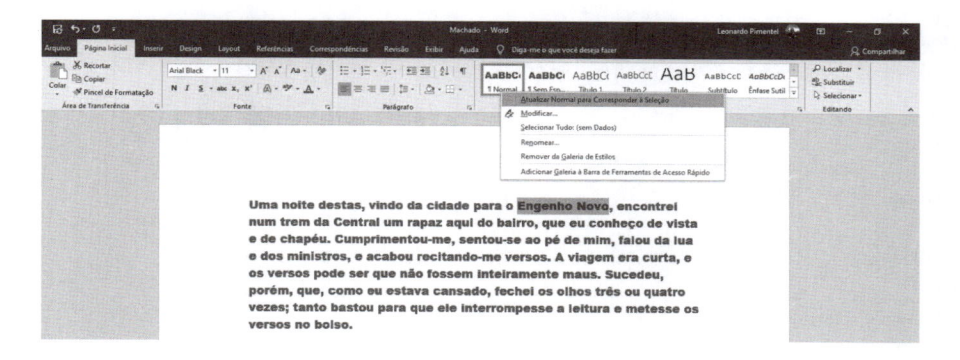

6. Caso não tenha gostado do resultado – todo esse vermelho chega a doer nos olhos –, clique no já conhecido ícone *Desfazer* para voltar à formatação padrão.

7. A segunda forma de editar um estilo segue o caminho contrário. Clique novamente com o botão direito sobre o estilo *Normal* e selecione a opção *Modificar*. Será aberta a seguinte janela:

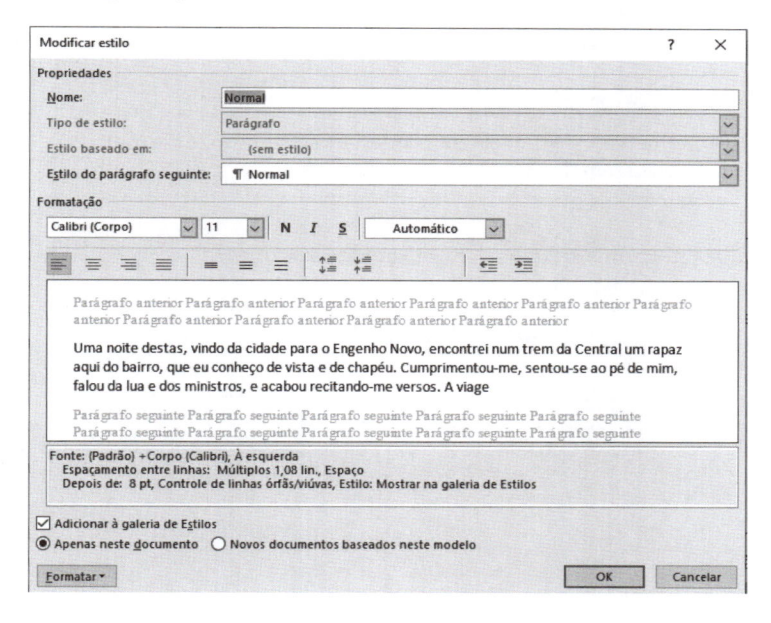

8. Podemos alterar o nome do estilo e sua formatação (fonte, corpo, negrito, itálico, alinhamento, etc.). Altere a fonte para *Bahnschrift*, o corpo para *12* e aplique *Negrito*. Conforme vamos fazendo alterações, elas aparecem na pré-visualização dentro da caixa:

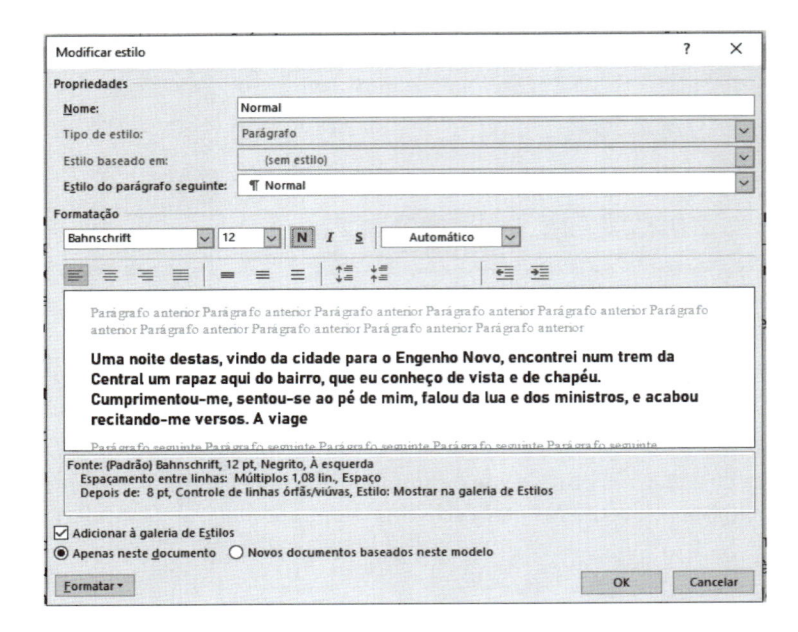

> Se você mudar o nome do estilo, não será criado um estilo novo. Se trocar *Normal* por *Padrão*, por exemplo, o estilo *Normal* desaparecerá.

9. Nessa janela, clique em *Formatar*, que apresenta ainda mais opções.

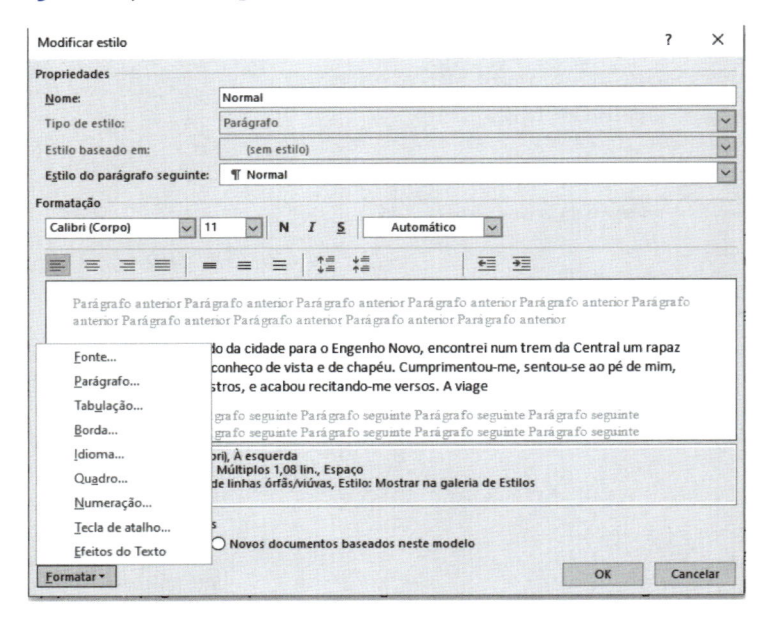

Podemos aplicar a modificação no estilo somente a este documento, ou a todos os demais documentos que venham a ser criados a partir do modelo *Normal*.

10. Clique em *Cancelar* para descartar as modificações.

> Se você vai fazer uma alteração muito radical e aplicá-la a todos os documentos seguintes, é melhor criar um estilo novo, preservando o *Normal* padrão do Word.

O segundo modelo de estilo nada mais é que o *Normal* sem espaçamento adicional ao final de cada parágrafo.

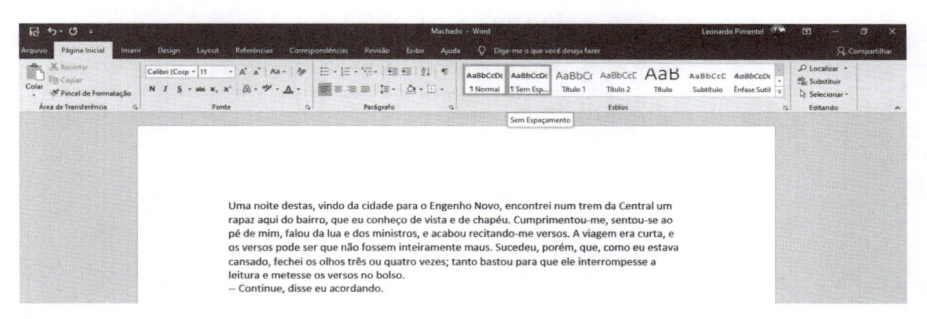

> Você não precisa clicar no estilo para ver como ele ficará no texto. Basta colocar o cursor sobre o estilo, e o efeito será pré-visualizado, como vemos na imagem anterior. O estilo *Normal* continua ativo no parágrafo, mas visualizamos como o texto ficaria com o estilo *Sem Espaçamento*.

Diferentes estilos se aplicam a diferentes trechos do trabalho. Por exemplo, *Normal* e *Sem Espaçamento* valem para todo o texto, enquanto *Título*, *Subtítulo* e *Citação* se aplicam a todo o parágrafo onde estiver o cursor. Outros, como *Ênfase*, *Referência* e *Título do livro*, aplicam-se a uma palavra, que nem precisa estar selecionada, pois basta que o cursor esteja dentro dela. Porém, para aplicar esse tipo de estilo a uma frase inteira, é necessário destacá-la. Vamos ver, nas imagens a seguir, três exemplos desses diferentes estilos.

11. Coloque o cursor sobre a palavra *acordando*, no segundo parágrafo. Em seguida, clique no estilo *Título*, que será aplicado a todo o parágrafo:

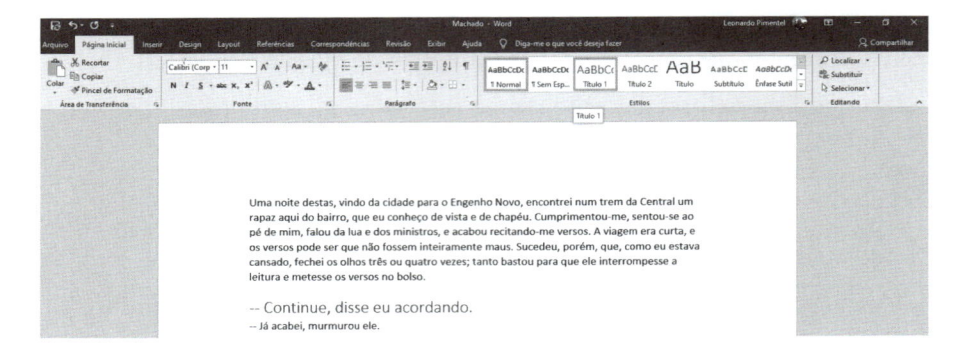

12. Ainda com o cursor sobre a palavra *acordando*, clique sobre o estilo *Citação Intensa*. Novamente, o estilo será aplicado a todo o parágrafo:

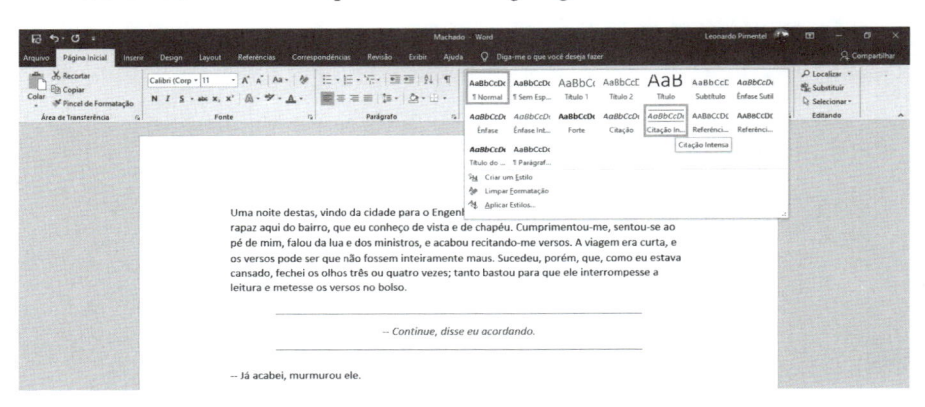

13. Por fim, ainda com o cursor sobre a palavra *acordando*, clique no estilo *Referência*. Veja que será aplicado apenas à palavra onde está o cursor.

14. Para praticar, aplique os estilos *Título 2*, *Ênfase Intensa* e *Citação* a cada um dos parágrafos do arquivo. Em seguida, desfaça as alterações.

Criando um novo estilo

15. Caso pretenda fazer alterações mais profundas num estilo, o melhor é criar um novo, como veremos agora. Primeiramente, amplie a caixa de *Estilos* e clique em *Criar um Estilo*.

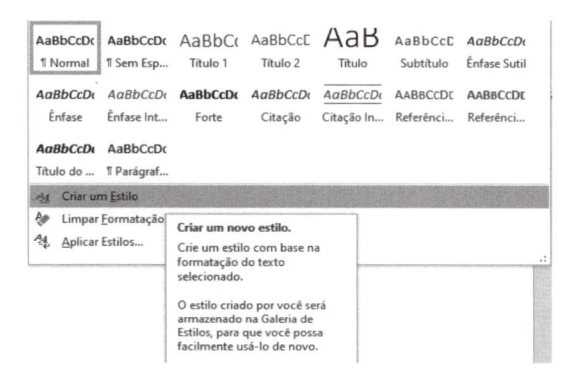

Será aberta a janela a seguir, que serve para criar o novo estilo a partir de uma formatação prévia. Ou seja, podemos formatar uma palavra (ou parágrafo), selecioná-la e então clicar em *Criar um Estilo*. Em seguida, damos um nome ao estilo, clicamos em *OK* e está feito.

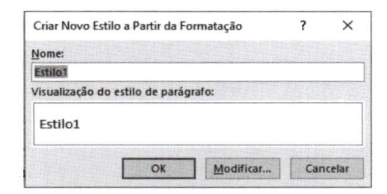

16. Porém, para criar o novo estilo do zero, clique em *Modificar*, que abre uma janela igual à que vimos há pouco, quando modificamos o estilo *Normal*.

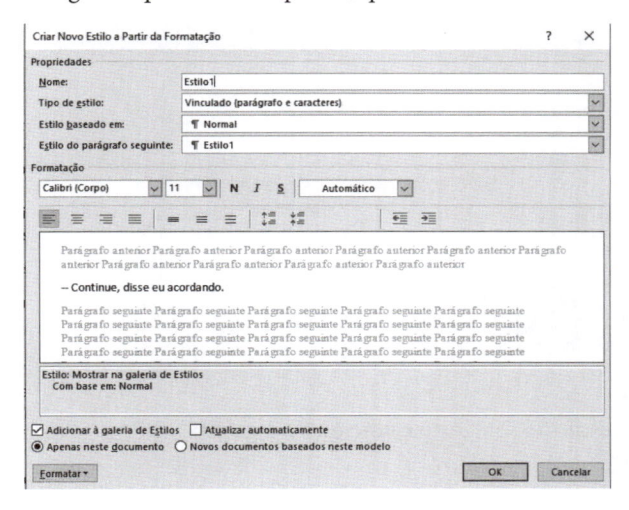

17. Além de dar um nome ao estilo, agora é possível vinculá-lo a elementos como parágrafos ou caracteres, etc., e baseá-los em algum estilo já existente, como *Normal*. Experimente fazer algumas alterações. Perceba que, conforme você muda a formatação, o resultado é visualizado na caixa abaixo.

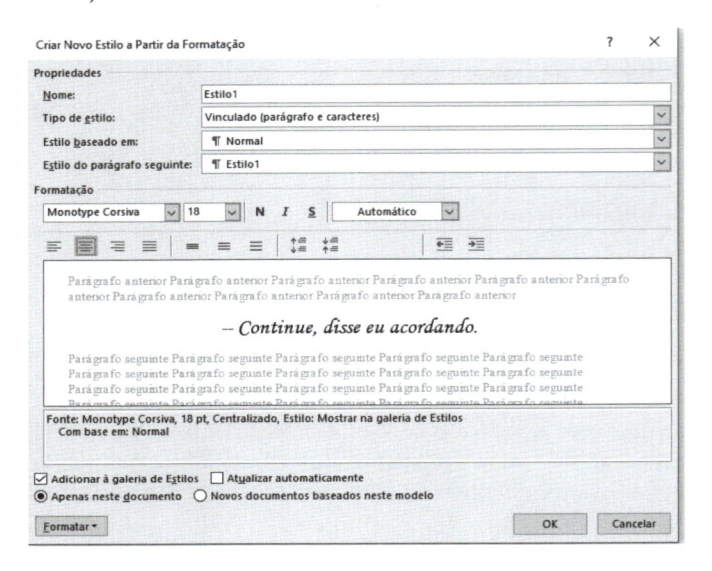

18. Lembre-se de deixar marcada a opção *Adicionar à galeria de Estilos* e escolha se o estilo vale somente para o documento atual ou para todos os que forem criados daqui para frente. Por fim, clique em *OK*. Pronto. Seu estilo está criado.

19. Se você não gostou da aparência do estilo, não tem problema. Destaque o trecho com o estilo de que não gostou (ou posicione o cursor nele), abra a galeria de estilos e clique no botão *Limpar Formatação*. O trecho voltará para o modo *Normal*.

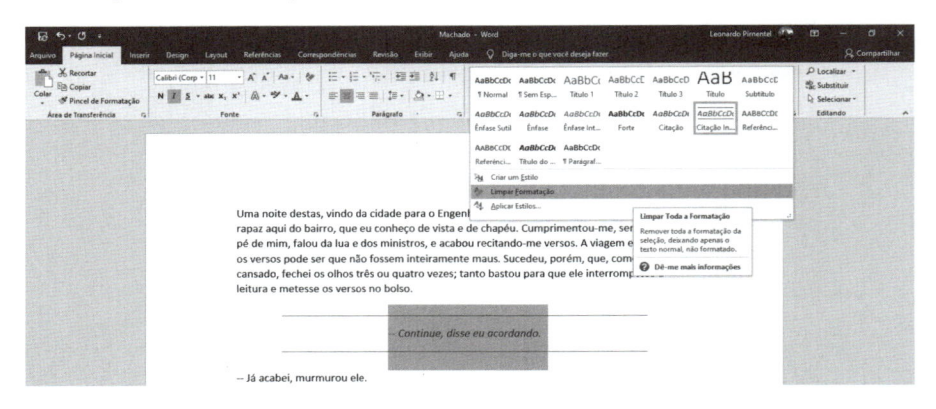

20. Para praticar, crie um novo estilo ao seu gosto e adicione-o à galeria.

Aplicando estilos

21. Se você vai trabalhar muito com estilos e não tem paciência para ficar ampliando a galeria o tempo todo, pode usar dois recursos. O primeiro é *Aplicar Estilos*. Para usá-lo, amplie a galeria e clique na opção *Aplicar Estilos*, que abrirá uma janela permanente. Nela você pode escolher o estilo que deseja ou mesmo modificá-lo.

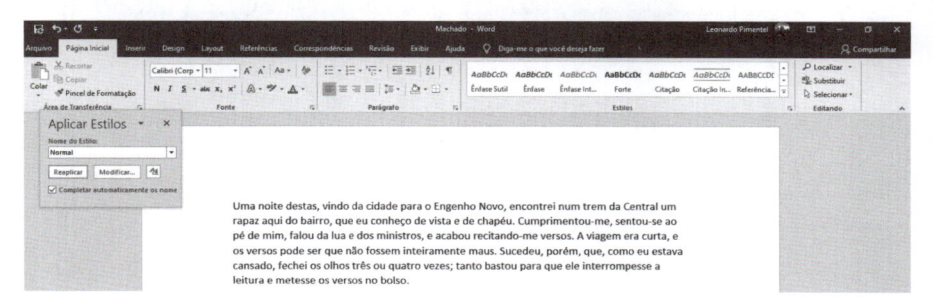

22. Porém, se você vai trabalhar com vários estilos, mesmo essa janela pode ser trabalhosa, pois implica abrir uma lista e selecionar o estilo. Nesse caso, o melhor é clicar na pequena seta no canto inferior direito do grupo *Estilos*, que abrirá uma janela permanente com a lista completa.

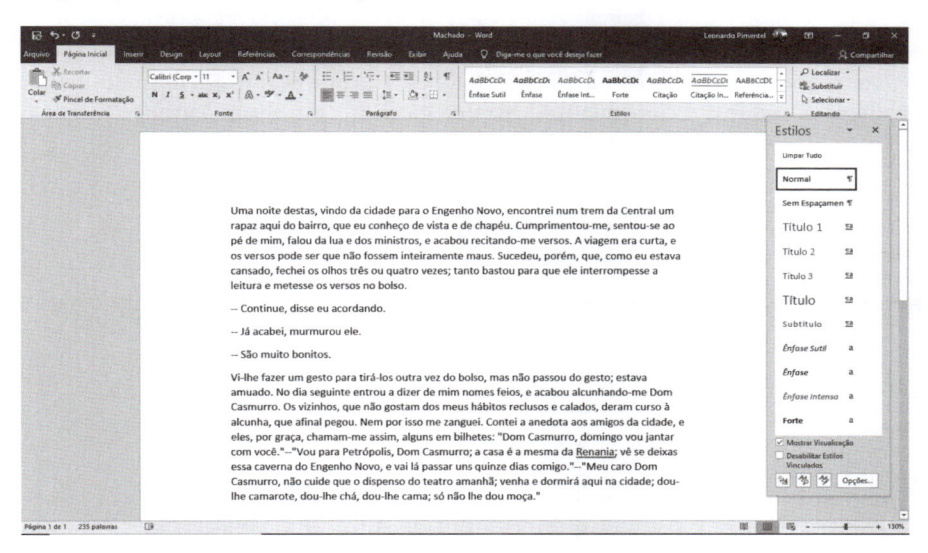

> Clique em *Mostrar Visualização* para ver nessa caixa a aparência dos estilos. Sem marcar essa opção, aparecerão somente os nomes, sem o respectivo estilo aplicado.

No pé desta nova caixa há quatro botões. O primeiro é o já visto *Criar um Estilo*; o segundo é o *Inspetor de Estilo*, que abre uma caixa que permite fazer alterações rápidas no estilo, criar um novo e ainda ver, clicando no botão *Revelar Formatação*, todos os detalhes daquele estilo em uma nova coluna lateral.

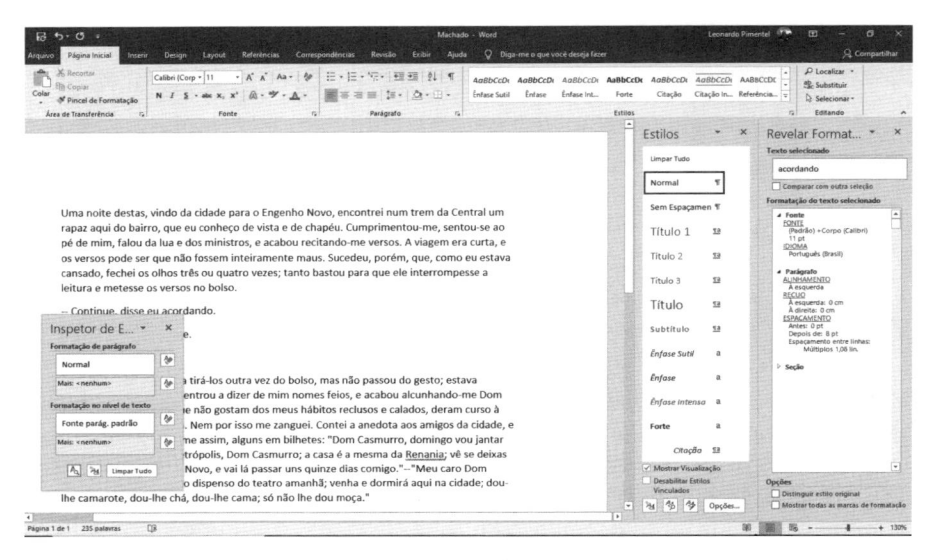

O terceiro botão é o *Gerenciar Estilos*, que abre a janela a seguir, permitindo mudar os padrões do estilo e recomendá-lo dentro da galeria. É um recurso avançado, que o usuário padrão do Word geralmente não usa.

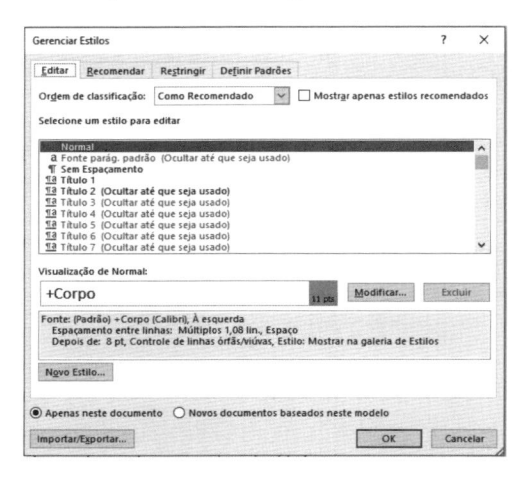

E, finalmente, temos o botão *Opções*, que abre a caixa a seguir. Também é um recurso avançado, que permite montar o painel de estilos de acordo com a sua preferência, selecionando quais estilos aparecem e sua classificação.

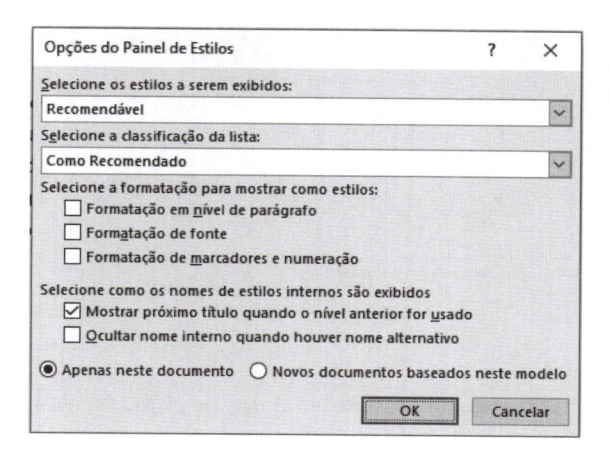

Grupo Área de Transferência

Existem recursos que são inerentes ao Windows e, portanto, comuns a praticamente todos os programas que rodam nesse sistema operacional. Um deles é a *Área de Transferência*, o famoso *Ctrl + C*, *Ctrl + V*, que já virou até gíria. No Word, esses recursos estão no grupo *Área de Transferência*, o primeiro da guia *Página Inicial*.

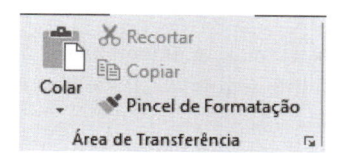

Mas o que é a área de transferência? Ela é uma parte da memória do computador onde você armazena temporariamente informações que deseja mover para outro documento ou programa, desde que estes possam receber esse tipo de informação.

Recortar, Copiar e Colar

1. Não há muito mistério no uso desse recurso. Selecione uma palavra do texto (na verdade, pode ser qualquer elemento, como imagens, etc.) e clique em *Recortar* (Recortar), ou pressione *Ctrl + X*, para retirá-lo do documento e levá-lo para a área de transferência. Para levá-lo para a área de transferência sem retirá-lo do documento, clique em *Copiar* (Copiar), ou pressione *Ctrl + C*.

2. É na hora de colar que o Word torna as coisas mais divertidas. Para colar pura e simplesmente, basta clicar no ícone *Colar* (Colar), ou pressionar *Ctrl + V*. Mas, como você deve ter notado, há uma setinha abaixo do ícone, indicando haver mais opções. Clique nela.

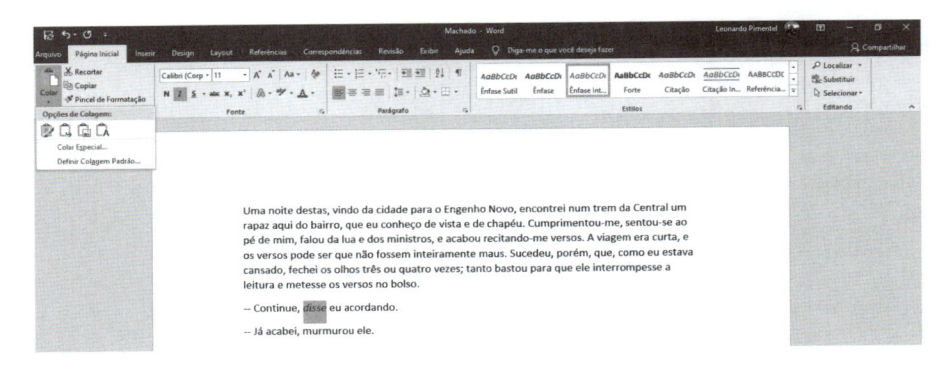

São abertas as opções de colagem, que variam de acordo com o tipo de elemento a ser colado. Nesse caso, destacamos e copiamos um texto que estava com uma formatação diferente do resto do documento.

O primeiro ícone é *Manter Formatação Original*. Como o nome indica, ele cola o que está na área de transferência trazendo todas as características originais, como fonte, cor, links, etc.

O segundo ícone é *Mesclar Formatação*. Ele adapta o material da área de transferência ao formato geral do documento (corpo, cor, fonte), mas mantém características específicas, como itálico, negrito e links.

3. O terceiro é *Imagem*. Ele cola o conteúdo da área de transferência, qualquer que seja, como uma imagem, cujo tratamento vamos ver no capítulo seguinte. Clique nessa opção e veja como fica:

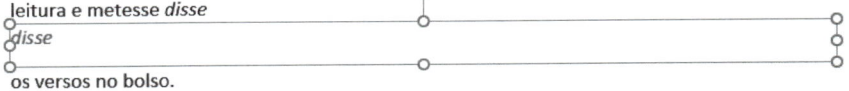

O último ícone é *Manter Somente Texto*. Ele apaga toda a formatação original e cola o conteúdo seguindo apenas os parâmetros do documento de destino.

4. Logo abaixo desses ícones, fica a opção *Colar Especial*. Clique nela para abrir a seguinte janela:

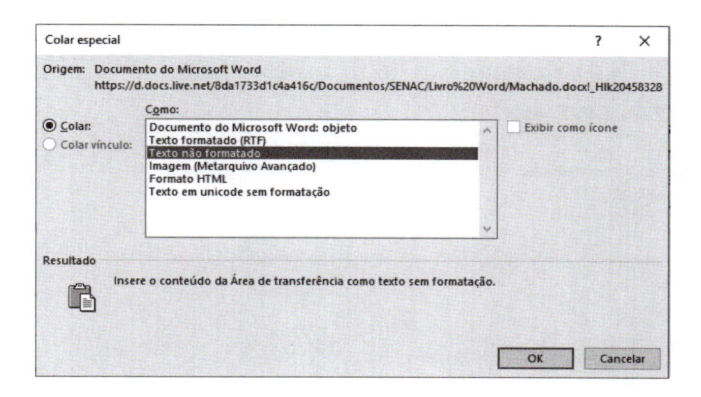

5. Ela tem as mesmas funções dos ícones, permitindo que você escolha o formato final que o material da área de transferência vai ter no documento. Abaixo do menu de opções, é descrito o *Resultado* daquela ação. Clique em *Cancelar*.

6. A última opção é *Definir Colagem Padrão*, que abre a tela *Opções do Word*. Clique em *Avançado* no menu da esquerda e localize a seção *Recortar, copiar e colar*. Aqui é definida a ação do comando *Ctrl + V*. Por padrão, ele traz consigo os formatos originais. Se você preferir que ele sempre traga o texto sem formatação, pode alterar em *Colando no mesmo documento* e/ou *Colando entre documentos*.

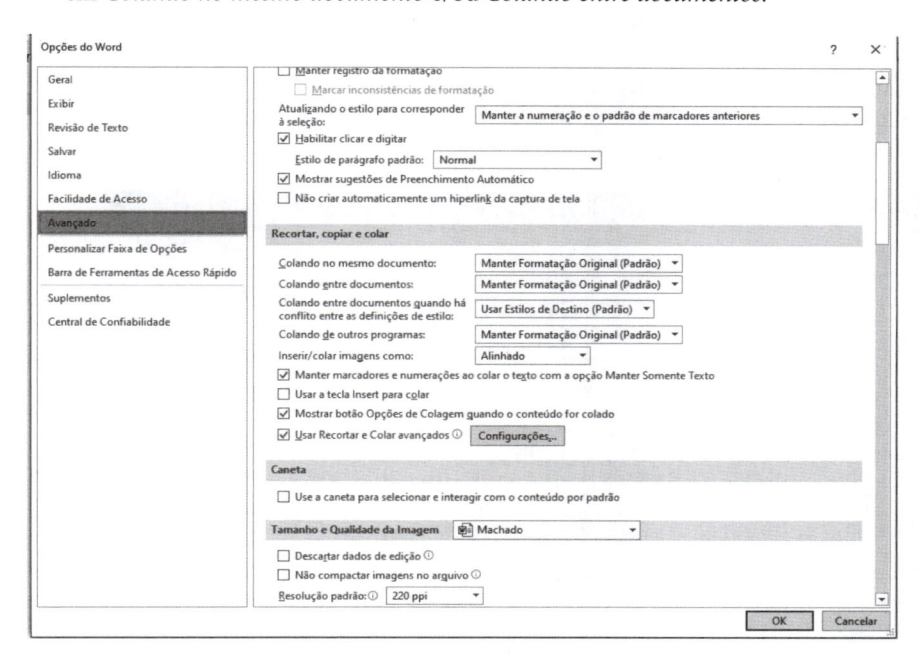

Você também tem acesso ao menu *Recortar e Colar avançados*. Mas, como o nome já diz, só é recomendado a usuários avançados.

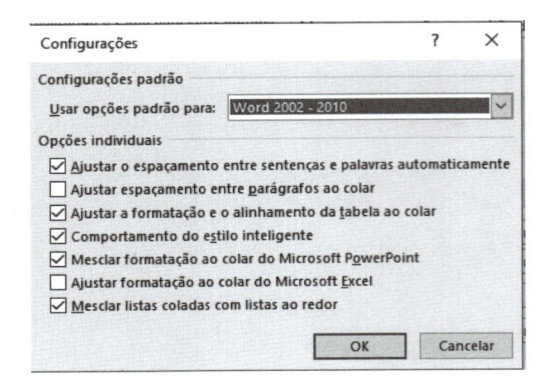

Pincel de Formatação

7. Outro recurso importante no grupo *Área de Transferência* é o *Pincel de Formatação* (Pincel de Formatação). Ele não copia e cola o conteúdo, mas sim a formatação do texto selecionado. Para usá-lo, destaque o trecho cuja formatação você quer copiar e clique no ícone do pincel (ou pressione *Ctrl + Shift + C*). O cursor vai se transformar num pincel; clique em outro trecho do documento (ou pressione *Ctrl + Shift + V*) e esse trecho vai adquirir a formatação do original sem perder seu conteúdo.

8. Um dos aspectos mais interessantes da *Área de Transferência* do Word é que, quando copiamos um novo item, ele não elimina imediatamente o item anterior. Dependendo do espaço na memória de seu computador, a *Área de Transferência* pode arquivar até 24 itens copiados. Para acessá-los, clique na setinha do canto inferior direito do grupo *Área de Transferência*.

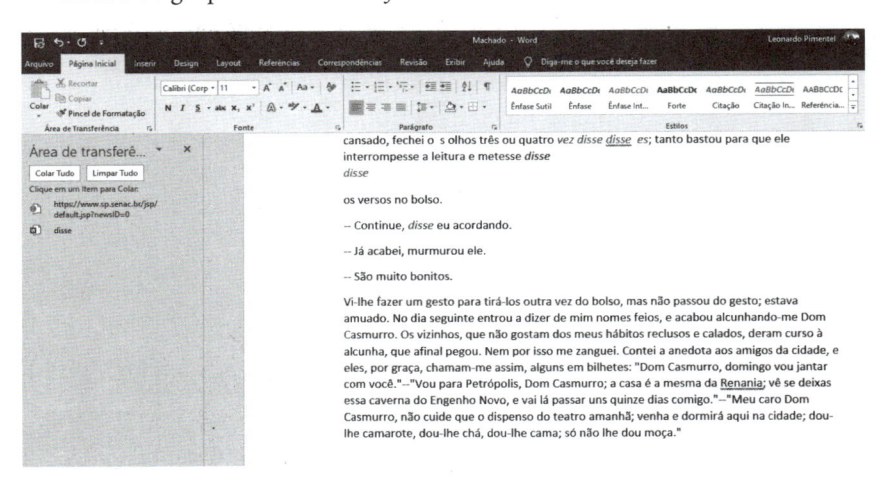

É aberta a coluna *Área de Transferência*. Basta escolher qual item você deseja colar e clicar nele.

Grupo Editando

O último grupo da guia *Página Inicial* é o *Editando*, que apresenta alguns dos mais simples recursos de edição de texto do Word 2019: os tradicionais *Localizar*, *Substituir* e *Selecionar*.

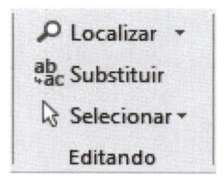

Localizar

1. O botão *Localizar* ( ) tem uma setinha. Clique nela para abrir o submenu.

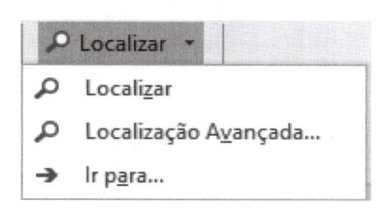

2. O primeiro item é o *Localizar* propriamente dito. Clique nele para abrir uma barra na lateral do trabalho. Digite nela o texto que deseja buscar (por exemplo, *Casmurro*). Aparecerão na barra todos os pontos do arquivo onde a expressão pesquisada foi encontrada (e ela será destacada no texto). Basta clicar em um dos resultados para ir diretamente àquele ponto do documento, o que é muito útil em textos grandes.

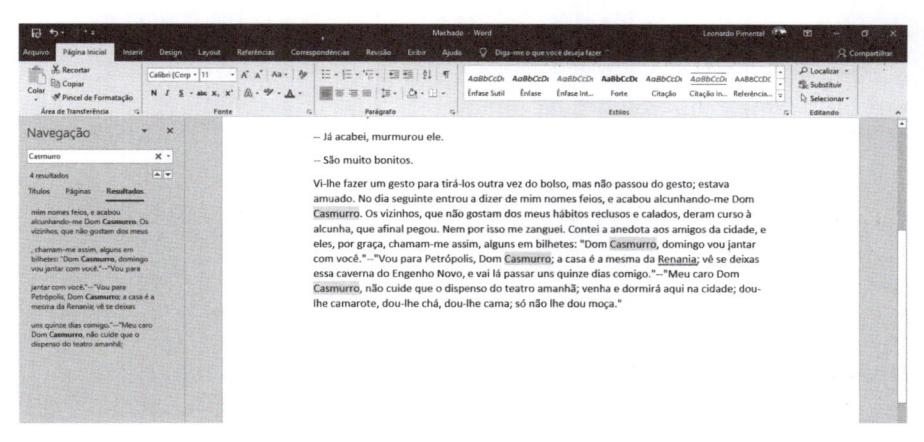

3. O item seguinte, *Localização Avançada,* é, na verdade, o formato de busca das versões antigas do Word, que busca item por item e traz as opções *Substituir* e *Ir para,* que veremos a seguir. Clique nele para abrir a janela *Localizar e substituir.*

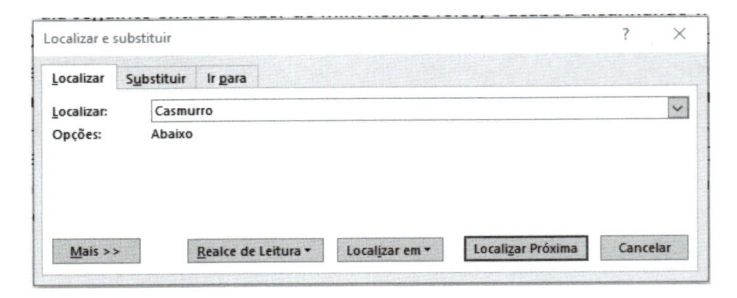

4. O interessante nesse caso é clicar na opção *Mais,* que permite refinar os parâmetros de busca, diferenciando maiúsculas de minúsculas, ignorando pontuação, etc.

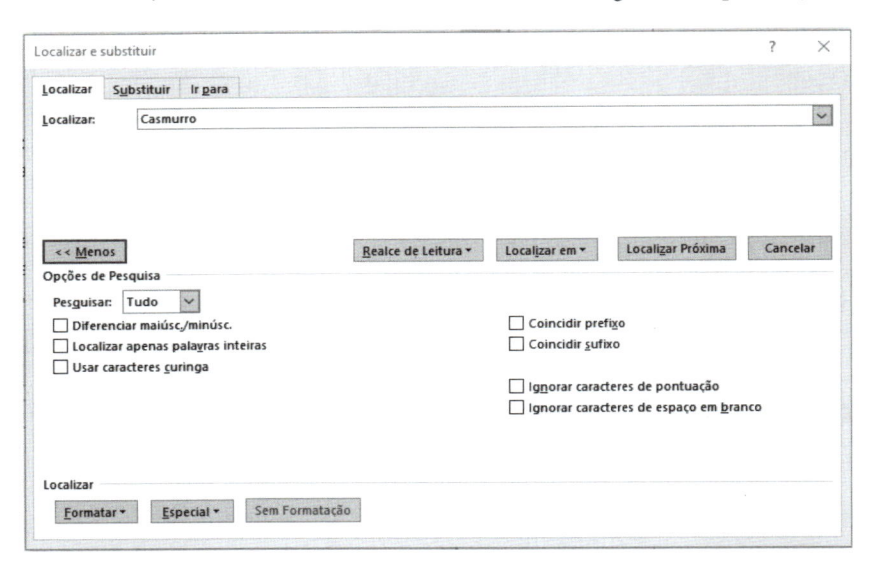

5. O último item de *Localizar* é *Ir para,* que abre a seguinte janela:

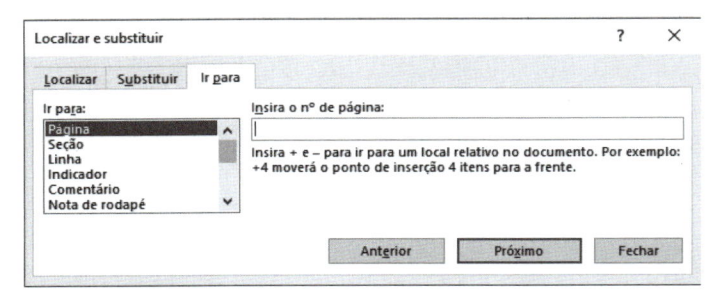

Essa opção é útil caso você esteja trabalhando com textos grandes, pois permite que vá diretamente para uma página específica ou localize uma informação em um comentário.

Substituir

6. O item seguinte é *Substituir* ( ), o mais simples do grupo. Clique nele para abrir a janela a seguir:

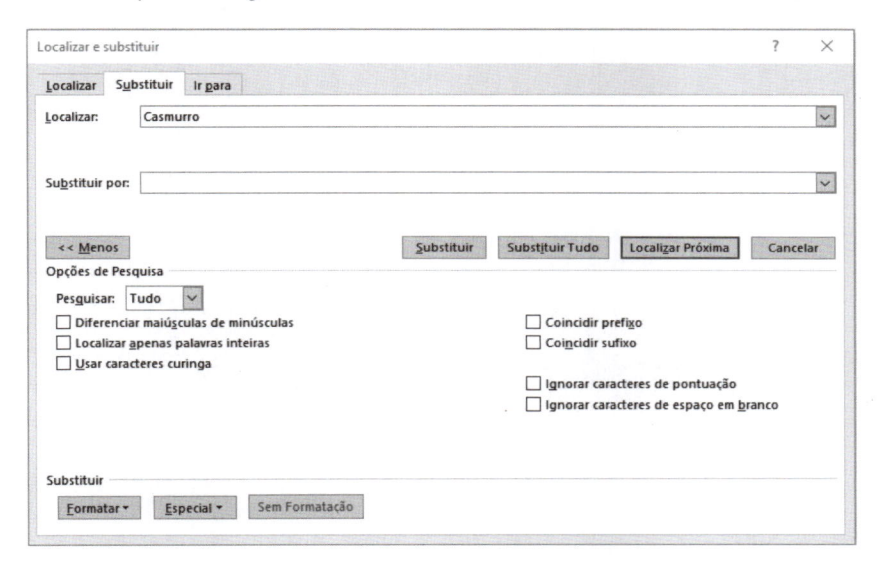

Imagine que você escreveu um longo texto falando da cidade de York e, com ele concluído, descobriu que precisava ter usado o nome aportuguesado Iorque. Que trabalheira para trocar tudo manualmente, não? Aí entra a ferramenta *Substituir*. Você digita *York* em *Localizar* e *Iorque* em *Substituir por*. Depois, basta clicar em *Localizar Próxima* e em *Substituir*, repetindo o procedimento até ter feito todas as substituições. Se tiver certeza do que quer mudar, clique logo em *Substituir Tudo*.

> Use *Substituir Tudo* com parcimônia. O Word não pensa, ele só obedece ao seu comando. Se você descobrir que trocou o gênero de alguém no texto e mandar o programa substituir "ele" por "ela", ao clicar em *Substituir Tudo*, pode ficar com a palavra "elatricidade" em algum ponto. Seja específico ou use o método palavra por palavra.

Selecionar

7. Por fim, temos o item *Selecionar* (Selecionar▾). Clique nele para ver os quatro subitens.

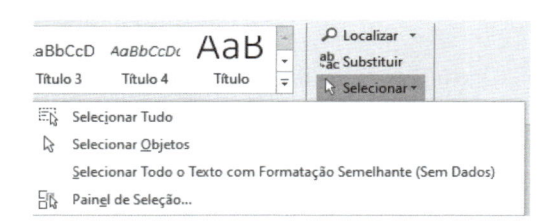

O primeiro, *Selecionar Tudo*, é bem óbvio: ele destaca todo o documento.

A opção *Selecionar Objetos* permite selecionar os elementos gráficos da página.

O item *Selecionar Todo o Texto com Formatação Semelhante* deixa de fora imagens, tabelas e outros elementos que não sejam exclusivamente texto.

Por fim, o *Painel de Seleção* mostra todos os elementos selecionados em uma barra lateral.

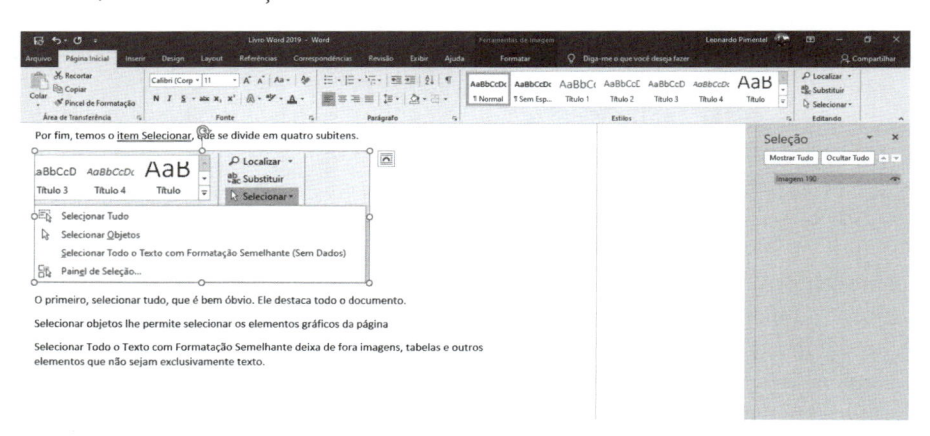

Exercícios

1. Entre no site do Senac São Paulo (www.sp.senac.br) e copie um texto qualquer.
2. No Word, clique na seta abaixo do botão *Colar* e cole o trecho copiado usando todos botões disponíveis, para ver os diferentes resultados.
3. No texto, altere a formatação de uma frase. Em seguida, copie a formatação com o *Pincel de Formatação* e aplique-a a outro trecho do documento.
4. Copie quatro diferentes trechos do seu texto e abra a lista da *Área de Transferência* para colar um deles em outro local do documento.
5. Selecione uma palavra que apareça várias vezes no texto.
6. Clique em *Localizar* para encontrar todas as ocorrências dela.
7. Clique em *Substituir* por e troque essa palavra por outra, usando o método passo a passo.
8. Destaque o texto inteiro, copie-o e cole-o em um novo arquivo.

Anotações

5

Trabalhando com páginas e tabelas

OBJETIVOS

» Trabalhar com páginas
» Inserir e editar tabelas

Guia *Inserir* (parte 1)

Nos capítulos anteriores, aprendemos tudo o que precisamos – e mais algumas coisas – para criar um arquivo de texto com as mais variadas formatações, usando recursos que eram inimagináveis nos tempos da máquina de escrever. Acontece que o Word é muito mais que uma máquina de escrever virtual. Ele permite aplicar ao documento elementos dos mais variados tipos que demandariam trabalho gráfico avançado, como: imagens, tabelas, gráficos, caixas de texto, hiperlinks e até vídeos. Todos esses elementos estão agrupados na guia *Inserir*, que vamos explorar individualmente ao longo dos próximos capítulos.

Grupo *Páginas*

O primeiro grupo na guia *Inserir* é chamado *Páginas*, pois reúne alguns recursos que permitem gerenciar as páginas do documento, trazendo predefinições de folhas de rosto e atalhos para adicionar novas páginas em branco sem ter que pressionar *Enter* milhares de vezes, como muitos fazem.

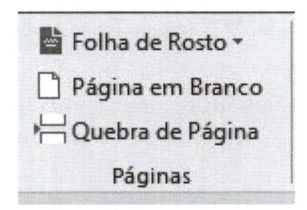

Folha de Rosto

1. A primeira coisa que chama a atenção em qualquer documento é a capa, a primeira folha a ser vista. Clique na opção *Folha de Rosto,* e uma aba com diversas opções de capas prontas se abrirá.

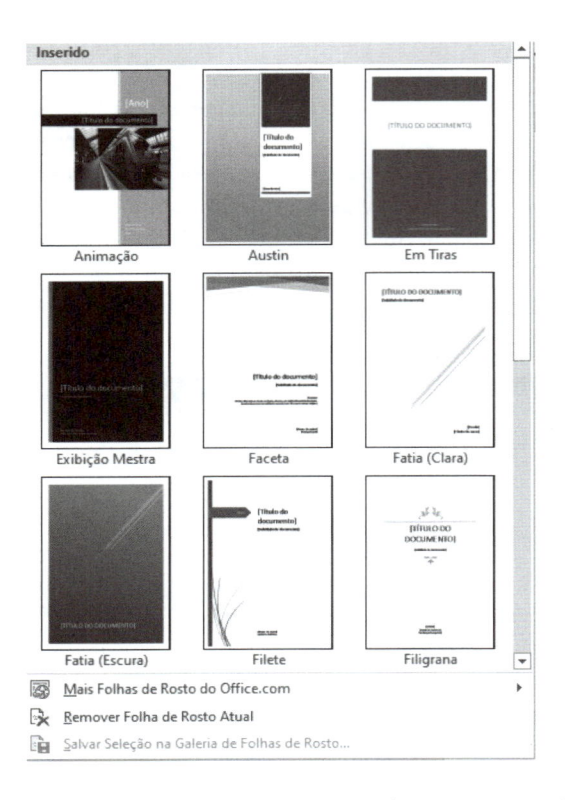

2. Para escolher alguma, basta clicar na opção desejada. Também é possível baixar outras opções clicando na opção *Mais Folhas de Rosto do Office.com*. Clique no modelo *Filigrana*.

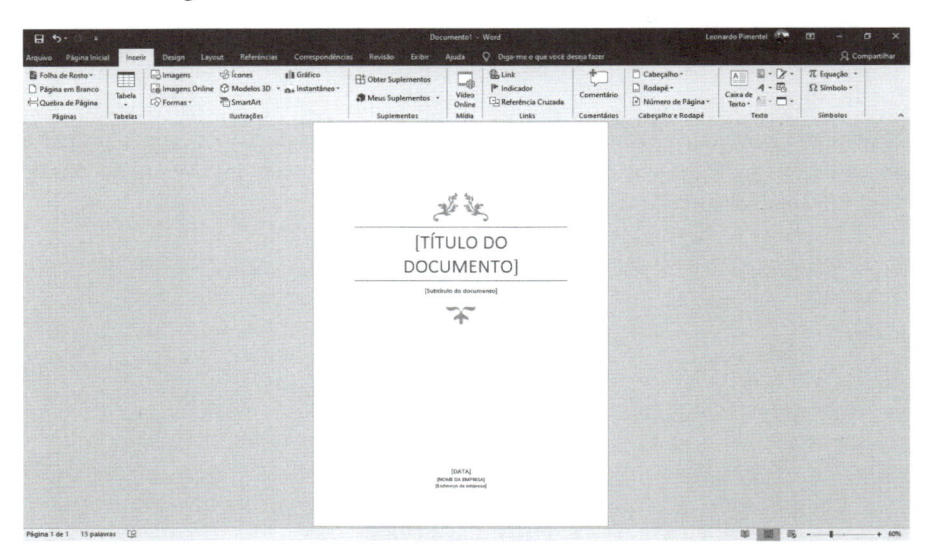

3. Uma vez aberta, a folha de rosto ocupa automaticamente a primeira página do documento. Você pode então editar o texto. Clique em *Título do documento* e digite *Meu trabalho no Word*.

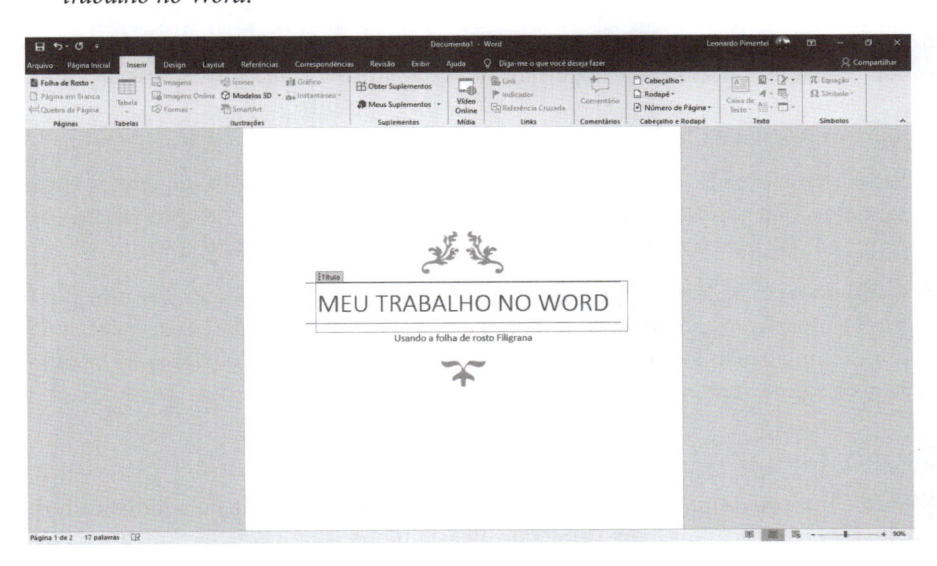

4. Essa é uma opção interessante, mas há folhas de rosto mais elaboradas. Volte na opção *Folha de Rosto* e escolha a primeira opção, *Animação*.

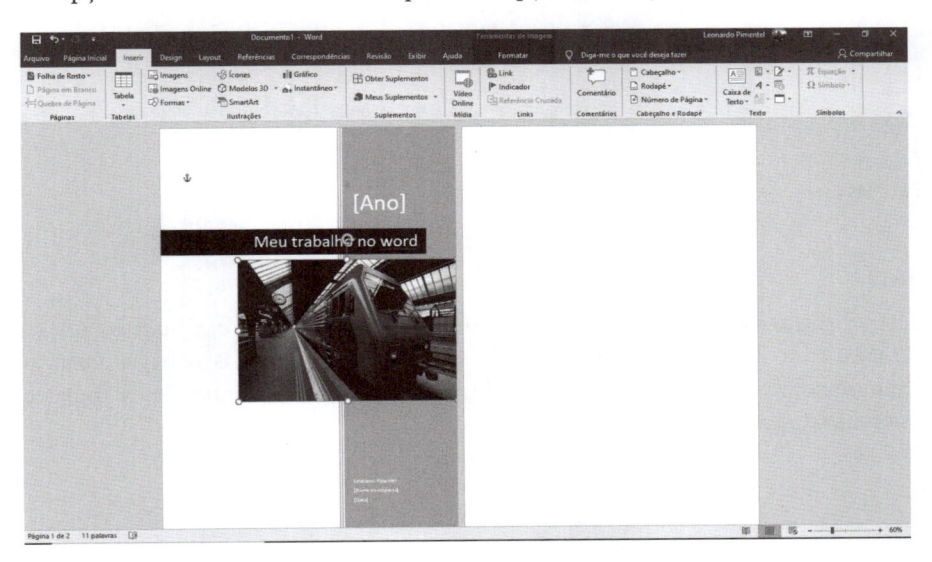

Todos os itens na folha de rosto são editáveis. Você pode mudar as cores das caixas de texto e a imagem, como veremos ao longo deste e do próximo capítulo.

Se você não gostou da folha de rosto que escolheu, clique em *Remover Folha de Rosto Atual*. Já se fez modificações nela e gostou tanto do resultado que quer usá-la em outros documentos, selecione-a e clique em *Salvar Seleção na Galeria de Folhas de Rosto*.

Página em Branco *e* Quebra de Página

5. Se você está fazendo um trabalho longo e deseja inserir uma página em branco entre capítulos, não precisa ficar pressionando *Enter* repetidamente. No grupo *Páginas*, clique em *Página em Branco*. Uma nova página será inserida no documento.

6. O último recurso desse grupo é *Quebra de Página (Ctrl + Enter)*, que abre uma nova página a partir do ponto em que o cursor se encontra. Isso é particularmente útil, por exemplo, quando um entretítulo fica na última linha de uma página ou quando se quer separar um novo tópico.

Grupo Tabelas

O Word é um programa de arquivos de texto com uma infinidade de penduricalhos. Um desses penduricalhos é uma eficiente e bastante personalizada ferramenta de tabelas. O grupo com essa funcionalidade apresenta uma certa redundância, pois se chama *Tabelas* e abriga somente um comando, chamado de *Tabela*. Não é criativo, mas é claro.

Tabela

1. Para utilizar essa ferramenta, crie um novo arquivo em branco. Clique na opção *Tabela* e escolha o número desejado de colunas e linhas. Para isso, basta passar o mouse sobre os quadrados apresentados até selecionar a quantidade de linhas e colunas desejada.

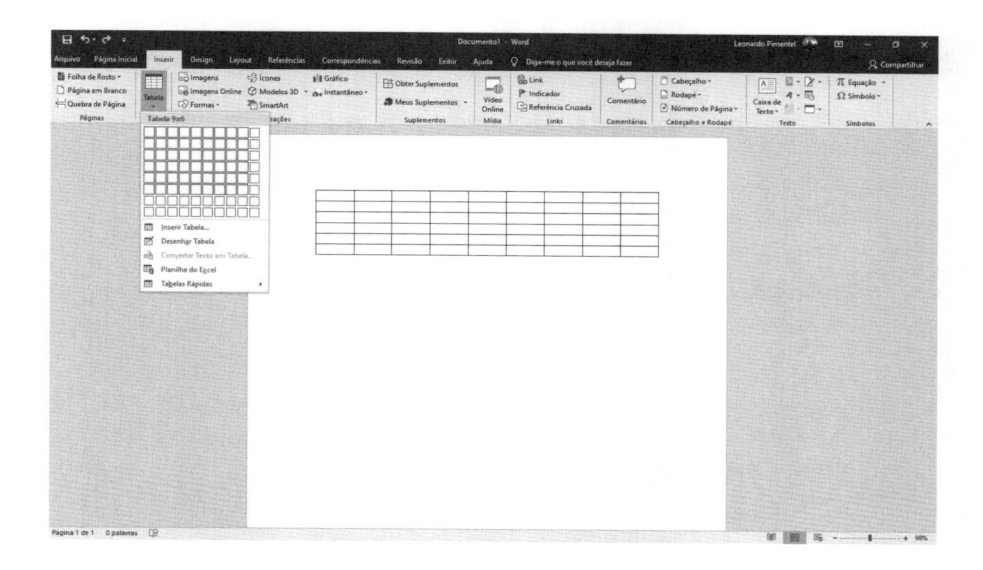

2. Isso também pode ser feito clicando em *Inserir Tabela*, opção que abre uma janela na qual pode ser digitada a quantidade exata de linhas e colunas.

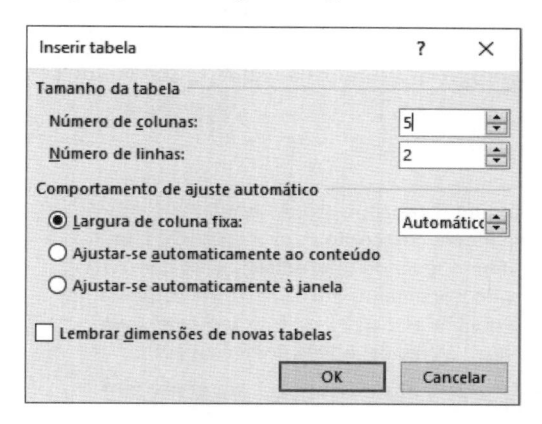

3. Caso nenhuma dessas ferramentas lhe agrade, também é possível fazer a tabela manualmente, com a ferramenta *Desenhar Tabela* (vamos vê-la com mais detalhes adiante, na guia *Layout*), ou escolher uma tabela pronta na opção *Tabelas Rápidas*, simplesmente selecionando a que desejar e a editando no documento.

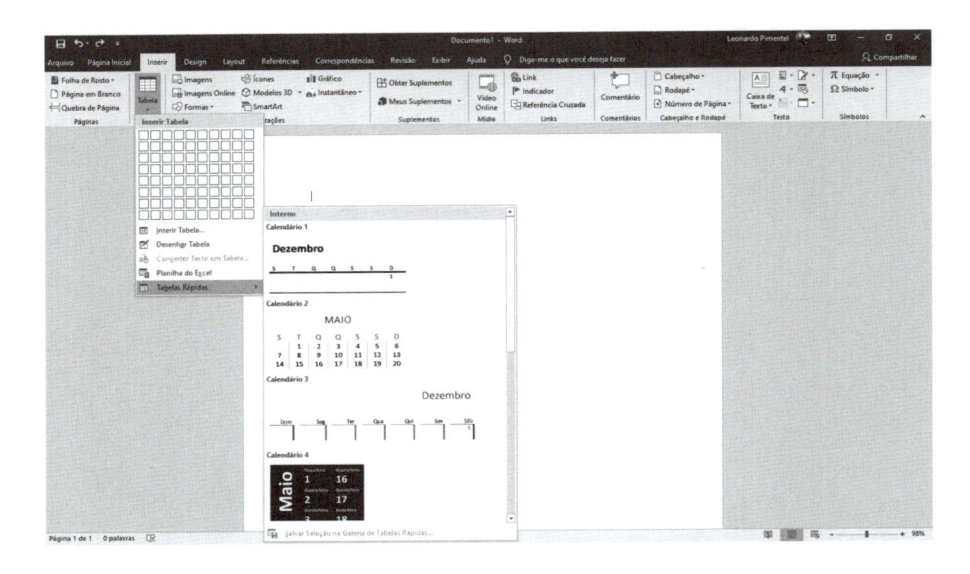

Cada célula da tabela criada é editável. Para passar de uma célula para outra numa mesma linha, basta apertar as setas para direita ou esquerda no teclado. Para passar de uma célula a outra numa mesma coluna, use as setas para cima e para baixo. Outra opção é clicar com o mouse em qualquer célula. O texto dentro da célula segue a formatação do resto do documento e pode ser modificado com todos os recursos que vimos nos capítulos anteriores.

A tabela vai sempre ocupar toda a largura do documento. As células são criadas num tamanho igual, mas se expandem de acordo com o texto. Se a palavra for grande, a célula se alarga. Porém, quando uma se alarga, as demais se encolhem, para manter a largura do documento e o número de colunas. A partir de um certo limite, o Word quebra as palavras aleatoriamente. Seja parcimonioso com a quantidade de texto na tabela, ou ela pode ficar assim:

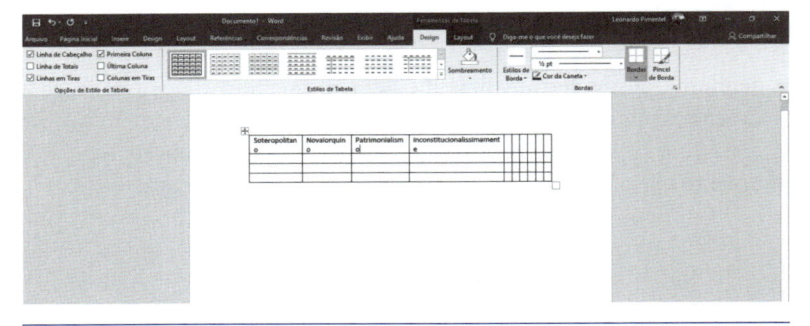

Guia Ferramentas de Tabela/Design

4. Crie uma tabela simples. Perceba que, ao adicionar uma tabela, o Word nos direciona automaticamente para uma nova aba: *Ferramentas de Tabela*, que possui a guia *Design*, onde é possível escolher desde opções de estilo até o sombreamento utilizado.

Grupo Opções de Estilo de Tabela

O grupo *Opções de Estilo de Tabela* é o primeiro dessa guia e serve para ajudar no design da tabela. Cada opção altera a exibição da tabela no documento, estando diretamente ligada com a aba seguinte.

O que significa cada uma delas?

- *Linha de Cabeçalho*: É a primeira linha da tabela. Quando essa opção está marcada, dependendo do estilo escolhido (veremos isso em seguida), a primeira linha terá uma formatação diferente das demais.

- *Linha de Totais*: É a última linha. Se a opção estiver marcada, essa linha terá uma formatação diferente das demais.

- *Primeira/Última Coluna*: São autoexplicativas. Se as opções estiverem marcadas, essas colunas terão uma formatação diferente das demais.

- *Linhas/Coluna em Tiras*: Fazem com que as linhas tenham formatações alternadas, o que facilita a leitura.

> Não marque *Linhas em Tiras* e *Colunas em Tiras* ao mesmo tempo. Sua tabela vai parecer uma colcha de retalhos.

Grupo Estilo de Tabela

Dependendo das opções selecionadas, as variações na aba *Estilos de Tabela* mudam, adaptando-se a sua preferência.

5. Para entender melhor esse recurso, abra o arquivo *Tabela 1* e marque as opções *Linha de Cabeçalho*, *Primeira Coluna* e *Colunas em Tiras* para ver como fica a tabela.

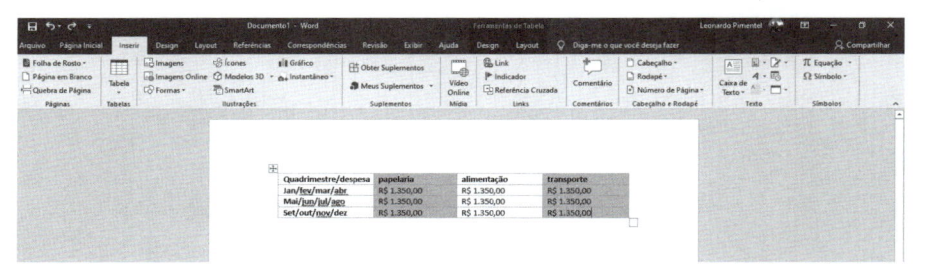

6. Ao clicar na ferramenta *Estilos de Tabela*, serão apresentadas diversas opções, com diferentes estilos e cores para uma melhor apresentação.

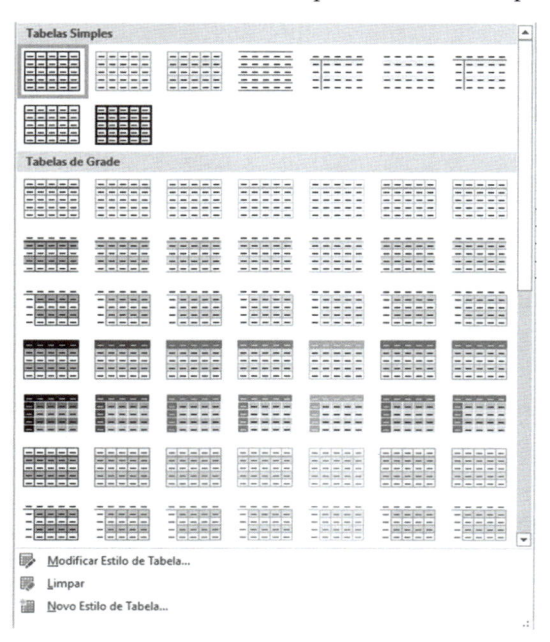

7. Esse recurso permite criar as mais variadas tabelas. Ao clicar em *Modificar Estilo de Tabela*, também é possível modificar o estilo:

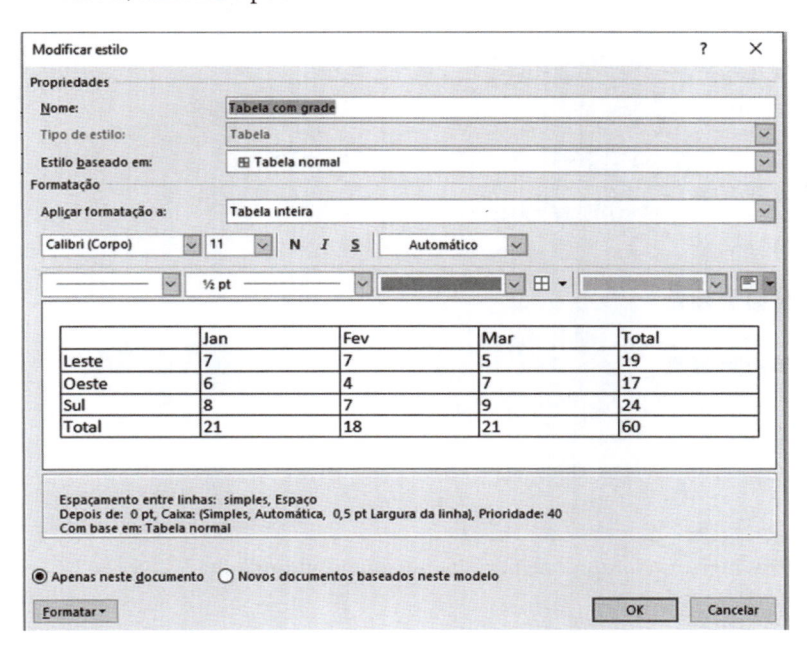

8. E, na opção *Novo Estilo de Tabela*, é possível criar um estilo do zero:

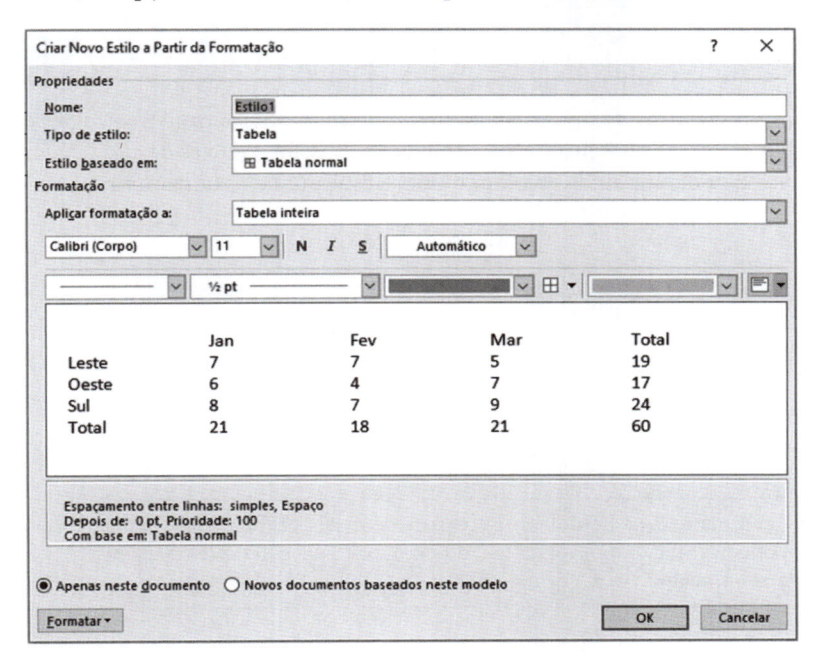

9. Ao lado dos *Estilos de Tabela*, está a opção *Sombreamento*, que permite editar a intensidade e a cor das colunas destacadas.

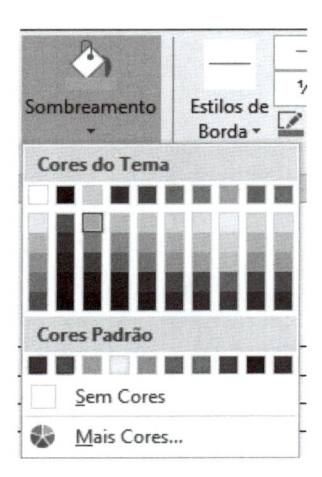

Grupo Bordas

10. Por fim, temos o grupo *Bordas*, que permite personalizar ainda mais a tabela.

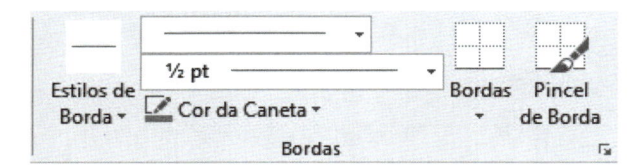

11. Ao clicar em *Estilos de Borda*, aparecem as *Bordas do Tema*, que permitem escolher o estilo que vamos usar (linhas finas, grossas ou duplas), assim como as *Bordas Usadas Recentemente*. E podemos ainda escolher o tipo, a espessura e a cor da linha.

> Leitura é contraste. Uma borda numa cor clara demais, por mais estilosa que pareça, pode ficar indistinguível na tela ou no papel. Pense sempre na legibilidade do seu trabalho.

12. Em *Bordas*, escolhemos em qual delas vamos aplicar esse estilo.

- Borda Inferior
- Borda Superior
- Borda Esquerda
- Borda Direita
- Sem Borda
- Todas as Bordas
- Bordas Externas
- Bordas Internas
- Borda Horizontal Interna
- Borda Vertical Interna
- Borda Diagonal Inferior
- Borda Diagonal Superior
- Linha Horizontal
- Desenhar Tabela
- Exibir Linhas de Grade
- Bordas e Sombreamento...

13. E no *Pincel de Borda* podemos copiar a formatação de qualquer borda e aplicá-la a outra.

Guia Ferramentas de Tabela/Layout

A segunda guia dentro da aba *Ferramentas de Tabela* se chama *Layout* e trata de aparência, mas também de conteúdo. Assim como a guia *Design*, ela só aparece quando se clica dentro de uma tabela.

Grupo Tabela

O primeiro grupo dessa guia se chama simplesmente *Tabela*.

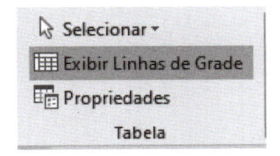

- Selecionar
- Exibir Linhas de Grade
- Propriedades

Tabela

14. O primeiro item, *Selecionar*, permite escolher em qual elemento da tabela vamos trabalhar. Clicando nele, temos as seguintes opções:

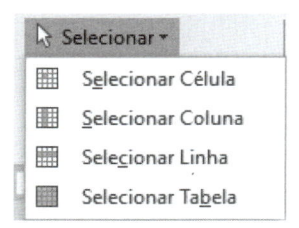

- Selecionar Célula
- Selecionar Coluna
- Selecionar Linha
- Selecionar Tabela

A opção escolhida vai sempre ser aplicada ao ponto onde estiver o cursor de texto, exceto *Selecionar Tabela*, que seleciona todo o conjunto.

15. Por exemplo, abra o arquivo *Tabela 2*, coloque o cursor na terceira célula da segunda linha e clique em *Selecionar Coluna*. Esse é o resultado:

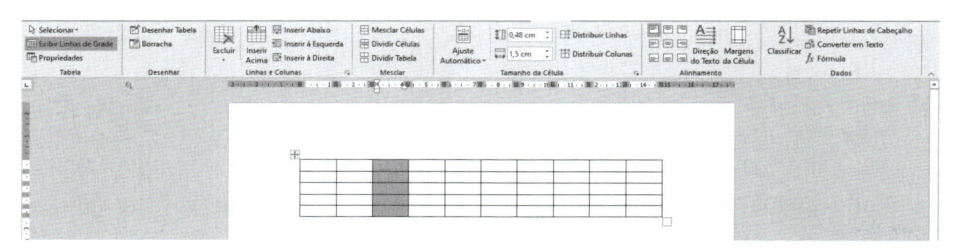

Para desfazer a seleção, basta clicar em qualquer ponto fora da área selecionada.

16. A segunda opção do grupo *Tabela* é *Exibir Linhas de Grade*, um recurso que veremos mais adiante. Ele mostra as grades a que o texto da tabela fica alinhado. O resultado é esse.

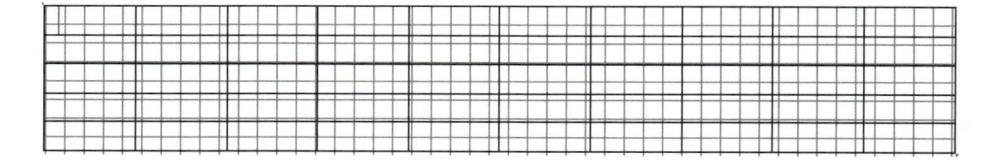

> A exibição de linhas de grade em um trabalho é útil momentaneamente, mas cansa a vista e torna a página confusa. Use com parcimônia.

17. A opção mais importante desse grupo é *Propriedades*, que permite formatar toda a tabela. Ao clicar, é aberta a seguinte janela:

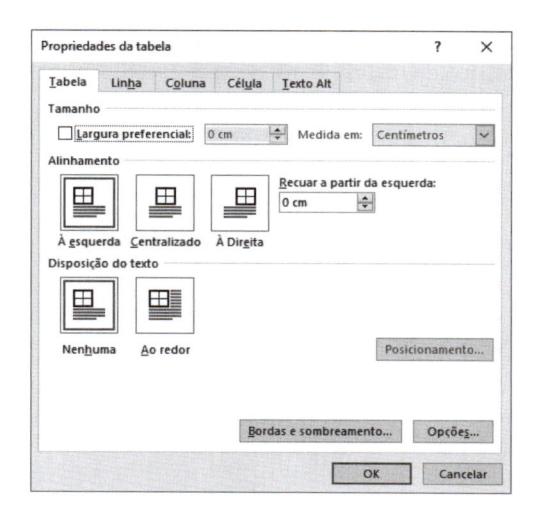

Na primeira aba, *Tabela*, você pode escolher a *Largura preferencial* da tabela, caso não queira que ela ocupe toda a largura da página.

Nos demais itens, podemos determinar se a tabela será alinhada à esquerda, à direita ou centralizada, com ou sem recuo, e se ficará destacada do texto ou se ele correrá em torno dela.

18. Para visualizar tudo de uma vez, abra o arquivo *Casmurro 2* e insira logo no início uma tabela de quatro linhas e três colunas com largura de *10 cm*. Em seguida, vá na guia *Layout* e clique em *Propriedades da tabela*.

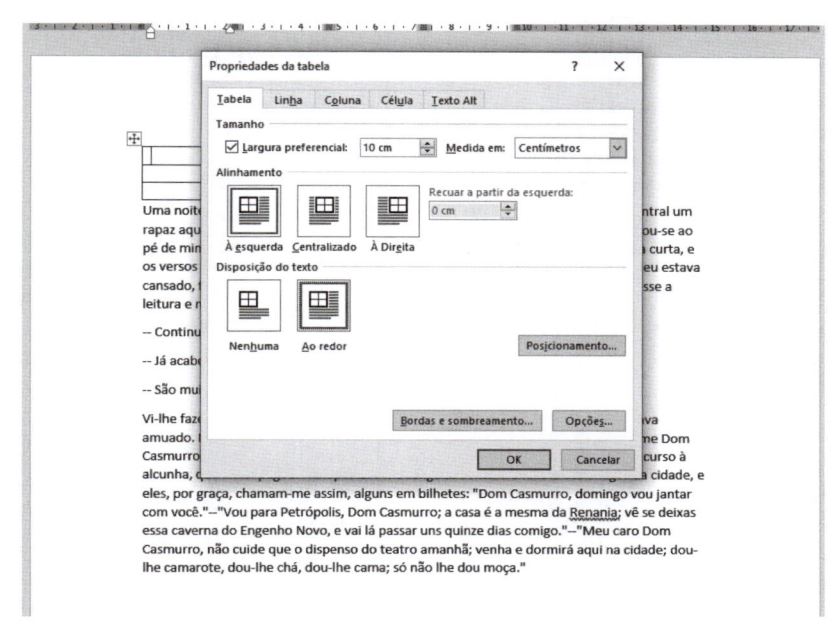

19. Deixe o alinhamento À *esquerda* e selecione a disposição do texto *Ao redor*. Ao fazer isso, é habilitada a tecla *Posicionamento*, que dá maior liberdade para escolher a forma como a tabela fica no texto.

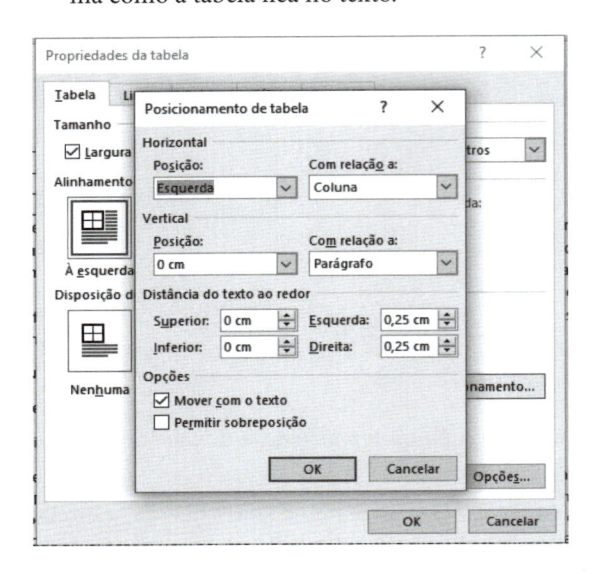

20. Deixe como está, clique em *OK* e novamente em *OK* para ver o resultado.

21. A aba seguinte da janela *Propriedades da tabela* é *Linha*, para formatação de uma linha específica. Em *Especificar altura*, podemos determinar a altura da linha. Em *Permitir quebra de linha entre páginas*, definimos se as linhas correrão para a próxima página, ou se a tabela inteira será movida para a página posterior, caso extrapole o tamanho da página.

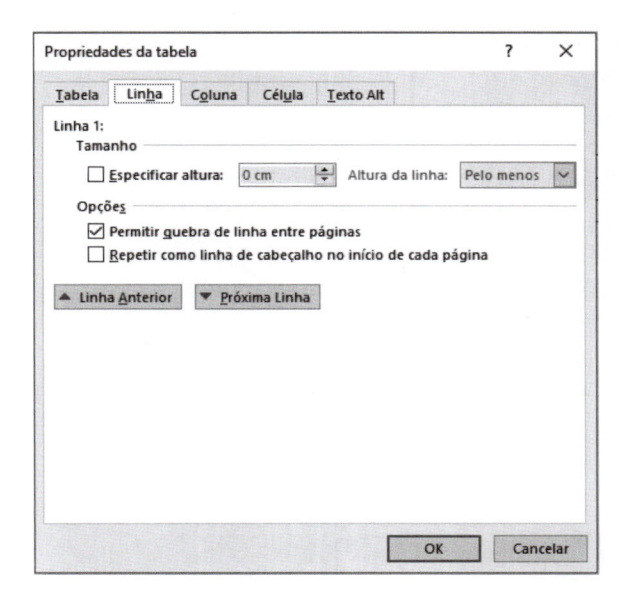

22. Em seguida, temos a aba *Coluna*, que tem as mesmas propriedades de *Linha*, sem, porém, a possibilidade de quebra de página.

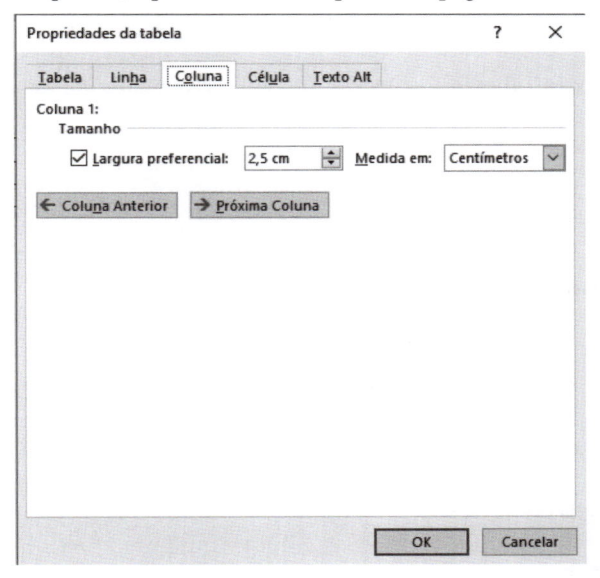

23. A próxima aba é *Célula*, que permite determinar a largura da célula e o posicionamento do conteúdo dentro dela.

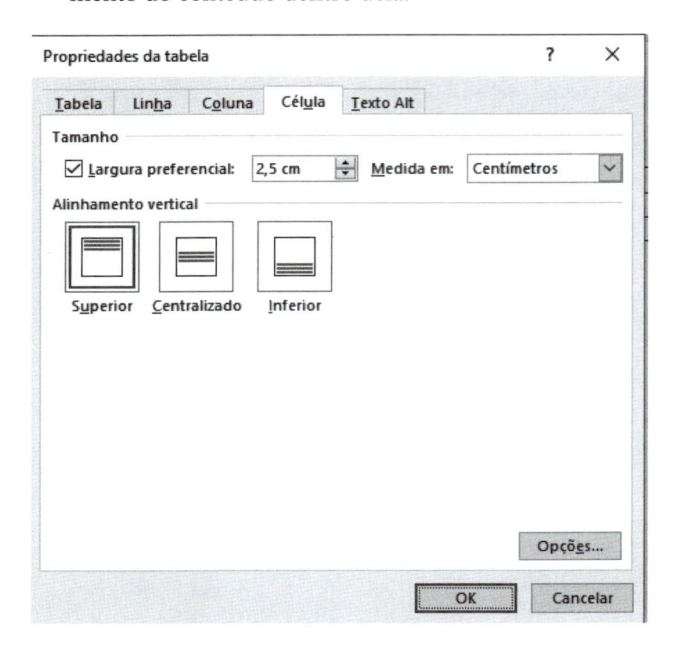

24. Clicando em *Opções*, podemos escolher usar o padrão da célula selecionada em toda a tabela (o que é recomendável) e ainda quebrar o texto automaticamente.

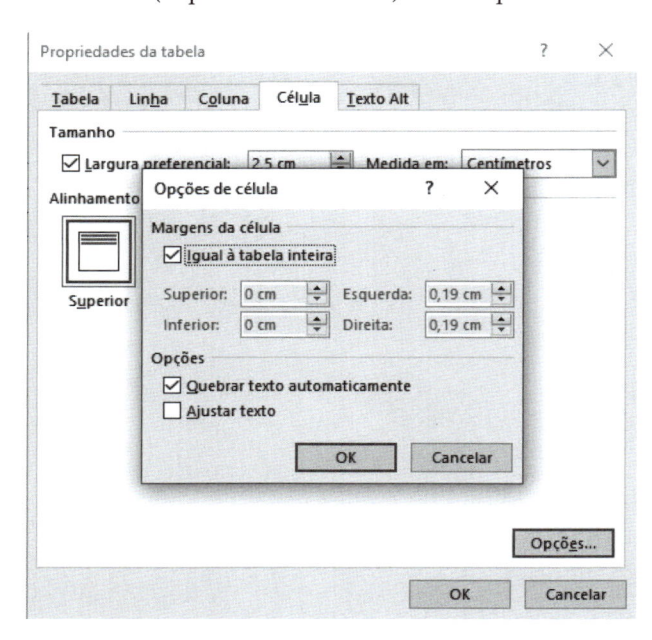

> Quando você seleciona "quebrar automaticamente", o Word não entende "separar sílabas", mas sim passar para a linha de baixo as letras que estourarem a largura da tabela. Então, lembre-se: em tabelas, menos é mais. Escreva o mínimo possível.

25. Por fim, temos a aba *Texto Alt*, que significa texto alternativo.

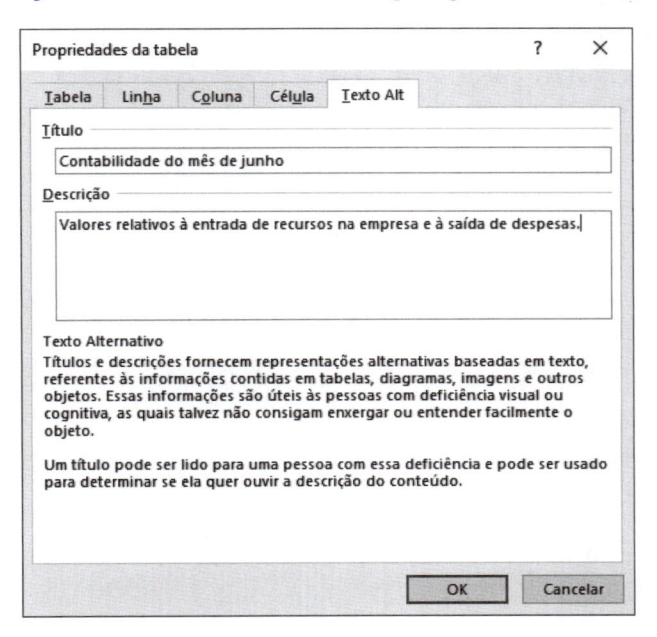

O texto alternativo é uma espécie de legenda da célula, pois às vezes é necessário explicar melhor o que queremos dizer com aquela informação. Para isso serve o texto alternativo: dar informações que permitam ao leitor compreender melhor o conteúdo da célula ou da tabela.

Grupo Desenhar

26. O próximo bloco das ferramentas de layout é o *Desenhar*.

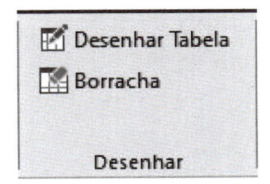

27. Ao clicar em *Desenhar Tabela*, o cursor se transforma em um lápis. Clique e arraste-o para criar a primeira célula. Para criar a segunda célula, clique e arraste o cursor ao lado da primeira. A célula original será a guia de altura, ou seja: não importa o tamanho da segunda, ela terá a mesma altura da primeira.

28. O segundo item do grupo desenhar é a *Borracha*. Clique nele e o cursor adquire a forma de uma borracha. Clique numa célula e ela desaparecerá.

Grupo Linhas e Colunas

29. O terceiro grupo se chama *Linhas e Colunas*.

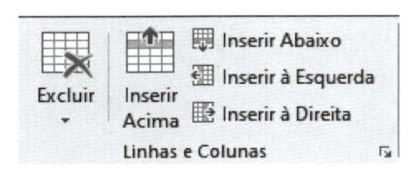

30. O primeiro item é *Excluir*, que permite escolher que elementos da tabela serão excluídos: uma única célula, uma coluna, uma linha (onde estiver o cursor de texto) ou mesmo a tabela inteira.

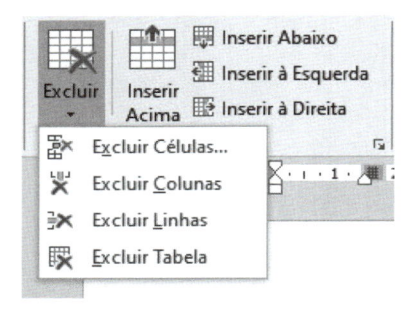

31. *Inserir Acima/Inserir Abaixo* acrescentam uma linha acima ou abaixo de onde estiver o cursor de texto. *Inserir à Esquerda/Inserir à Direita* permitem inserir uma coluna à direita ou à esquerda de onde o cursor estiver.

32. Note que há uma setinha no canto inferior direito, indicando um menu adicional. Clique nela para ter a opção *Inserir células*, que permite mover a célula em que se está trabalhando, ou inserir linhas e colunas a partir dela (o que é um tanto redundante com as funções que acabamos de ver).

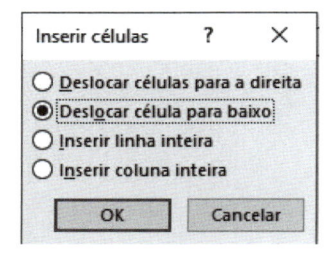

Grupo Mesclar

33. Após criadas, as tabelas não são estanques. Podemos alterar as células de diversas formas, e uma delas é permitida pelo grupo *Mesclar*.

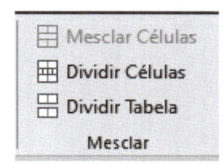

34. No arquivo *Tabela 2*, selecione duas células da tabela e clique em *Mesclar Células* (a opção só aparece quando há células selecionadas).

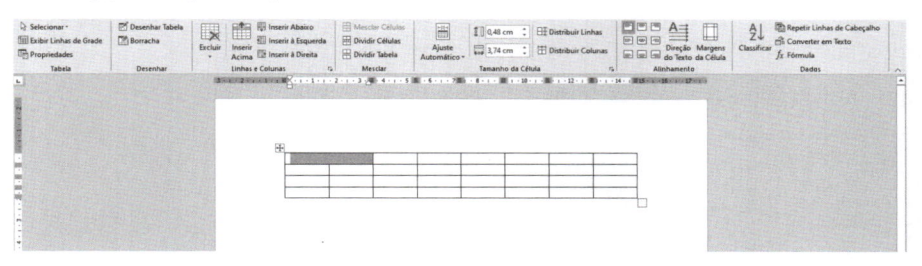

O resultado é que as duas células agora são apenas uma.

35. Com essa nova célula selecionada, clique em *Dividir Células*. A seguinte janela será aberta, que permite escolher em quantas colunas e linhas a célula será dividida:

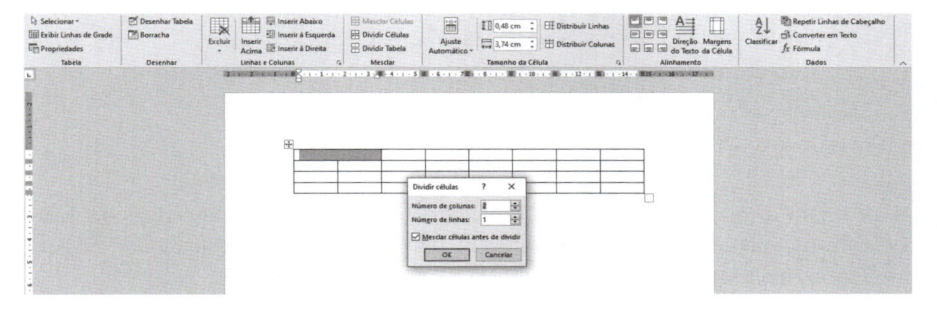

36. Se clicar em *OK* na opção acima, a tabela voltará ao formato original. Veja o que acontece ao dividir a grande célula em três colunas e duas linhas.

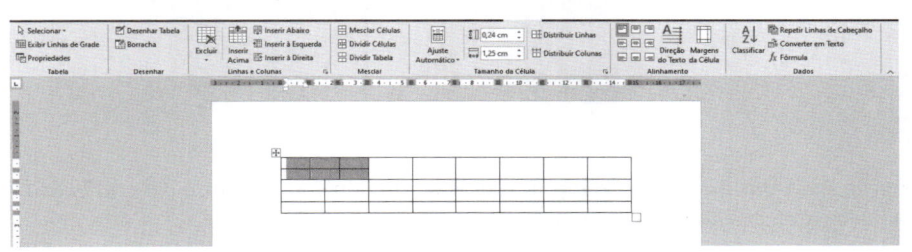

37. Por fim, podemos dividir a própria tabela. Com o cursor em qualquer célula (da segunda linha para baixo), clique em *Dividir Tabela*. Uma linha de texto separará a tabela em duas.

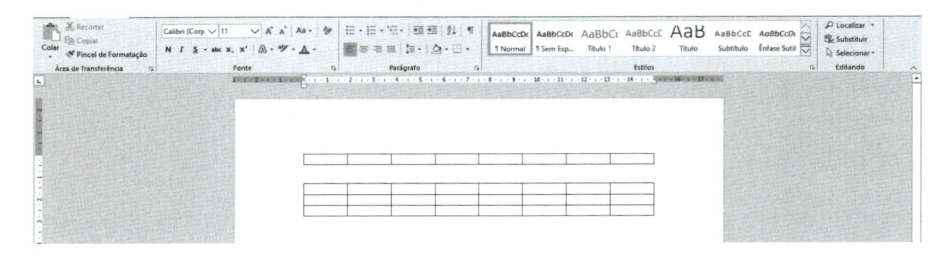

Grupo Tamanho da Célula

O próximo grupo que vamos analisar é o *Tamanho da Célula*.

38. O primeiro item deste grupo é o *Ajuste Automático*, que nos dá três opções.

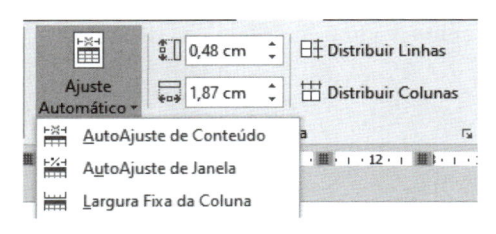

39. A primeira delas é *AutoAjuste de Conteúdo*, que redimensiona as células de acordo com o conteúdo, deixando as linhas e colunas com tamanhos irregulares. Para ver como funciona, abra o arquivo *Tabela 3* e aplique esse recurso:

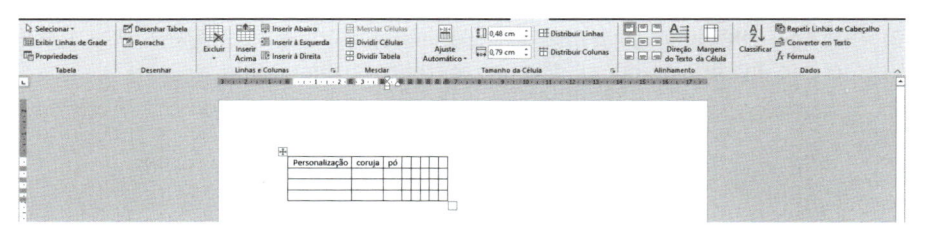

A opção *AutoAjuste de Janela* adapta a tabela à largura do documento, e *Largura Fixa da Coluna* deixa fixa a largura das colunas.

Ao lado do *Ajuste Automático*, podemos definir manualmente a altura e a largura das células (lembrando que isso só se aplica à linha e à coluna nas quais está o cursor).

Por fim, os comandos *Distribuir Linhas* e *Distribuir Colunas* distribuem igualmente a altura e a largura das células selecionadas.

Podemos notar que há uma setinha no canto inferior direito, o que abre um novo menu, que é exatamente igual ao que vimos em *Linhas e Colunas*, de modo que não precisamos voltar a ele.

Grupo Alinhamento

O grupo *Alinhamento* permite determinar como o texto será exibido dentro da tabela.

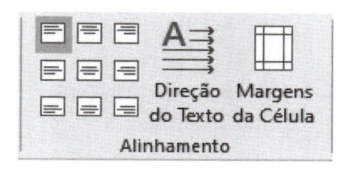

As nove ilustrações à esquerda indicam o alinhamento do texto dentro da célula:

- Alinhado à esquerda no alto.
- Centralizado no alto.
- Alinhado à direita no alto.
- Alinhado à esquerda no meio da célula.
- Centralizado no meio da célula.
- Alinhado à direita no meio da célula.
- Alinhado à esquerda embaixo.
- Centralizado embaixo.
- Alinhado à direita embaixo.

40. Abra o arquivo *Tabela 4* e use os três alinhamentos a seguir: no alto à esquerda, centralizado no meio e embaixo à direita.

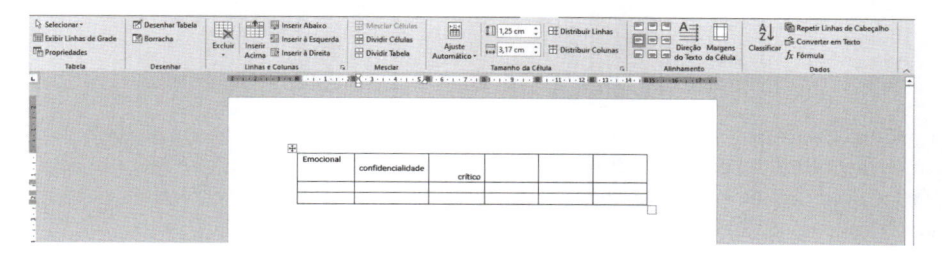

41. O comando seguinte, *Direção do Texto*, permite mudar a orientação do texto na célula onde está o cursor ou nas células selecionadas (lembrando que o padrão do Word é da esquerda para a direita, como nos idiomas ocidentais). No mesmo arquivo, deixe o texto como o da imagem a seguir:

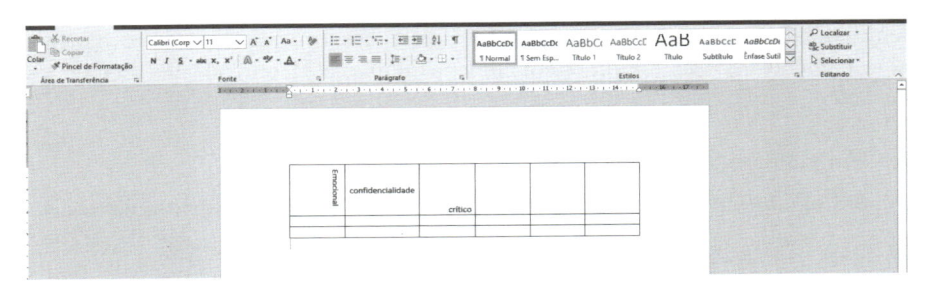

Por fim, na opção *Margens da Célula*, podemos estabelecer as margens internas da célula, de forma que o texto, mesmo alinhado, não fique grudado na borda.

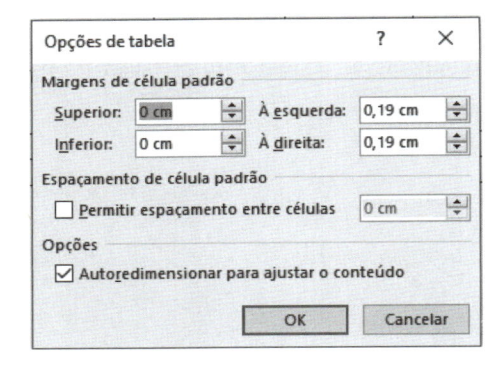

Grupo Dados

O último grupo de *Layout* é chamado de *Dados*.

A primeira opção é *Classificar*, que permite ordenar o conteúdo da tabela alfabética ou numericamente. Ao clicar nessa opção, será aberta a seguinte janela, que permite escolher qual coluna será a guia, como ela definirá a ordem (texto, número, data) e se esta será crescente ou decrescente:

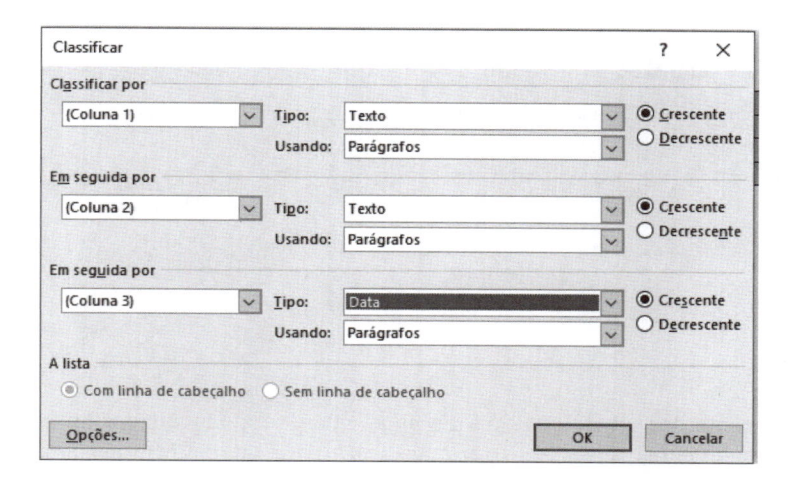

O item seguinte, *Repetir Linhas de Cabeçalho*, é particularmente útil se você vai trabalhar com uma tabela muito grande, que se estende por mais de uma página. Com essa opção marcada, cada vez que a tabela avançar para uma nova página, a linha de cabeçalho (em que se explica o que é cada coluna) é repetida, facilitando a compreensão do conteúdo.

42. Em seguida, temos a ferramenta *Converter em Texto*, que transforma os elementos da tabela em um texto. Para testá-la, abra o arquivo *Tabela 5*.

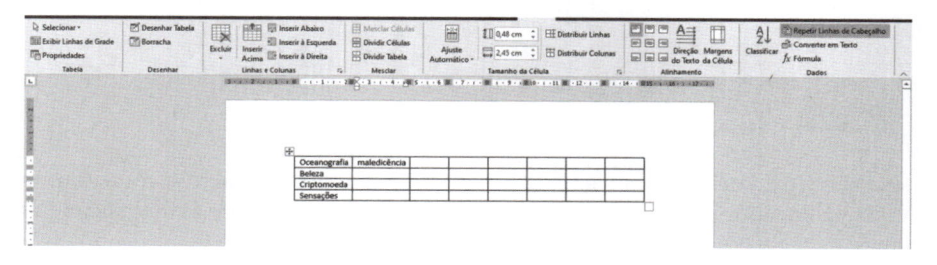

43. Posicione o cursor dentro da tabela e clique na ferramenta *Converter em Texto*. Será aberta a janela a seguir, que permite escolher como esses elementos serão separados.

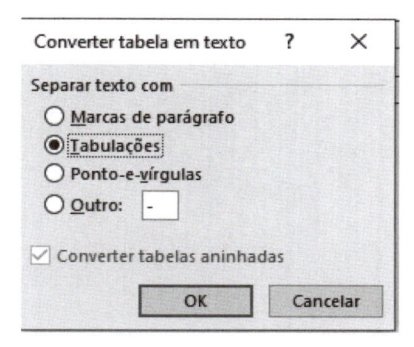

44. Use o exemplo da imagem anterior e clique em *OK*. A tabela será transformada em texto separado por tabulação:

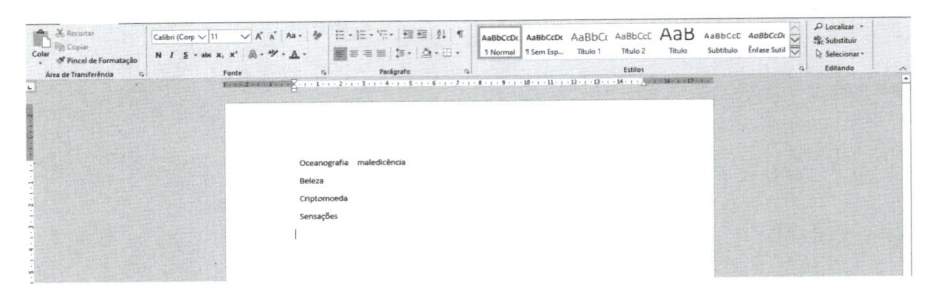

45. A última ferramenta do grupo *Dados* é a *Fórmula*, que permite incluir fórmulas matemáticas simples numa tabela. Abra o arquivo *Tabela 6* e clique em *Fórmula* para abrir a seguinte caixa:

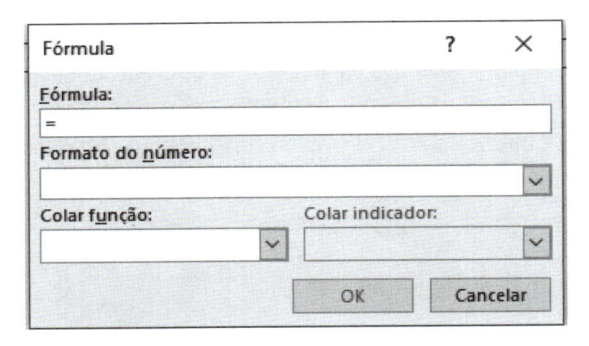

O sinal de igual em *Fórmula* significa que o conteúdo da célula será o resultado da fórmula matemática que for escrita em seguida. A opção *Formato do número* define se serão usadas casas decimais, percentuais, etc.

46. Para fins de exemplo, vamos usar a fórmula mais simples possível. Em *Fórmula*, digite *2+2*. Em *Formato do número*, defina *0*:

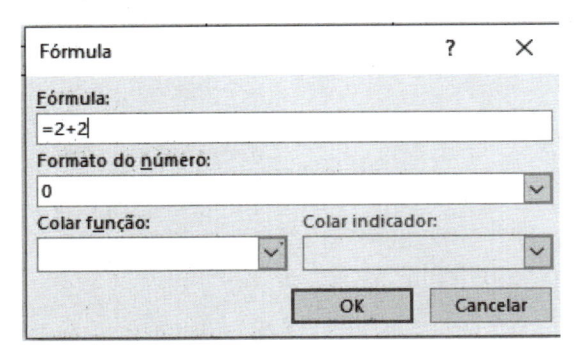

47. Clique em *OK* e o programa fará a conta.

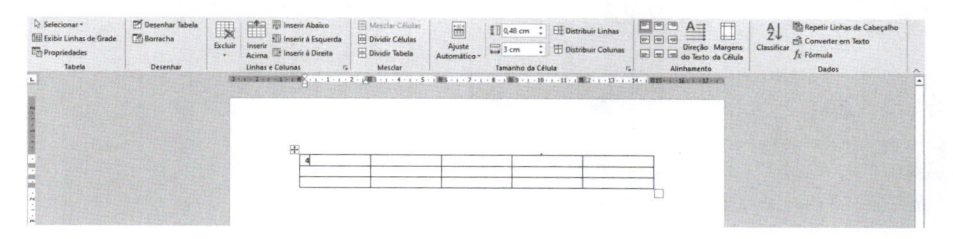

Ao longo deste capítulo, você deve ter reparado que, ao criar uma tabela, aparecem dois quadradinhos nas extremidades dela.

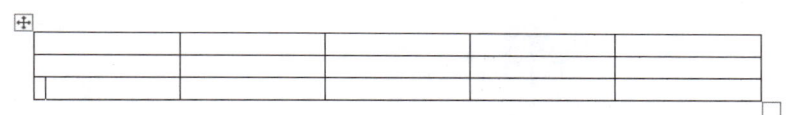

Clique em qualquer um deles para ter acesso a um menu resumido das funções de formatação de tabelas.

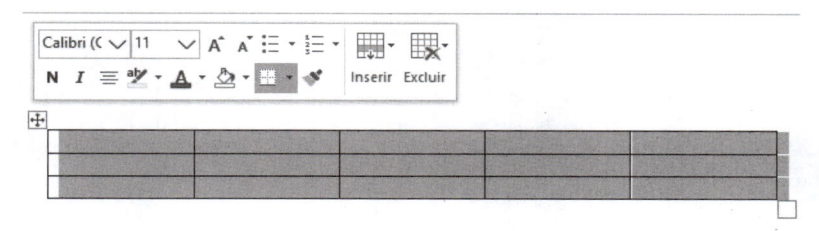

Converter texto em tabela

48. Você pode criar uma tabela a partir de um texto. Para ver como isso funciona, abra o arquivo *Texto em tabela* e separe as palavras por espaçamentos padrão (utilizando a tecla *Tab*), até que fiquem como na figura a seguir:

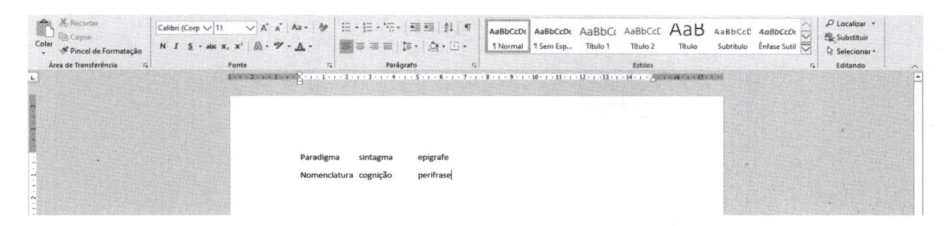

49. Em seguida, selecione todo o texto, vá na guia *Inserir* e, dentro do grupo *Tabelas*, clique na ferramenta *Converter Texto em Tabela*. A seguinte janela será aberta:

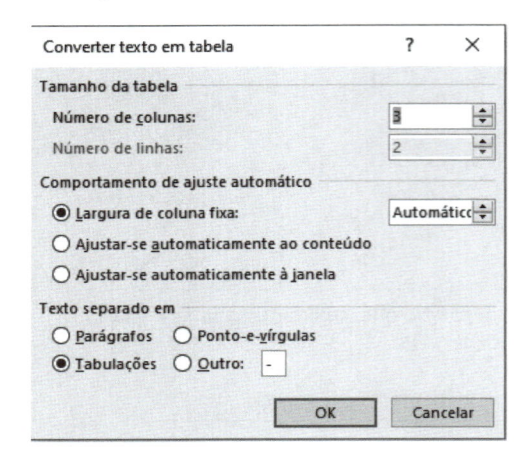

50. O sistema vai sugerir automaticamente o número de linhas e colunas a partir do conteúdo do texto e do método usado para separação. Ao clicar em *OK*, a tabela será montada:

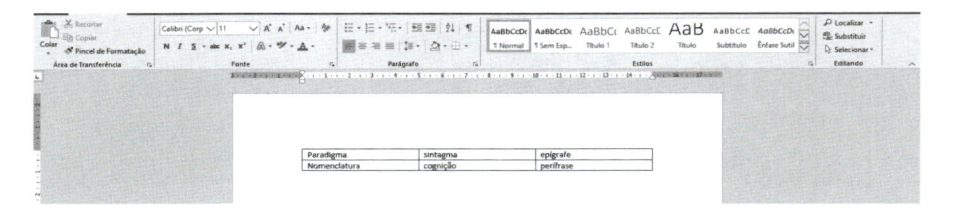

> O item seguinte do grupo *Tabela*, chamado *Planilha do Excel*, não será abordado aqui. Ele abre dentro do Word o Microsoft Excel, o excelente programa do pacote Office para elaboração de tabelas, gráficos e planilhas. Para abordá-lo, teríamos que fazer praticamente um outro livro, o que não é o objetivo deste volume.

Tabelas Rápidas

51. Chegamos ao último item do grupo *Tabelas*, as *Tabelas Rápidas*, que são padrões já estabelecidos (templates) que você pode usar para criar uma tabela sem esquentar muito a cabeça. Basta clicar em uma delas e preencher os dados.

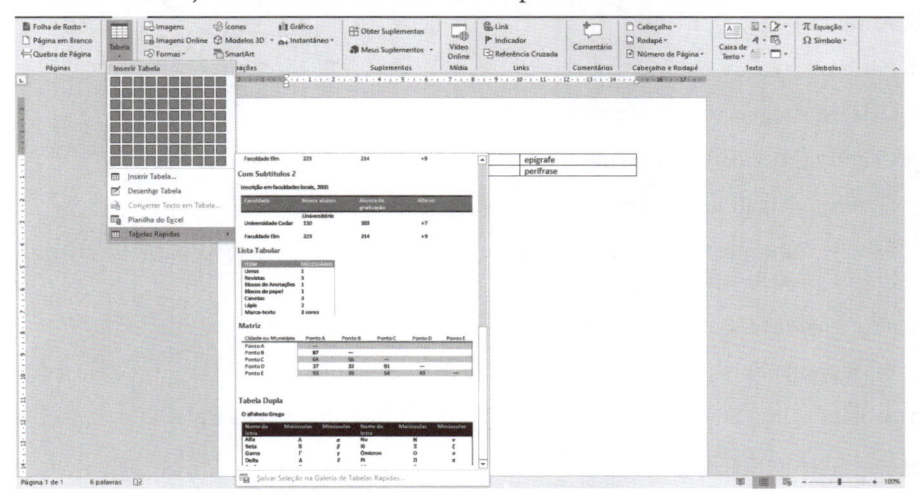

Exercícios

1. Crie um novo arquivo e escolha uma folha de rosto padrão.
2. Dê um título para o trabalho.
3. Insira uma página em branco após a folha de rosto.
4. Entre no site do Senac São Paulo (www.sp.senac.br) e copie um texto qualquer.
5. No espaço entre dois parágrafos do texto, insira uma quebra de página.
6. Crie uma tabela com quatro colunas e quatro linhas utilizando a seleção de quadrados.
7. Crie uma tabela de seis linhas e oito colunas utilizando a opção *Inserir Tabelas*.
8. Preencha as células com o texto que quiser. Este é um exercício de forma, não de conteúdo.
9. Marque as opções *Linha de Cabeçalho*, *Última Coluna* e *Linhas em Tiras*.
10. Escolha um *Estilo de Tabela*.
11. Modifique a cor e a espessura de uma borda.
12. Crie uma tabela com cinco linhas e quatro colunas usando o método que preferir.

13. Destaque uma coluna.
14. Destaque uma linha.
15. Em *Preferências*, determine a largura da tabela como *12 cm*.
16. Alinhe a tabela à direita.
17. Ponha o texto ao redor da tabela.
18. Crie uma tabela com três colunas e duas linhas.
19. Usando *Propriedade*, determine um tamanho para cada linha e coluna.
20. Determine o alinhamento de texto.
21. Escreva uma palavra em uma célula e crie um texto alternativo para ela usando *Propriedades*.
22. Crie uma tabela com quatro colunas e quatro linhas.
23. Exclua uma linha.
24. Adicione uma nova linha, uma nova coluna e insira uma nova célula.
25. Crie uma tabela com quatro linhas e seis colunas.
26. Destaque as duas primeiras células e as mescle.
27. Divida a nova célula em quatro colunas e três linhas.
28. Posicione o cursor em uma célula da última linha e divida a tabela.
29. Crie uma tabela com quatro colunas e duas linhas.
30. Preencha todas as células com texto.
31. Mude o alinhamento de todas as células.
32. Mude a orientação de texto de quatro células.
33. Selecione três células e dê a elas uma margem superior e inferior de *0,20 cm*.
34. Faça uma tabela de duas colunas e quatro linhas.
35. Preencha a tabela com palavras aleatórias.
36. Indexe por ordem alfabética.
37. Transforme a tabela em um texto separado por ponto e vírgula.
38. Volte à tabela e insira uma fórmula matemática simples em uma célula, tal como *3+5*.
39. Escreva nove palavras, três por linha, separadas com a tecla *Tab*.
40. Transforme o texto em tabela.

6

Trabalhando com imagens

OBJETIVOS

» Inserir imagens a partir do computador
» Inserir imagens da internet
» Formatar imagens

Guia *Inserir* (parte 2)

Um outro elemento que podemos inserir no Word são imagens, de diversos tipos, que valorizam o documento tanto gráfica quanto informativamente. Sendo assim, neste capítulo veremos como trabalhar com os recursos *Imagens e Imagens Online* do grupo Ilustrações.

Grupo Ilustrações (parte 1)

O Word proporciona, no grupo *Ilustrações* da guia *Inserir*, ferramentas para o uso de ilustrações e efeitos, que vão desde um ícone simples até imagens tridimensionais.

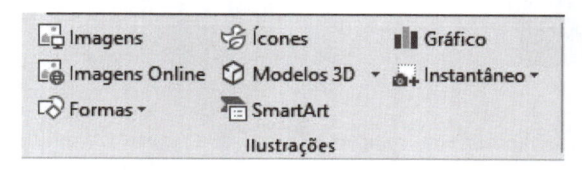

Imagens

1. Abra um novo arquivo e clique em *Imagens*. É aberta uma janela para localizar o arquivo desejado no HD do computador ou na rede. Escolha uma imagem da pasta *Amostra de Imagens* do Windows e clique em *Inserir*.

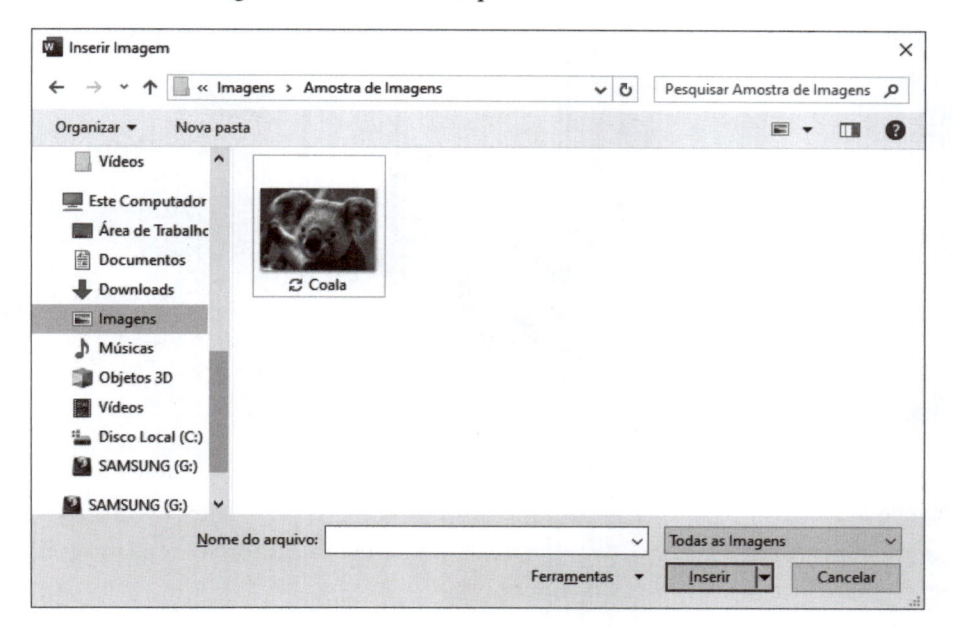

Guia Ferramentas de Imagem/Formatar

2. Com a imagem destacada, aparecem dois ícones nela, e é exibida a aba *Ferramentas de Imagem*, com a guia *Formatar*.

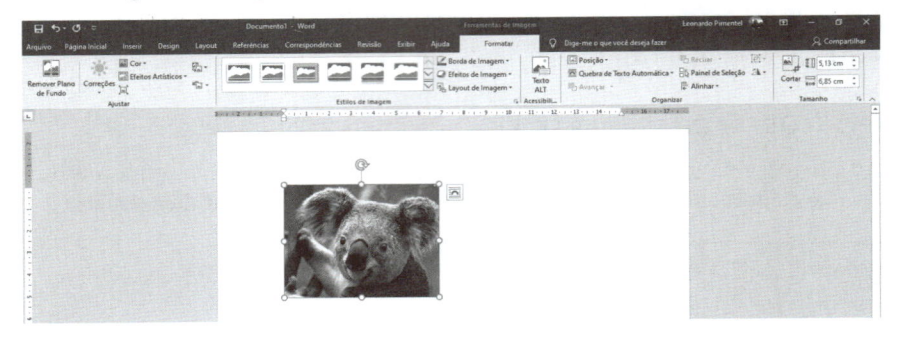

3. O ícone ao lado direito é o posicionamento em relação ao texto, que vamos ver daqui a pouco. Já o de cima, que parece um anzol, permite girar a imagem dentro do documento para todos os lados. Clique nele, mantenha o botão do mouse pressionado e gire até a posição desejada.

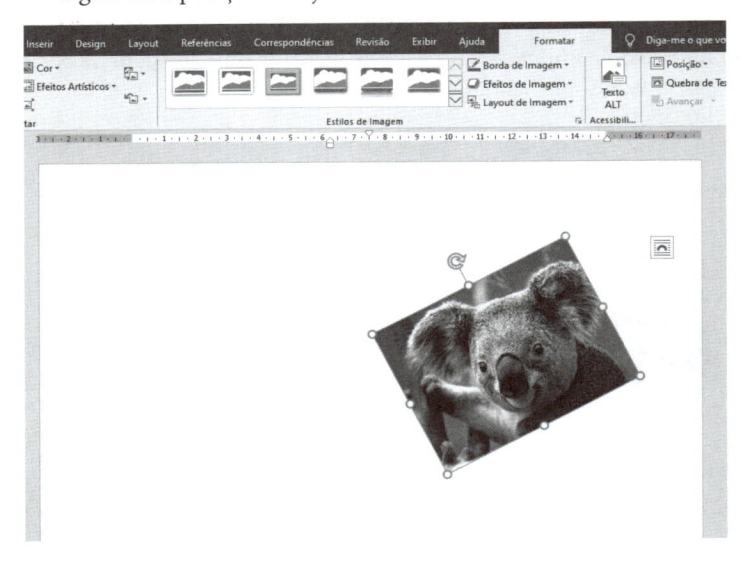

Grupo Ajustar

O primeiro grupo da guia *Formatar* é *Ajustar*, que permite fazer correções na imagem.

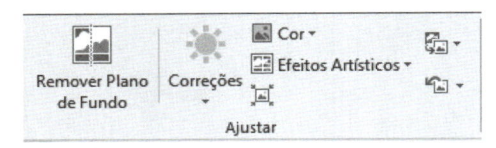

O Word não é um programa de edição de imagens profissional. Essas ferramentas servem para quebrar um galho. Se você precisa de edição mais profunda, use um programa específico para isso e depois insira a imagem editada no documento do Word.

4. O primeiro item é *Remover Plano de Fundo*, que retira elementos da imagem. Ao clicar, é aberta uma nova aba na qual o elemento em primeiro plano da imagem já estará destacado. A parte em rosa é o que será cortado.

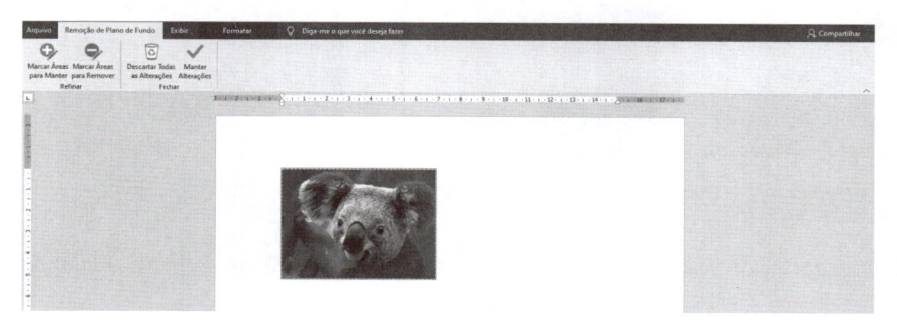

5. O corte não é preciso, mas podemos refiná-lo um pouco. Clique em *Marcar Áreas para Manter*, e o cursor vira um lápis. Mantendo o botão esquerdo pressionado, marque na parte rosa o que não quer cortar. A área marcada fica verde e, ao soltar o botão do mouse, fica com a cor original da imagem.

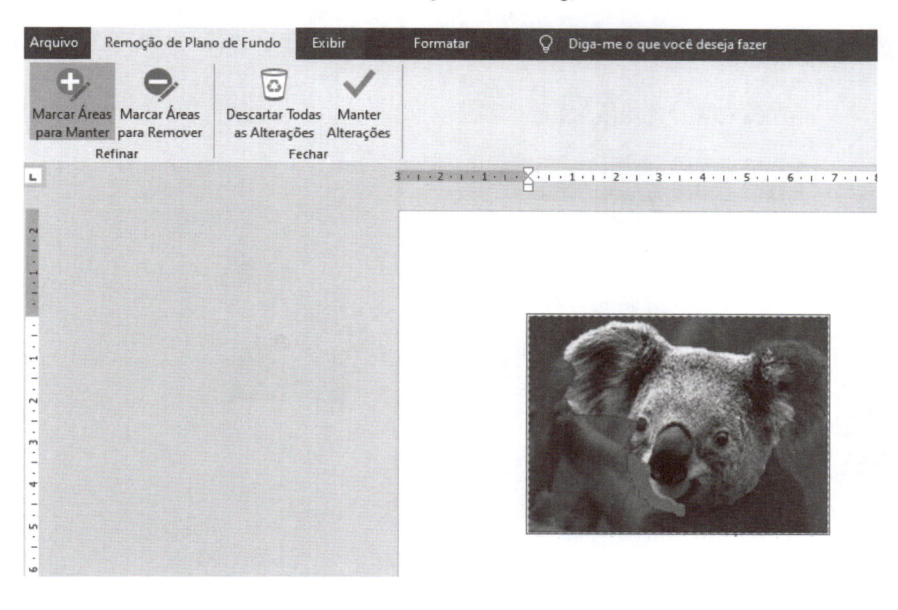

6. Inversamente, o botão *Marcar Áreas para Remover* permite marcar em vermelho os trechos da imagem que queremos remover. Faça algumas experimentações. O processo é o mesmo.

7. Clicando em *Descartar Todas as Alterações*, fechamos essa aba e voltamos para a guia *Formatar*. Porém, clique em *Manter Alterações* para ver o resultado final.

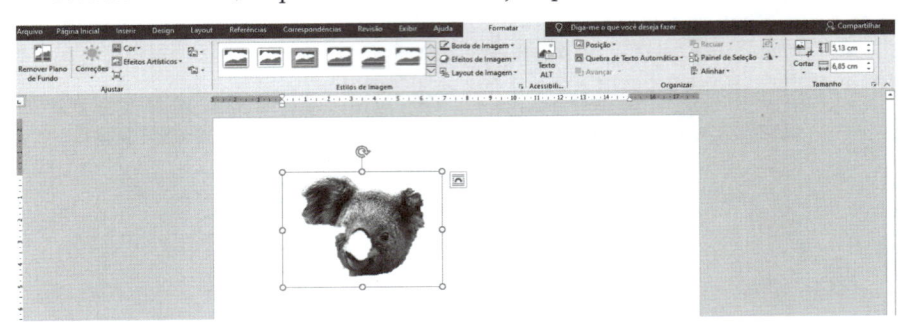

8. Se não gostar do resultado, clique em *Desfazer* para voltar à aba *Remover Plano de Fundo* e descartar as alterações.

9. O ícone seguinte é *Correções*, que abre uma lista de ajustes de nitidez e brilho/contraste. Conforme você passa o cursor pelas opções, vê o resultado na imagem, mas o efeito só será aplicado se você clicar.

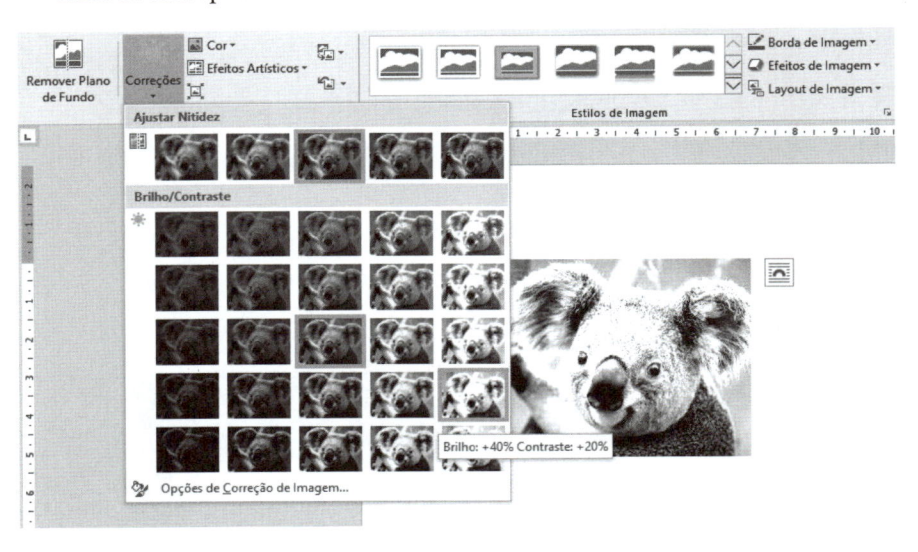

10. Se você clicar em *Opções de Correção de Imagem*, será aberta uma barra lateral fixa para ajustes mais finos de contrastes e outros elementos de formatação.

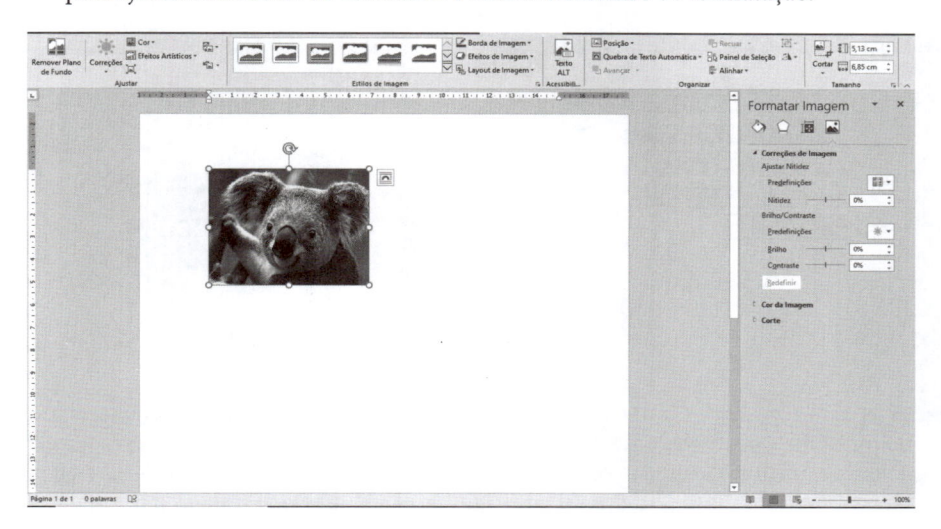

11. O ícone seguinte é *Cor*, onde podemos mudar a saturação da cor, o contraste entre as cores e aplicar um filtro colorido sobre a foto, deixando-a em tons de uma única cor.

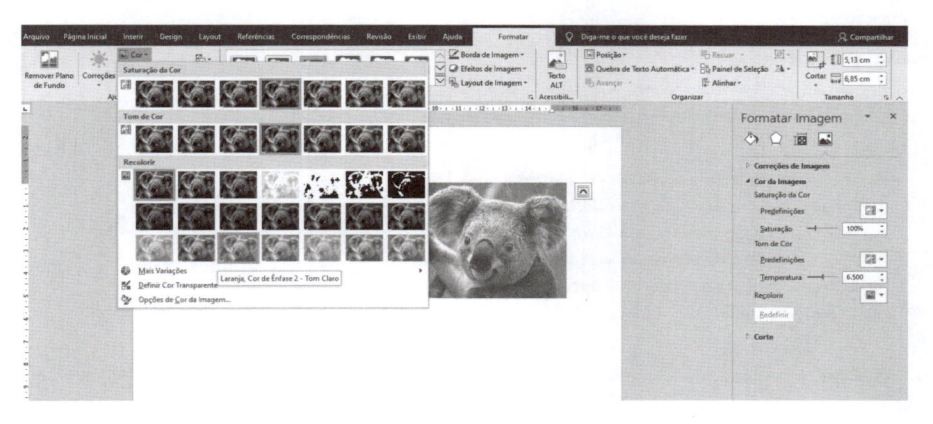

12. Se clicar na opção *Mais Variações*, será aberta uma paleta de cores.

13. O ícone seguinte é *Efeitos Artísticos*, que são filtros estilizados para aplicar sobre a imagem. Nesse caso, a barra lateral não oferece qualquer opção diferente ou ajuste fino.

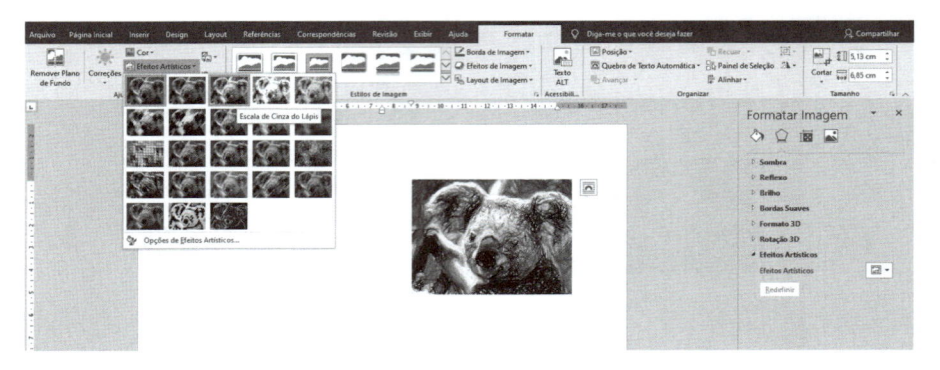

14. O recurso seguinte é *Compactar*, que ajusta a resolução da imagem, ou a quantidade de ppi (pixels por polegada). Quanto maior o número de pixels, maior a resolução e também maior o arquivo. Resoluções mais altas são boas para impressões e trabalhos gráficos profissionais. Porém, para publicação na internet e envio por e-mail, o ideal é reduzir essa resolução, daí a vantagem de compactar a imagem. Clicando no ícone, é aberta a seguinte caixa:

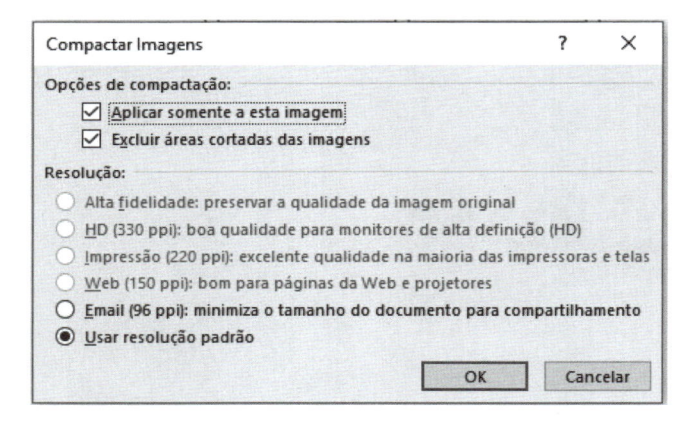

15. Neste caso, a imagem já está com uma resolução baixa, então temos apenas as opções para reduzi-la para o tamanho ideal de e-mail ou manter a resolução padrão. Quanto maior a resolução da imagem, mais opções são oferecidas. Depois de escolher a opção desejada, clique em *OK*.

16. Em seguida, temos a opção *Alterar Imagem*. Imagine que, no meio de seu trabalho, você achou uma imagem que se adéqua melhor do que a atual. Em vez de deletá-la, inserir a nova e rediagramar tudo, basta clicar em *Alterar Imagem* e selecionar a nova imagem, que vai entrar na mesma posição e nas dimensões da atual.

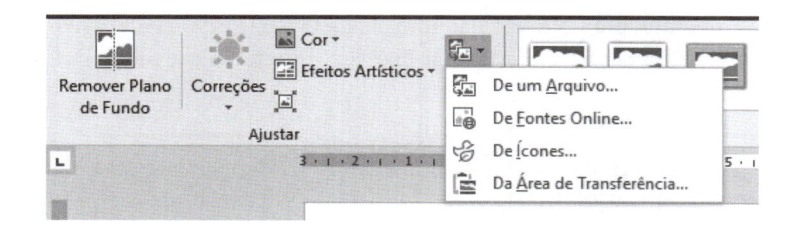

17. Se não gostar de nada do que foi feito, use o ícone *Redefinir Imagem*. A primeira opção apaga todos os efeitos aplicados à imagem selecionada. A segunda, além disso, devolve-a ao tamanho original.

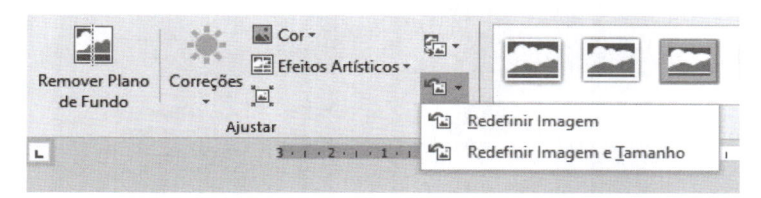

Grupo Estilos de Imagem

Podemos aplicar estilos e efeitos às imagens, incluindo sombras, espelhamentos e molduras, por meio do grupo *Estilos de Imagem*.

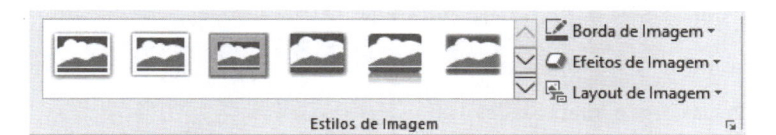

18. Os primeiros elementos desse grupo são as bordas predefinidas. São apresentadas seis opções de bordas, mas clicando nas setas à direita aparecem outras. Clique na seta de baixo para ver todas. Conforme passa o cursor, o efeito é visto sobre a foto.

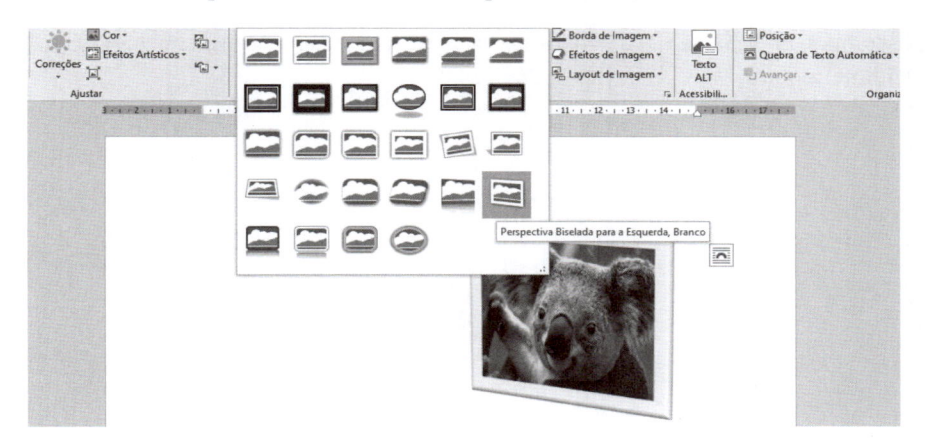

19. Escolha a segunda moldura, branca e sem nenhum efeito. O ícone *Borda de Imagem* permite alterar a cor, a espessura e o estilo da margem, ou criar uma moldura a partir do zero.

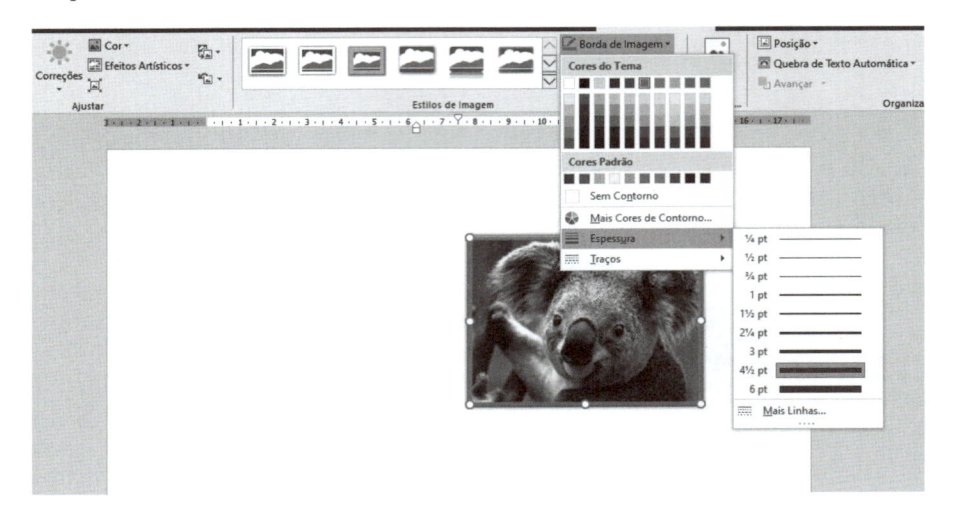

20. Em seguida, temos o recurso *Efeitos de Imagem*, que apresenta os seguintes efeitos:

- *Predefinição*: Com os efeitos mais usados.
- *Sombra*: Permite aplicar sombras internas e externas.
- *Reflexo*: Permite espelhar a imagem.
- *Brilho*: Com diversas cores e intensidades.
- *Bordas Suaves*: Que esmaece as bordas da imagem.
- *Bisel*: Confere uma tridimensionalidade de ladrilho à imagem.
- *Rotação 3D*: Cria uma ilusão de perspectiva.

21. Escolha a *Predefinição 10*. Repare que a barra lateral tem um menu para efeito tridimensional.

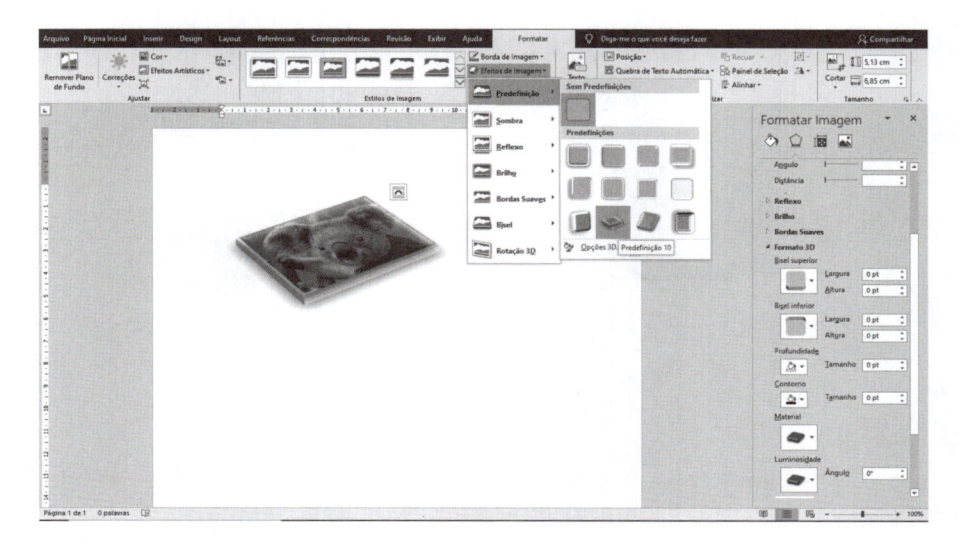

22. O último estilo é *Layout de Imagem*, que permite transformar a ilustração em um gráfico SmartArt (vamos ver mais sobre eles daqui a pouco), contendo textos e outras fotos selecionadas.

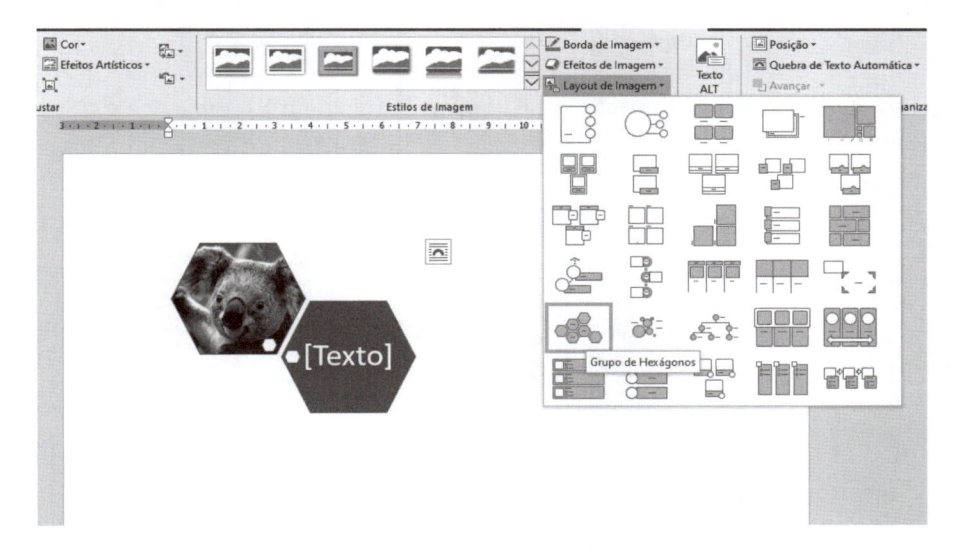

Grupo Acessibilidade

23. Este grupo possui apenas uma ferramenta: *Texto ALT*, que permite inserir uma descrição da imagem. Funciona tanto como legenda (como veremos na parte de diagramação) quanto como auxílio para deficientes visuais que usam programas de leitura de texto. Você pode digitar a própria descrição, ou deixar que o Word gere automaticamente uma descrição.

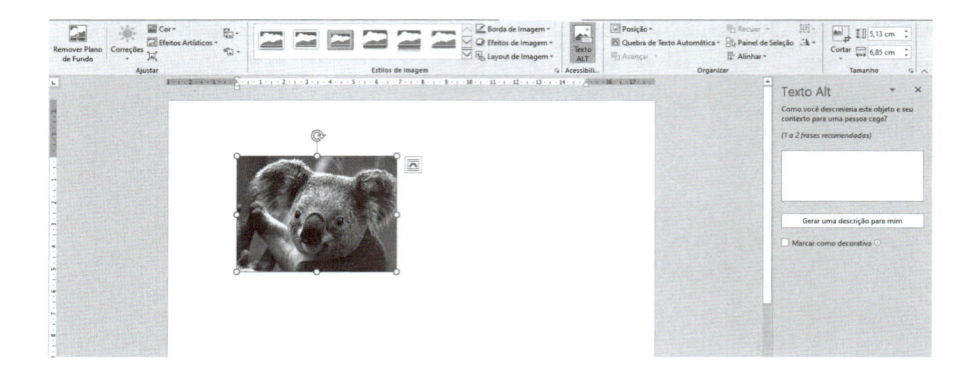

Grupo Organizar

Dando os primeiros passos na diagramação, o grupo seguinte, *Organizar*, permite posicionar a imagem em relação aos demais elementos.

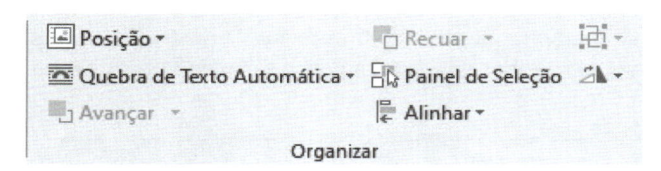

24. Para mostrar o funcionamento desse campo, abra o arquivo *Casmurro 3* e insira novamente uma imagem da pasta *Amostra de Imagens* do *Windows*.

25. O primeiro ícone do grupo *Organizar* é o comando *Posição*, que permite escolher em que ponto da página a imagem vai ficar.

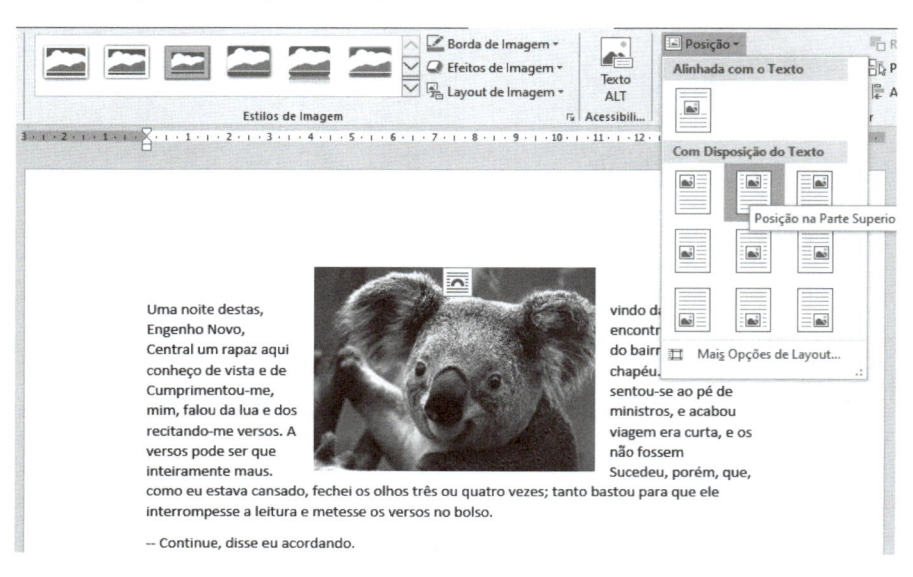

> A posição da foto na imagem acima é a menos indicada, pois a linha do texto continua após a imagem, o que confunde a leitura. Só coloque a ilustração numa posição assim quando usar colunas de texto, como vamos ver mais adiante.

26. Em seguida, temos a *Quebra de Texto Automática*, que também pode ser aberta clicando no ícone que lembra um U invertido cercado de linhas que aparece ao lado da imagem.

> Repare que aparece uma âncora ao lado da imagem quando usamos a *Quebra de Texto Automática*, significando que a ilustração está presa ao texto.

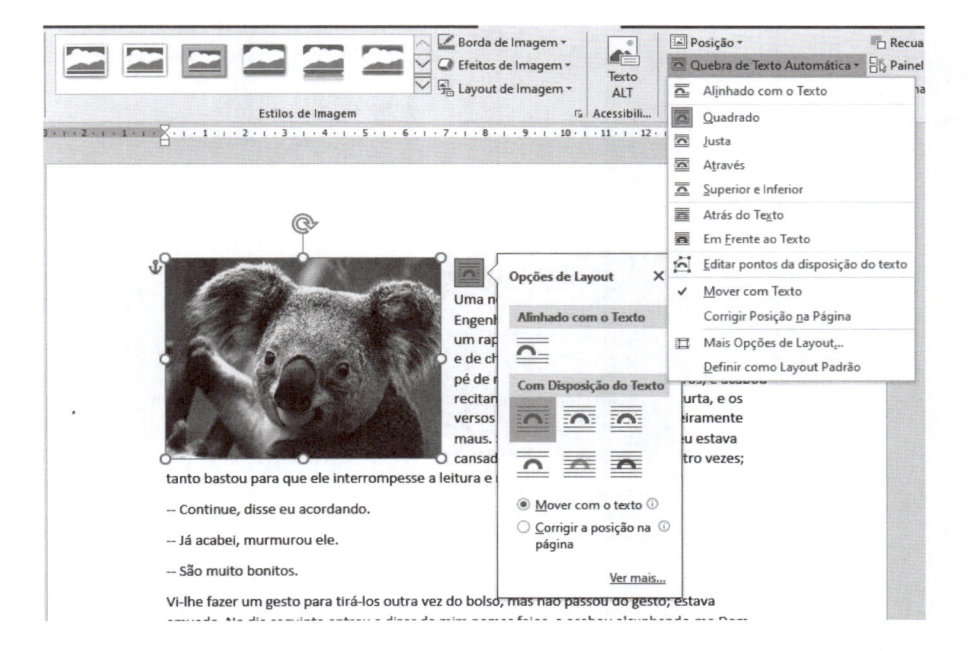

A *Quebra de Texto Automática* apresenta as seguintes opções de layout:

- *Alinhado com o Texto*: A imagem funciona como se fosse uma letra, de modo que o texto não a contorna. Se a imagem estiver no início de um parágrafo, a primeira linha de texto começa ao pé dela.

- *Quadrado*: Cria uma caixa invisível em volta da foto, deixando o texto alinhado em torno dela.

- *Justa*: Elimina a caixa e alinha o texto a uma distância definível da imagem, contornando-a.

- *Através*: Além de contornar, faz com que o texto ocupe espaços vagos dentro da imagem, caso haja algum.
- *Superior e Inferior*: Alinha a imagem com o início ou o fim do texto, de acordo com a disposição na página.
- *Atrás do Texto* e *Em Frente ao Texto*: São opções de diagramação avançada, pois o texto se sobrepõe à imagem ou é ocultado por ela, o que exige ajustes para a legibilidade.
- *Editar pontos da disposição do texto*: Mostra o contorno da foto e pontos-guia que você pode arrastar para diminuir ou aumentar esse contorno, fazendo com que o texto avance ou recue. Se clicar na linha vermelha, você cria um novo ponto-guia.

27. Para demonstrar as próximas duas ferramentas, acrescente outra imagem ao documento. Neste caso, *Tulipas Amarelas*. Coloque essa foto sobre a do coala.

28. Com a imagem do coala selecionada, clique em *Avançar*, o que fará com que ela passe para a frente à das tulipas. Se houvesse outras fotos por cima e você quisesse que o coala ficasse em primeiro plano, bastaria clicar em *Trazer para a Frente*.

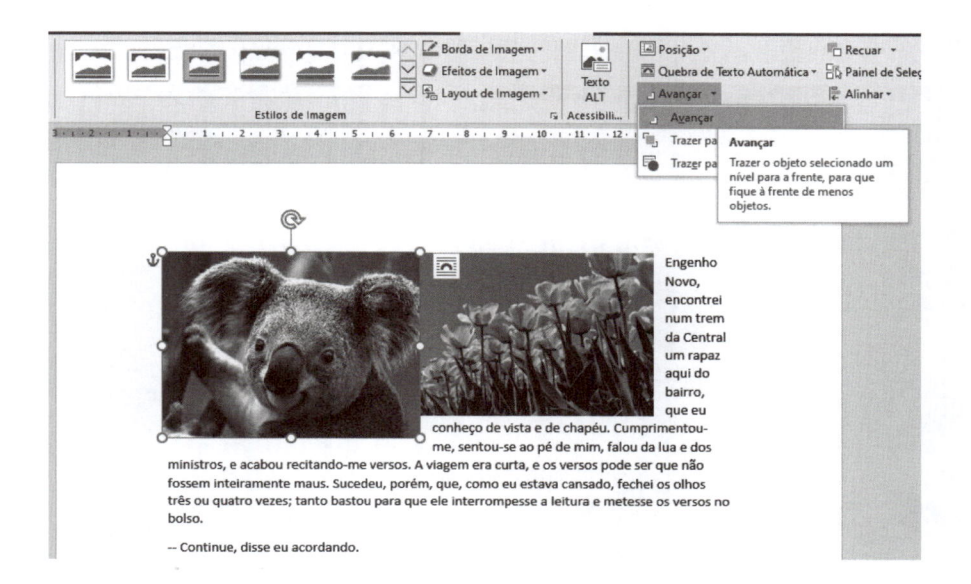

29. Recuar faz o inverso: leva o elemento destacado para trás do próximo objeto, e *Enviar para o Fundo* o leva ao último plano.

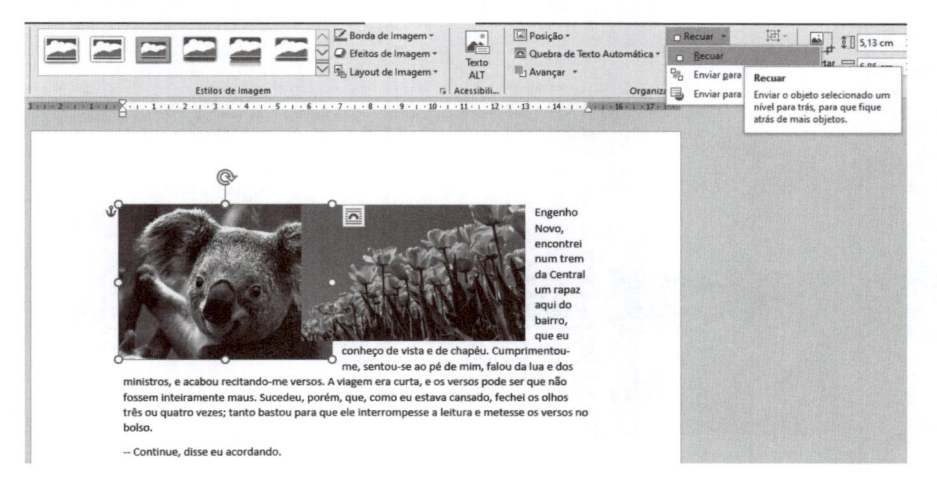

30. *Painel de Seleção* abre uma aba lateral fixa para o gerenciamento das fotos.

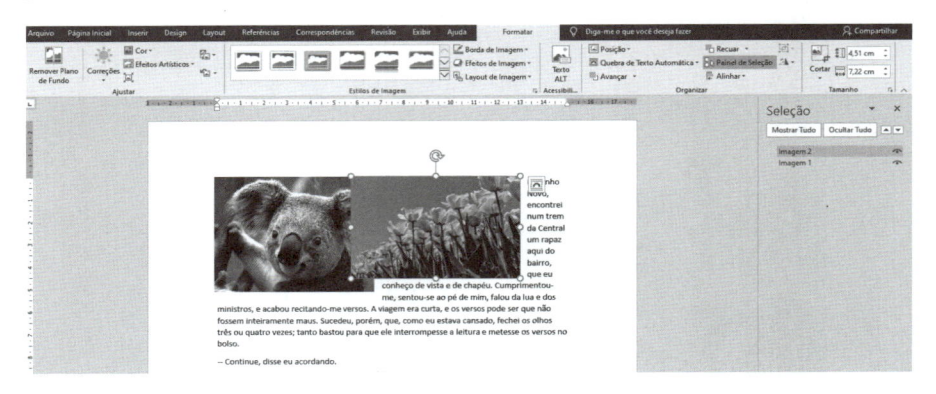

> Podemos ocultar uma imagem (ou todas elas) clicando no olho que aparece à direita da identificação da foto.

31. A ferramenta *Alinhar* faz o alinhamento da imagem em relação ao documento (se apenas uma imagem estiver selecionada), ou em relação a outra imagem (caso duas estejam selecionadas).

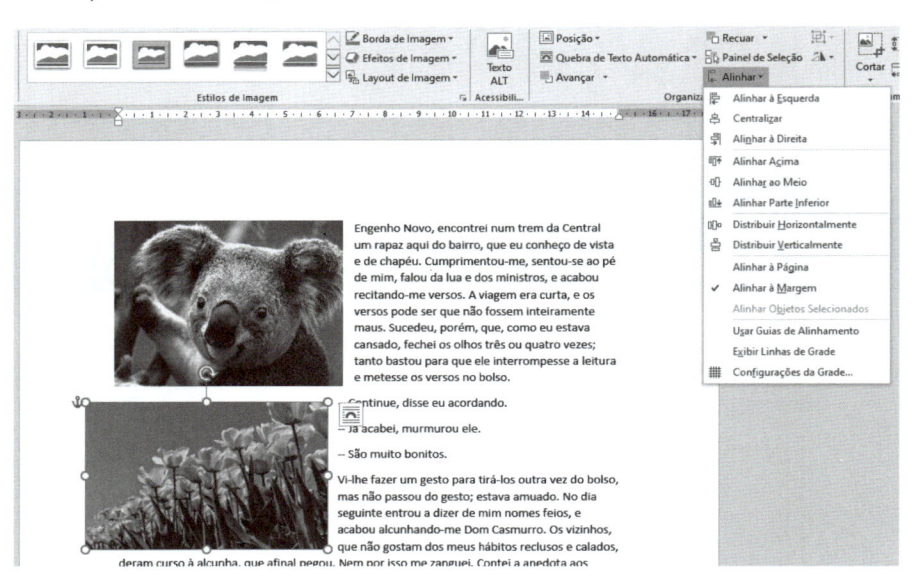

32. Na imagem anterior, como apenas as tulipas estão selecionadas, aparece marcado *Alinhar à Margem*. Se selecionar também o coala, será habilitada a opção *Alinhar Objetos Selecionados*.

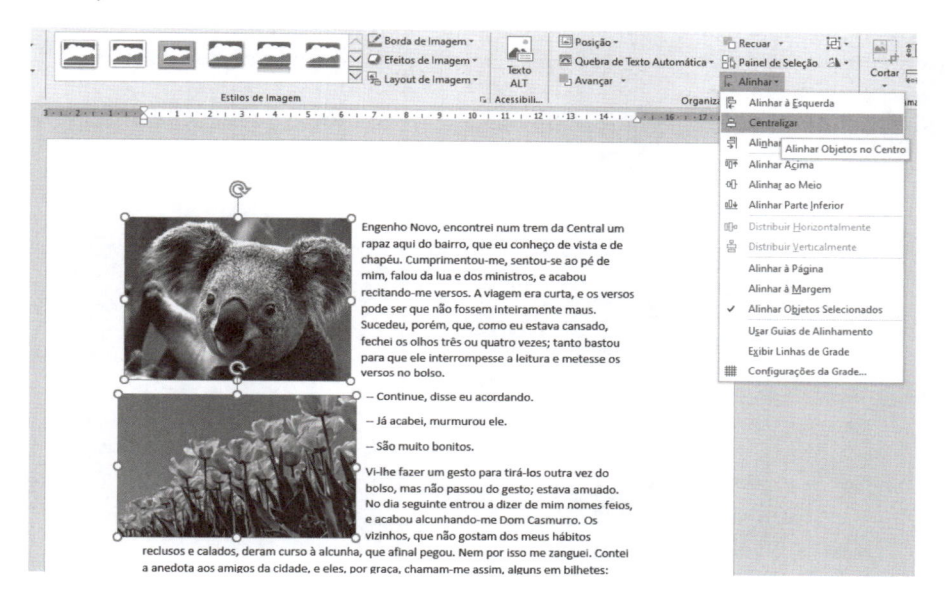

33. Para facilitar o trabalho de alinhamento, a opção *Exibir Linhas de Grade* exibe as linhas de guia da página.

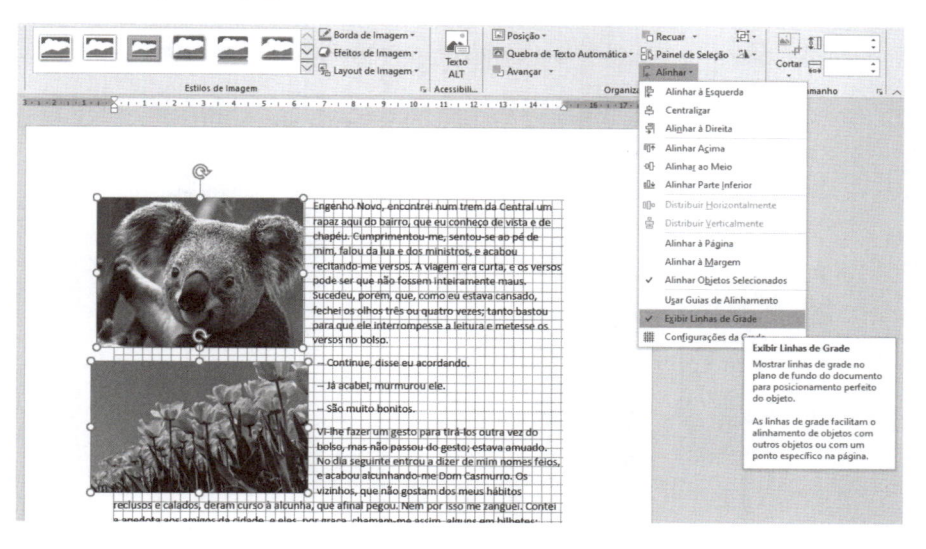

34. Com duas imagens destacadas, fica habilitado o ícone *Agrupar Objetos*, que transforma os elementos selecionados em um só. As imagens continuam aparecendo separadas, mas agora estão em uma única caixa, de forma que o alinhamento e todos os efeitos são aplicados automaticamente a ambas.

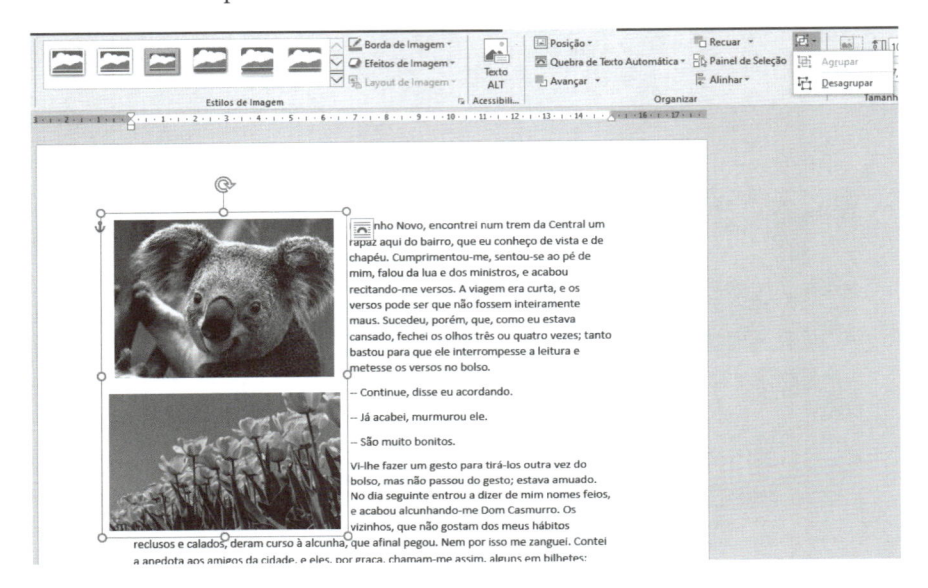

35. Para desfazer, basta clicar em *Desagrupar*.

36. A última ferramenta de organização se chama *Girar Objeto*, que gira a imagem selecionada 90° para a direita ou para a esquerda, ou a inverte na horizontal e na vertical.

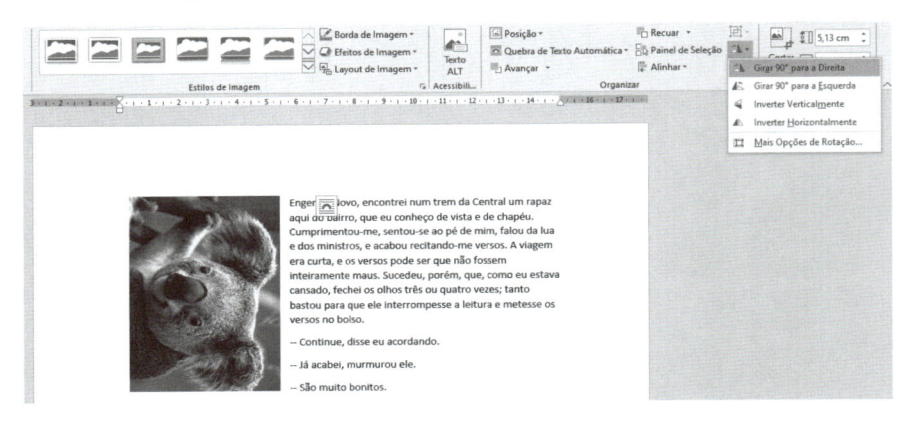

37. Para girar a imagem em ângulos diferentes desses, clique em *Mais Opções de Rotação*. Será aberta a tela *Layout*, que permite determinar quantos graus se quer girar a imagem.

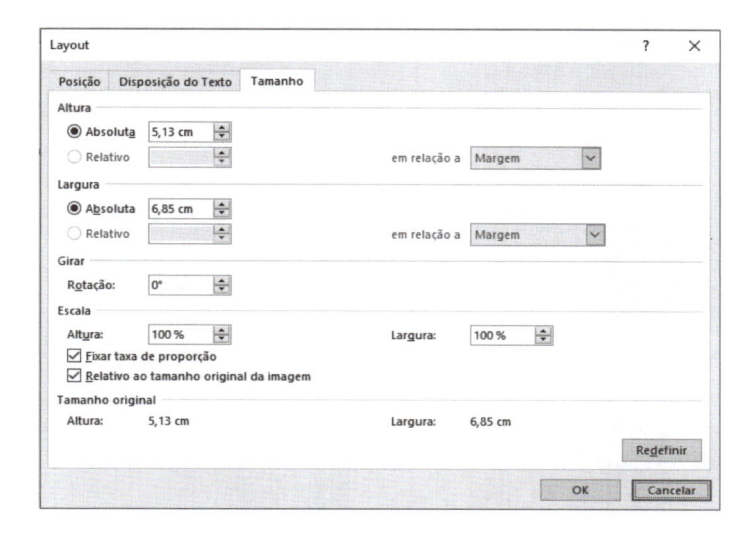

Grupo Tamanho

O último grupo dessa longa aba é *Tamanho*.

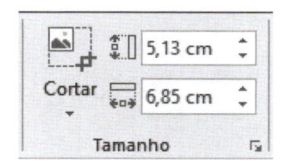

38. Ao clicar no ícone *Cortar* e na opção *Cortar*, aparecem guias nos cantos e nas laterais da imagem.

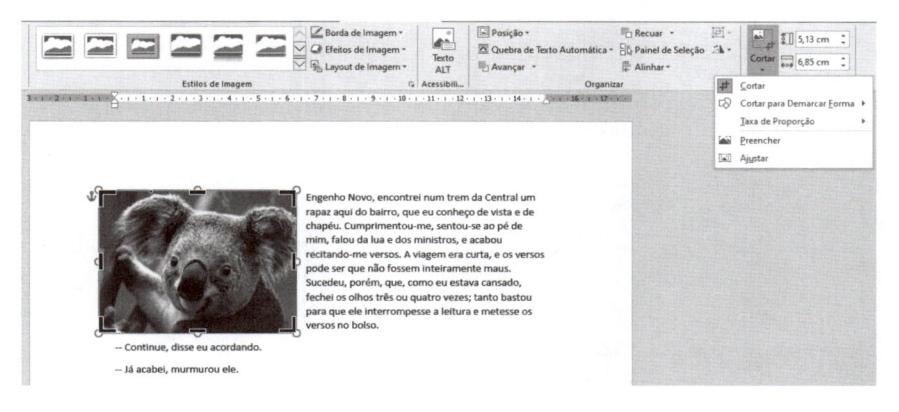

39. Clique numa dessas guias com o botão esquerdo do mouse, mantenha-o pressionado e arraste a guia para o ponto que deseja cortar.

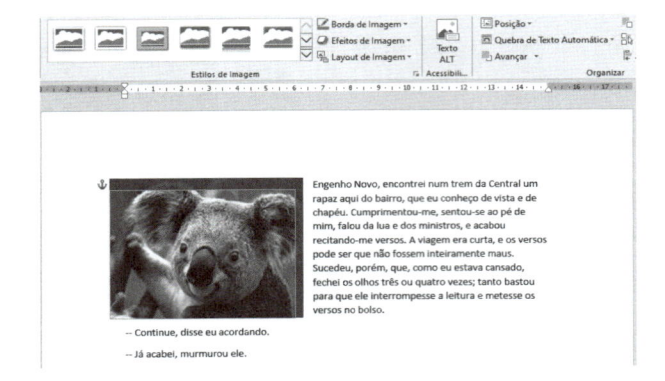

40. Em *Cortar para Demarcar Forma*, é possível cortar a foto para que ela se encaixe em uma determinada forma geométrica, escolhida em um menu. Porém, a proporção é prejudicada.

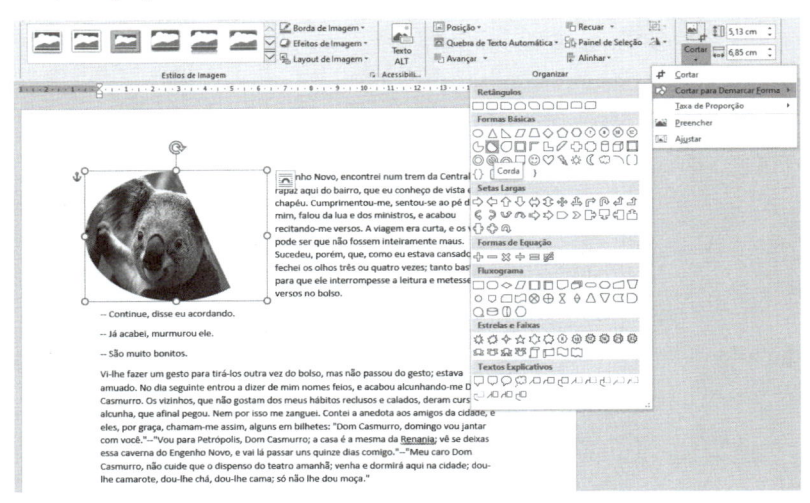

41. Falando em proporção, um recurso muito útil no ícone *Cortar* é a opção *Taxa de Proporção*.

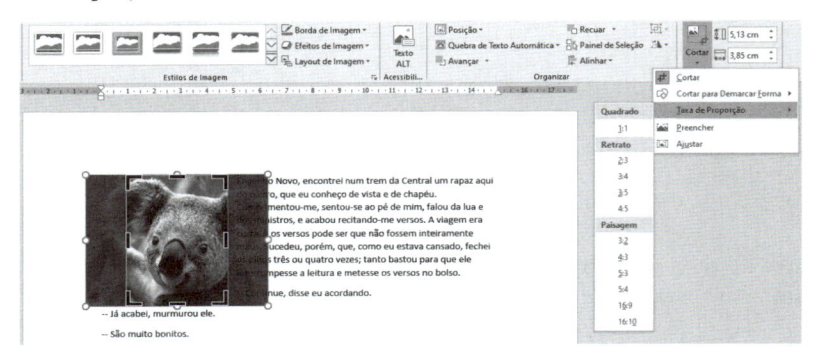

42. O recurso *Preencher* abre na foto dois tipos de guias. Uma é a que vimos até agora, com retângulos e quinas pretos. A outra são círculos.

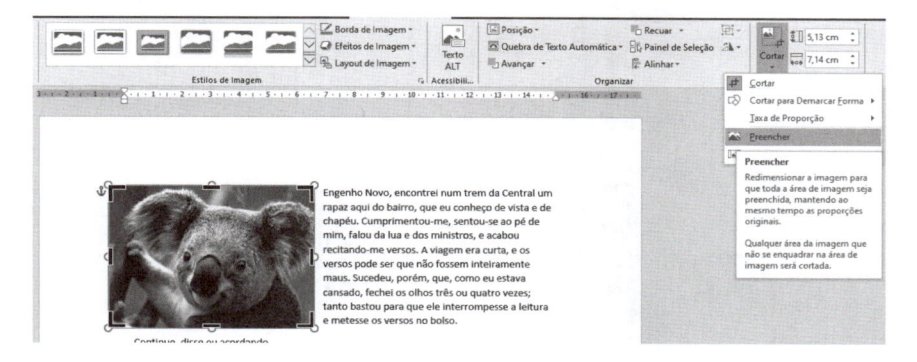

43. Clique no retângulo e arraste-o para aumentar ou diminuir o espaço da foto na página. Repare que o texto se adequa ao novo formato da imagem.

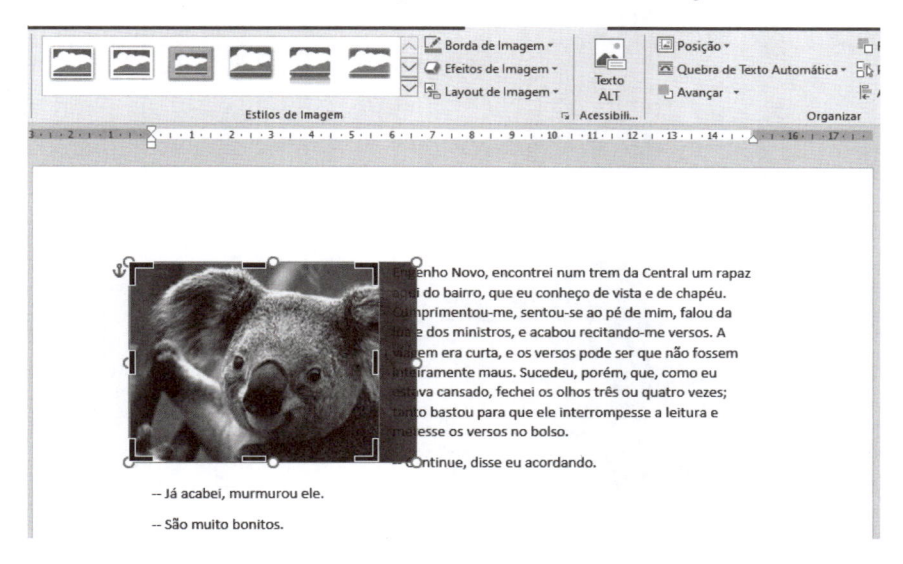

44. Clique e arraste o círculo para mover a foto dentro ou fora do novo espaço, sem cortá-la. Isso, porém, afeta a proporção.

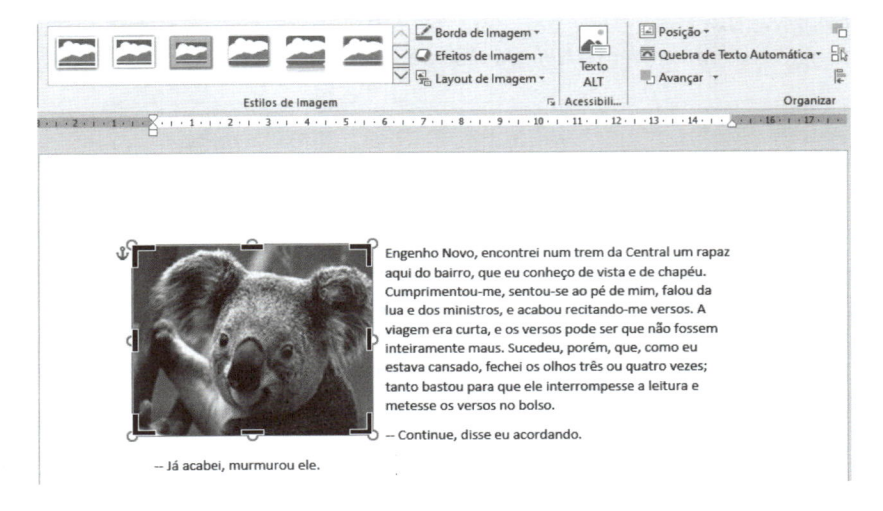

45. Para tornar a imagem proporcional dentro do novo espaço, clique no último recurso de *Cortar*, que se chama *Ajustar*.

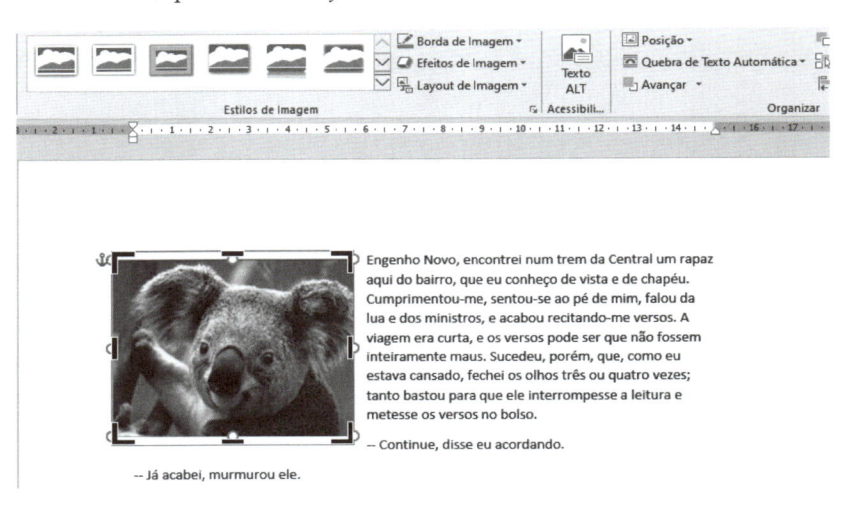

46. Por fim, também é possível alterar o tamanho da imagem nas caixas de altura e largura. Você pode clicar nas setas para aumentar ou diminuir o tamanho, ou ainda escrever um valor e clicar em *Enter*. Como a proporção será mantida, quando você aumentar ou diminuir a altura, aumentará ou diminuirá a largura na mesma ordem.

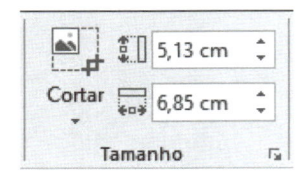

Imagens Online

O próximo tipo de imagem disponível no grupo *Ilustrações* da guia *Inserir* é *Imagens Online*. A diferença é que, em vez de buscar uma imagem dentro do HD ou em sua rede, você vai encontrá-la na internet.

47. Clique em *Imagens Online* para abrir a tela de buscas, que usa a plataforma Bing, da própria Microsoft.

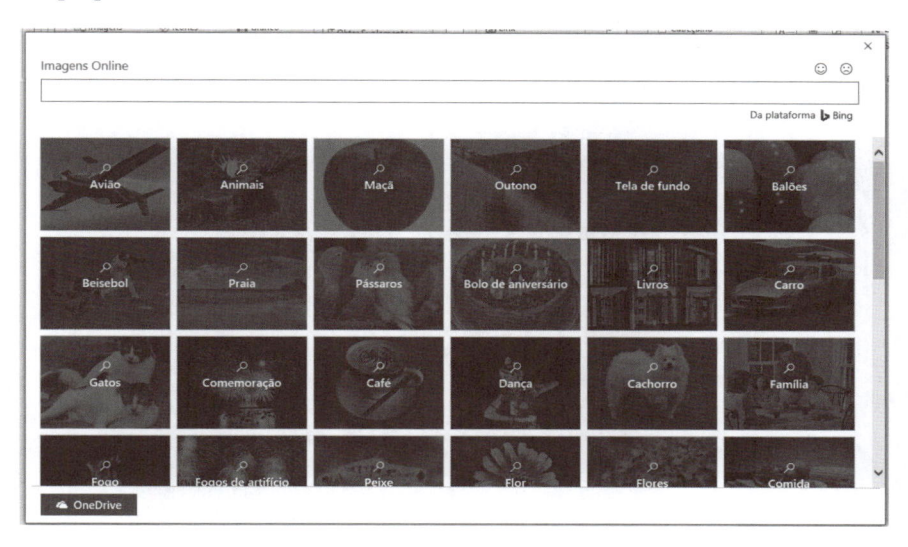

48. O programa apresenta uma ampla gama de categorias. Clique em *Gatos*, escolha uma foto e clique em *Inserir*.

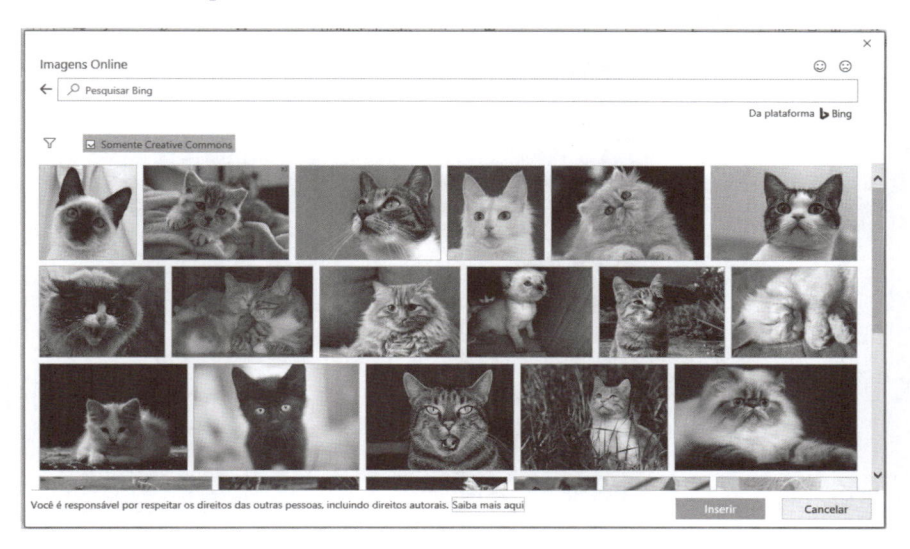

> Por padrão, o Bing vai buscar imagens registradas como Creative Commons, ou seja, de uso livre com o devido crédito, quando houver o nome do autor. Você pode desmarcar essa opção e buscar qualquer imagem, mas será sua responsabilidade se houver direitos sobre a ilustração.

49. Você também pode fazer uma busca específica, caso não encontre na lista uma imagem ou tema de seu interesse. Pesquise, por exemplo, *Armas Medievais*.

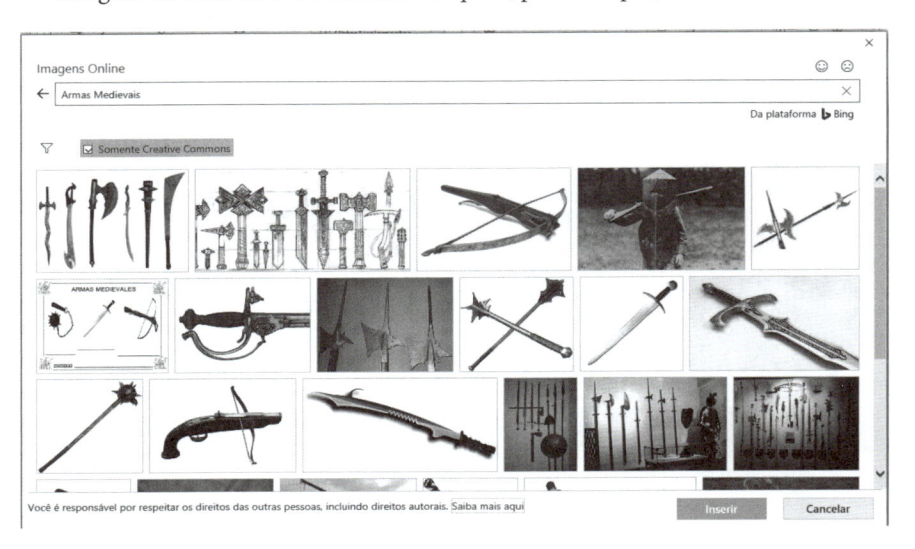

Depois de inserir a imagem ao texto, o procedimento de formatação é exatamente igual ao de uma imagem selecionada do seu HD.

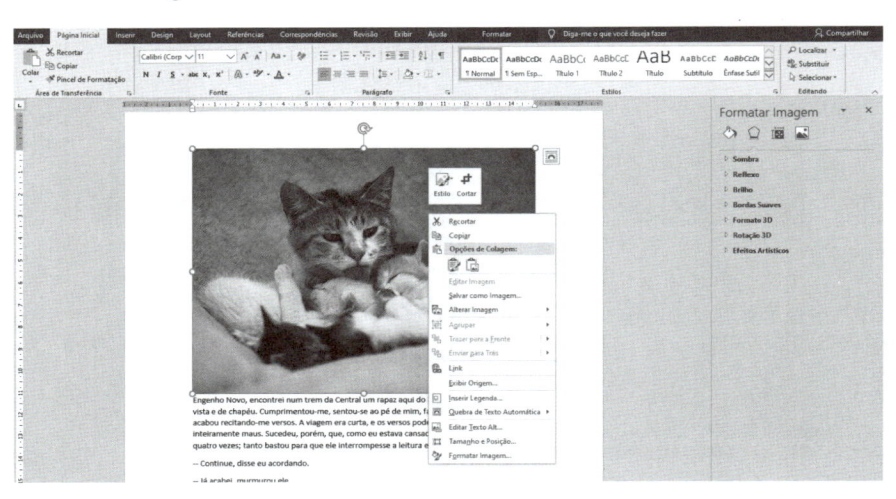

A imagem está em seu documento, mas não está salva no seu HD. Para salvá-la, caso queira usá-la novamente, clique com o botão direito do mouse sobre ela. Será aberto um menu com a opção *Salvar como Imagem*. Esse menu é comum para todas as imagens e traz acesso rápido à maioria dos recursos de formatação.

Exercícios

1. Crie um documento em branco e insira uma imagem de seu computador.
2. Use *Remover Plano de Fundo* para excluir uma parte da imagem, fazendo ajustes diferentes do corte proposto pelo programa.
3. Mude o contraste e o brilho da imagem.
4. Aplique um filtro de cor sobre a imagem.
5. Aplique um efeito artístico.
6. Use *Redefinir Imagem* para desfazer todas as alterações.
7. Escolha uma moldura para a imagem.
8. Insira outra imagem no documento e crie uma borda do zero.
9. Aplique efeitos diferentes a cada imagem.
10. Selecione as duas imagens (clique na primeira, mantenha *Ctrl* pressionado e clique na segunda) e aplique um layout às duas.
11. Abra um documento com texto e insira duas imagens.
12. Posicione as imagens em locais diferentes do texto.
13. Recorte uma das fotos para que ela fique irregular.
14. Determine o alinhamento *Quadrado* para a foto não editada e *Justa* para a editada.
15. Gire uma das fotos *90°* para a direita.
16. Corte uma imagem para caber na forma geométrica *Seta*.
17. Em outra imagem, use o ajuste de proporção para cortá-la no formato *Paisagem 5:3*.
18. Altere o tamanho da imagem usando as caixas de altura e largura.

Anotações

7

Trabalhando com desenhos e modelos 3D

OBJETIVOS

» Inserir formas
» Inserir ícones
» Inserir modelos 3D

Guia *Inserir* (parte 3)

No capítulo anterior, vimos como inserir imagens e formatá-las de modo que contribuam para a melhor organização do documento. Neste capítulo, veremos como trabalhar com outros tipos de ilustração: os desenhos e os modelos tridimensionais, por meio dos recursos *Formas*, Ícones e *Modelos 3D* do grupo *Ilustrações*.

GRUPO ILUSTRAÇÕES (PARTE 2)

Dando continuidade aos elementos que podem ser inseridos pelo grupo *Ilustrações*, vamos agora ver os recursos *Formas*, Ícones e *Modelos 3D*.

Formas

Este recurso permite incluir formas geométricas no documento.

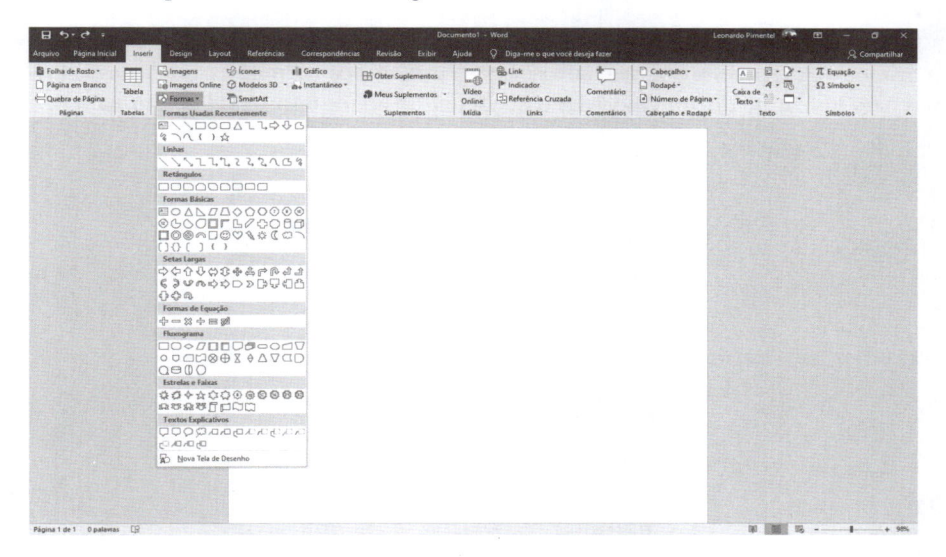

Guia Ferramentas de Desenho/Formatar

1. Abra o arquivo *Casmurro 4* (apenas para ver como trabalhar com as formas em um arquivo com texto) e escolha a forma de um raio. O cursor vira uma ferramenta de desenho. Clique e arraste para traçar o raio na tela. Ao fazer isso, surge a nova aba *Ferramenta de Desenho*, e abaixo dela a guia *Formatar*.

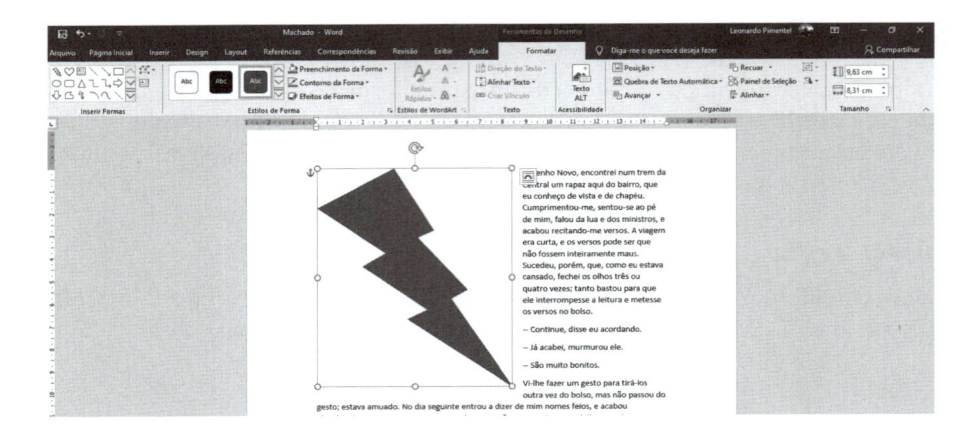

Grupo Inserir Formas

O primeiro grupo dessa aba se chama *Inserir Formas*, que permite escolher novas formas para inserir no documento. Mas o que interessa aqui é o ícone *Editar Forma*.

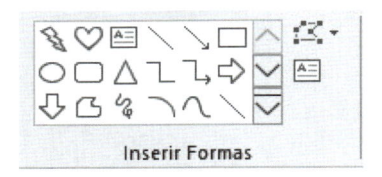

2. Com o raio selecionado, clique em *Editar Forma* para abrir um menu:

3. O primeiro item, *Alterar Forma*, abre uma lista e permite substituir a forma inserida por outra. Escolha a opção *Smiley* e veja que o raio é substituído.

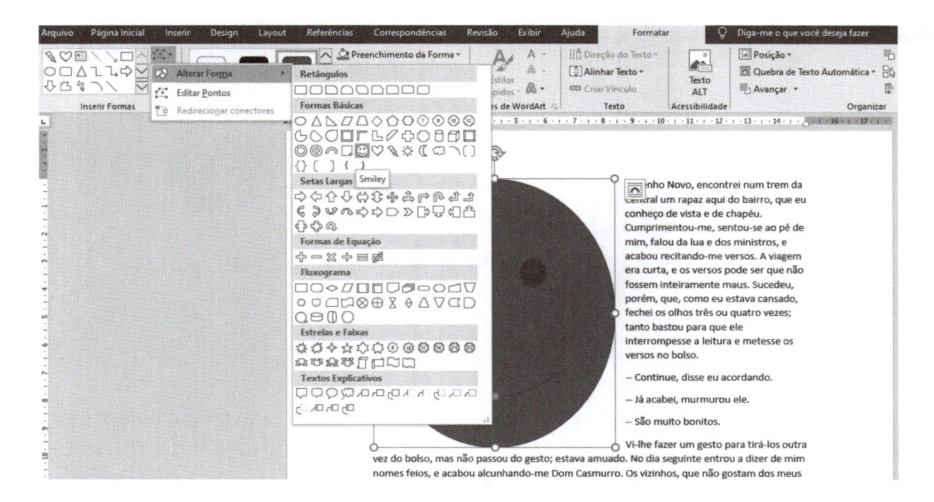

4. Pressione *Ctrl + Z* para desfazer a alteração e voltar para o raio, porque o próximo recurso é mais facilmente demonstrável com ele. Trata-se de *Editar Pontos*.

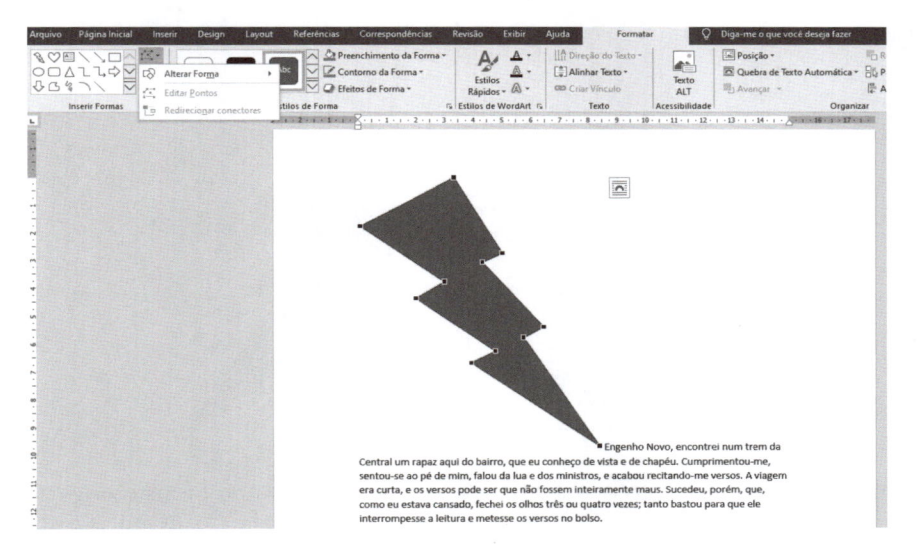

5. O raio agora tem o perímetro destacado e pontos de guia em seus cantos. Podemos arrastar esses pontos para mudar a forma, e ainda criar novos pontos no perímetro. Clique sobre um dos pontos pretos e arraste-o para ver como funciona.

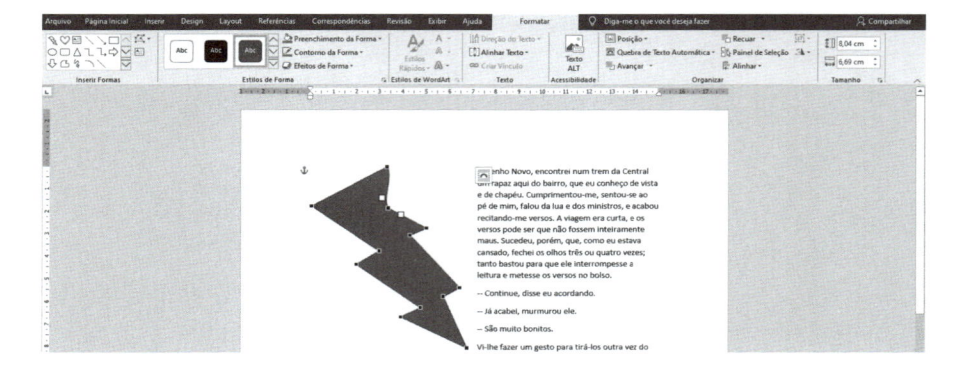

6. O terceiro ícone desse grupo é *Inserir Caixa de Texto*. Clique nele, arraste o cursor dentro da forma e solte. Será criada uma caixa de texto, e você pode digitar dentro dela.

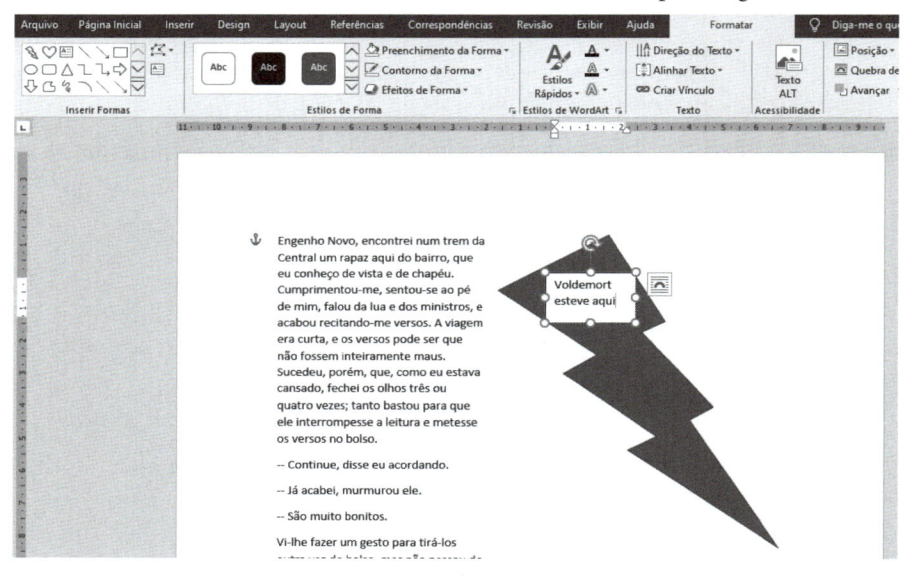

7. Antes de prosseguir, desfaça as alterações para deixar o raio no formato original novamente.

Grupo Estilos de Forma

Passemos então ao grupo *Estilos de Forma*.

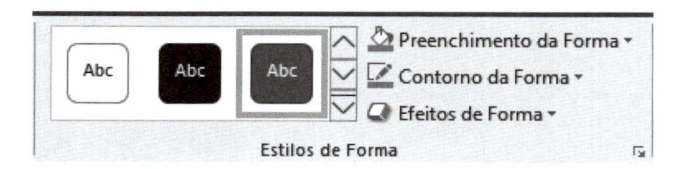

8. Primeiro, temos uma lista predefinida de estilos que podemos aplicar à forma. Como nas molduras das fotos, as setas indicam um menu maior. Abra o menu e passe o cursor sobre as opções para ver como o raio muda.

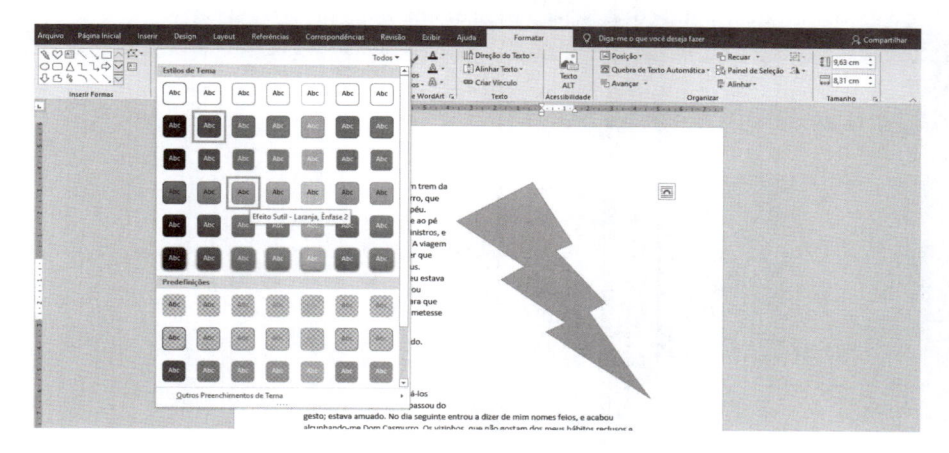

9. É possível escolher tanto a cor da forma quanto do texto inserido nela. Mas não precisamos ficar presos aos estilos predefinidos. Os comandos ao lado da lista permitem fazer alterações, começando com o *Preenchimento da Forma*.

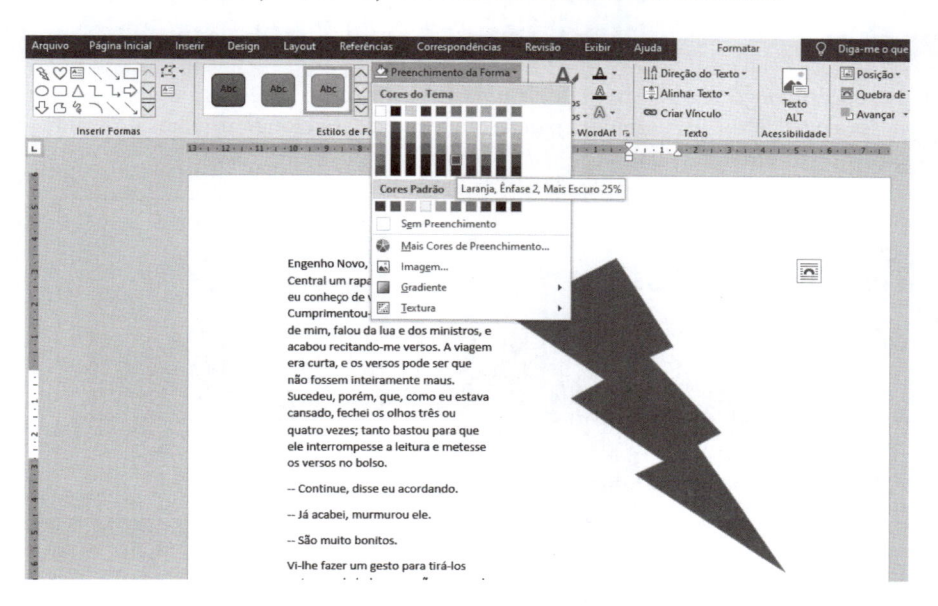

Trabalhando com desenhos e modelos 3D – 169

10. Podemos escolher dentre as *Cores do Tema*, as *Cores Padrão* ou mesmo *Sem Preenchimento*, que deixa o raio branco, só com a borda colorida. Clique na opção *Mais Cores de Preenchimento*. Na janela que se abre, basta mover o cursor dentro do gradiente até achar a cor desejada e clicar em *OK*.

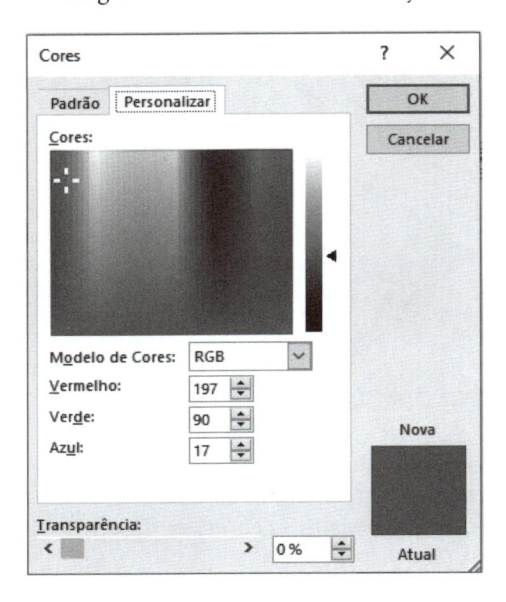

11. Na opção *Imagem*, é possível inserir uma imagem como preenchimento. Ao clicar nessa opção, é aberta a seguinte janela, que permite selecionar arquivos do computador, da internet, ou ícones:

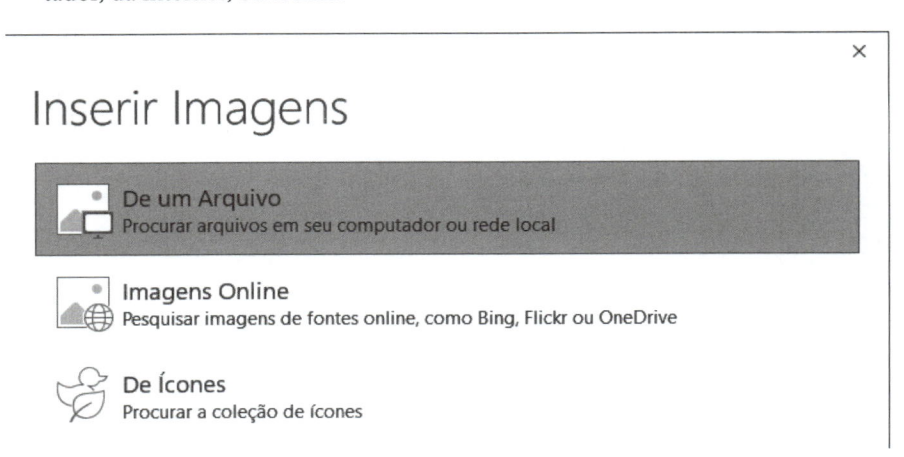

12. Clique em *Imagens Online*, que nos leva à tela do Bing que já vimos antes.

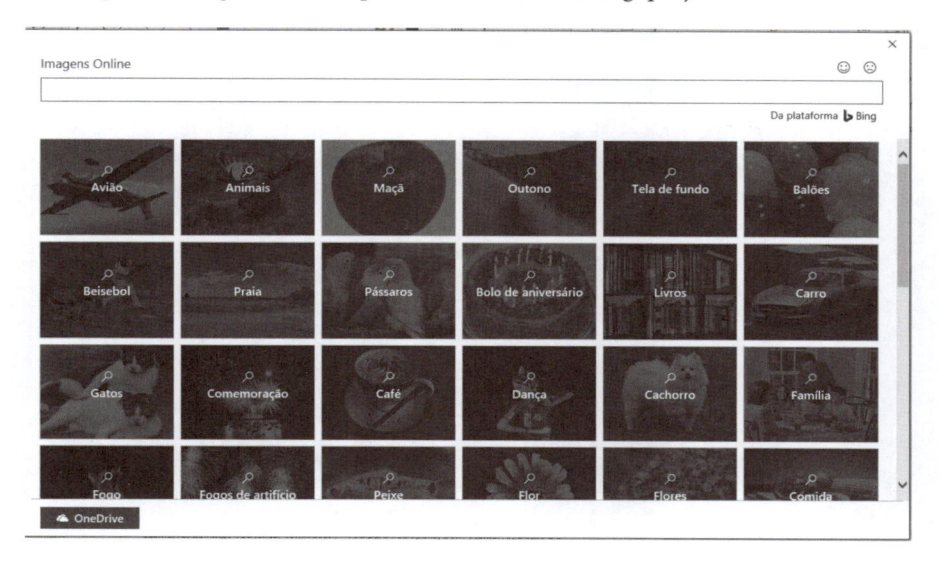

13. Clique na opção *Tela de fundo* e escolha a imagem de sua preferência.

Veja o resultado:

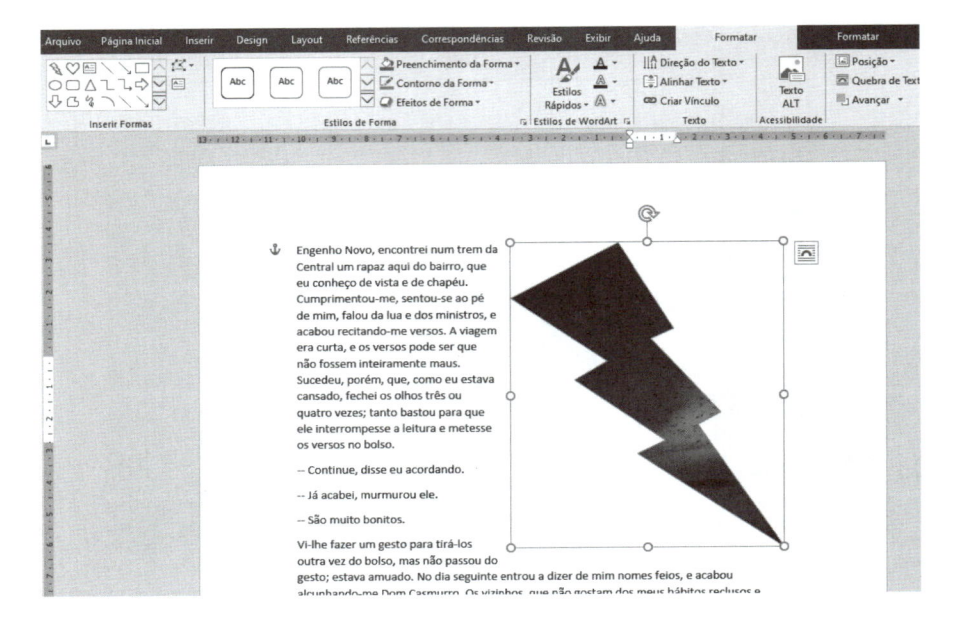

14. A opção seguinte de *Preenchimento* é *Gradiente*, que permite escolher padrões com mudança gradativa de cores.

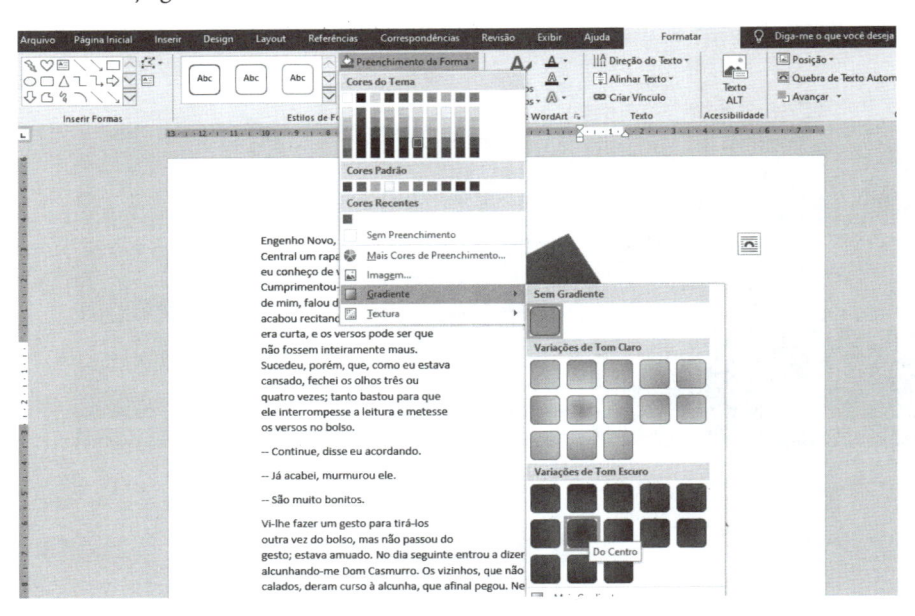

15. A opção seguinte é *Textura*, que permite escolher padrões que imitam diversos tipos de materiais:

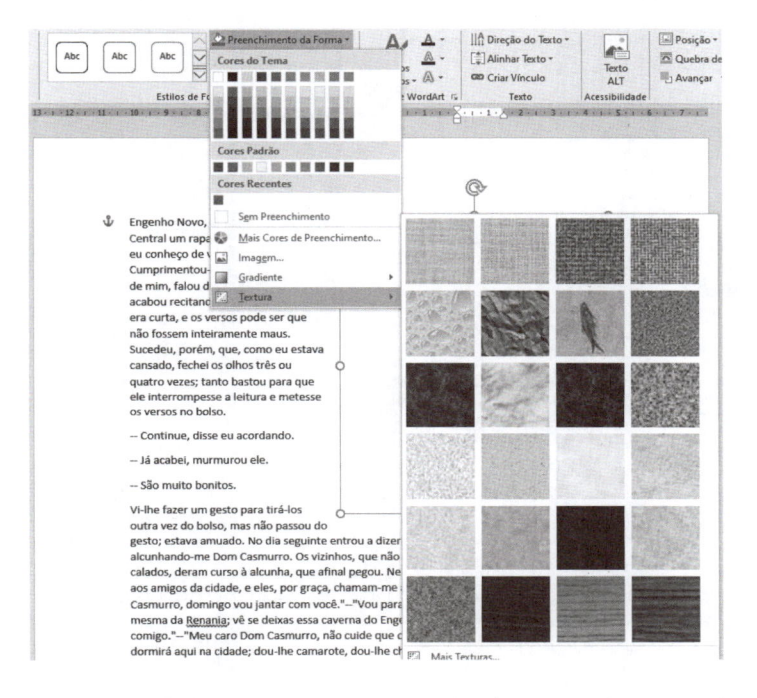

16. A próxima ferramenta do grupo *Estilos de Forma* é *Contorno da Forma*, que permite editar a linha que circunda a forma.

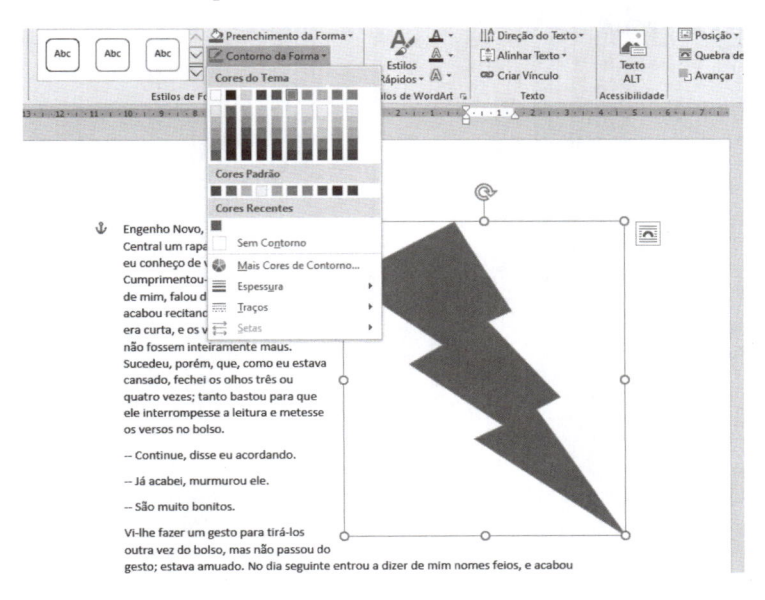

17. A parte de cores é exatamente igual à do preenchimento, mas temos também como alterar a *Espessura* do contorno.

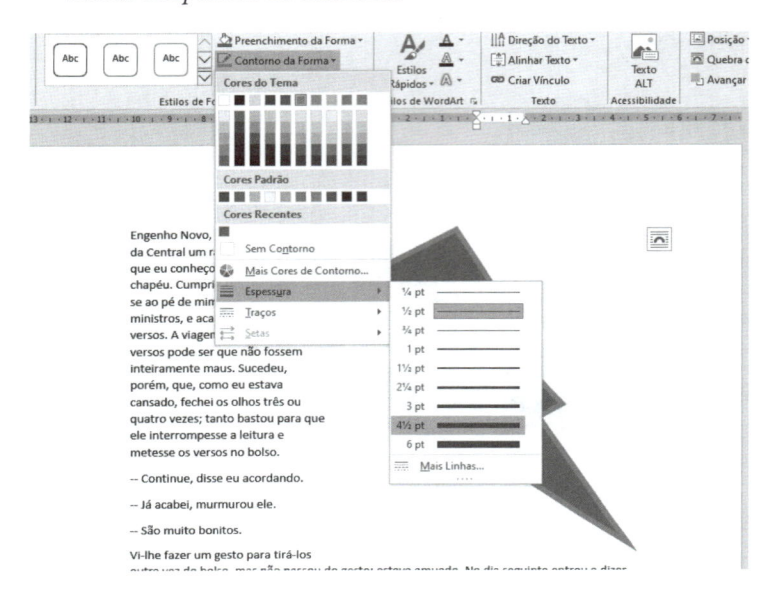

18. A próxima opção permite alterar o estilo dos *Traços*.

19. A ferramenta seguinte do grupo *Estilos de Forma* é *Efeitos de Forma*, que são rigorosamente iguais aos que vimos na opção *Imagens* no capítulo anterior.

> Lembre-se de que a setinha no canto inferior direito abre uma aba lateral fixa, com a qual se pode gerenciar todas essas mudanças.

Grupo Estilos de WordArt

O próximo grupo é *Estilos de WordArt*, que oferece opções de *Estilos Rápidos, Preenchimento, Contorno* e *Efeitos da Forma*, a maioria dos quais já exploramos no Capítulo 2.

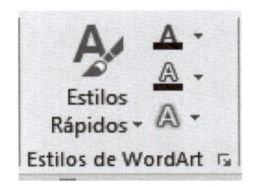

Grupo Texto

O grupo seguinte é chamado de *Texto*, onde é possível mudar a direção e o alinhamento do texto dentro da caixa de texto selecionada. Outra opção interessante é *Criar Vínculo*, que permite vincular duas caixas, de modo que o texto digitado em uma continue automaticamente na seguinte.

Os últimos três grupos da aba *Ferramentas de Desenho* são exatamente iguais aos que vimos no capítulo anterior, em *Ferramentas de Imagem*. Dessa forma, vamos passar para o próximo recurso do grupo *Ilustrações*.

Ícones

A palavra ícone vem do grego *eikón* e significa "representação". É o termo usado, por exemplo, para as imagens sacras na Igreja Ortodoxa. Na área de TI, ícone é uma imagem que representa um programa ou um comando dentro de um programa. No Word, ícones são símbolos que representam conceitos.

20. Abra um arquivo em branco e clique em *Ícones*, na aba *Inserir*. Será aberta a seguinte janela:

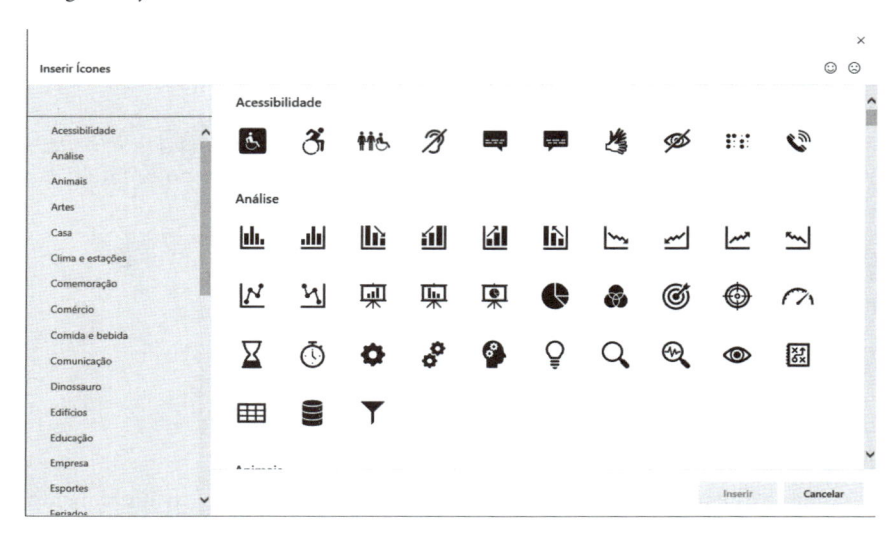

21. É uma grande gama de opções. Clique em *Dinossauro*, porque dinossauros são bacanas.

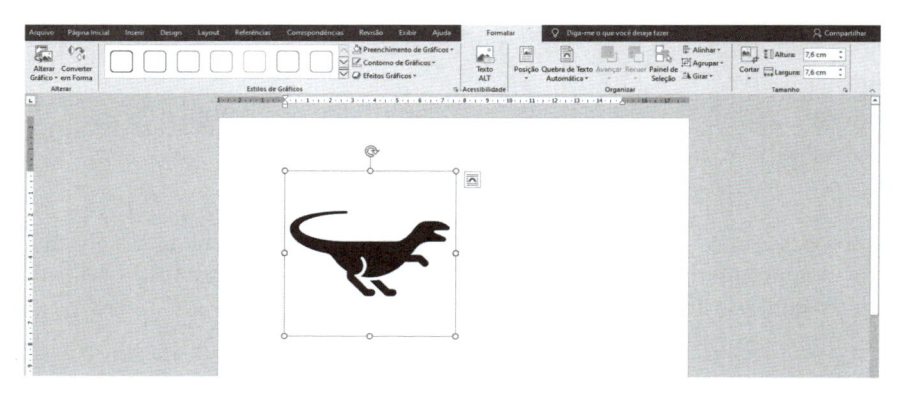

Guia Ferramentas de Ícones/Formatar

22. A aba que se abre é praticamente igual à de *Formas*, com uma única diferença no grupo *Alterar*.

Grupo Alterar

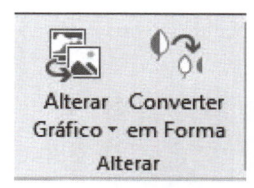

23. Os ícones não são editáveis como as formas. Não podemos, por exemplo, fazer chifres nesse velociraptor. Porém, no grupo *Alterar*, a ferramenta *Converter em Forma* permite transformar o ícone numa forma, podendo-se em seguida usar o recurso *Editar Pontos* e criar um chifre no dinossauro, o que o deixa ainda mais ameaçador.

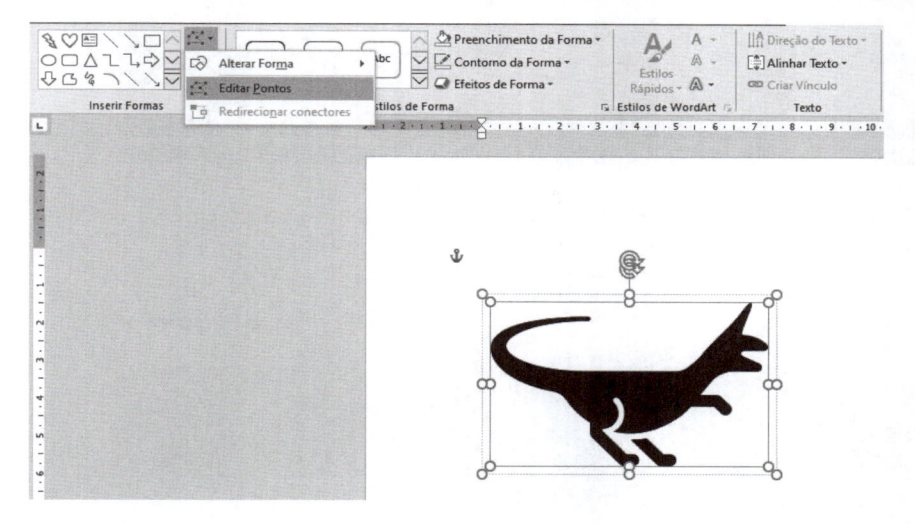

Modelos 3D

Fotos, ícones e formas são ilustrações estáticas, e podemos aplicar a elas efeitos como *Bisel* e *Rotação 3D* para simular volume e tridimensionalidade. Evidentemente, um documento do Word é bidimensional, mas temos o recurso de inserir modelos tridimensionais, que podem ser girados em qualquer sentido.

24. Ao clicar em *Inserir Modelos 3D*, é possível buscar arquivos do computador ou na internet. Clique na opção *De Fontes Online*.

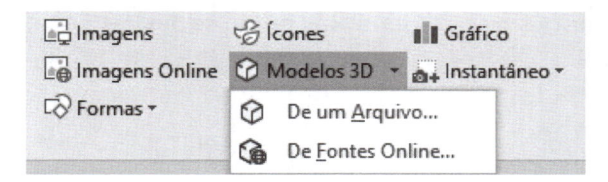

25. Abre-se novamente a tela de busca. Escolha *Espaço*.

26. Nas opções, selecione o modelo da Terra em corte, mostrando seu núcleo. Clique em *Inserir*.

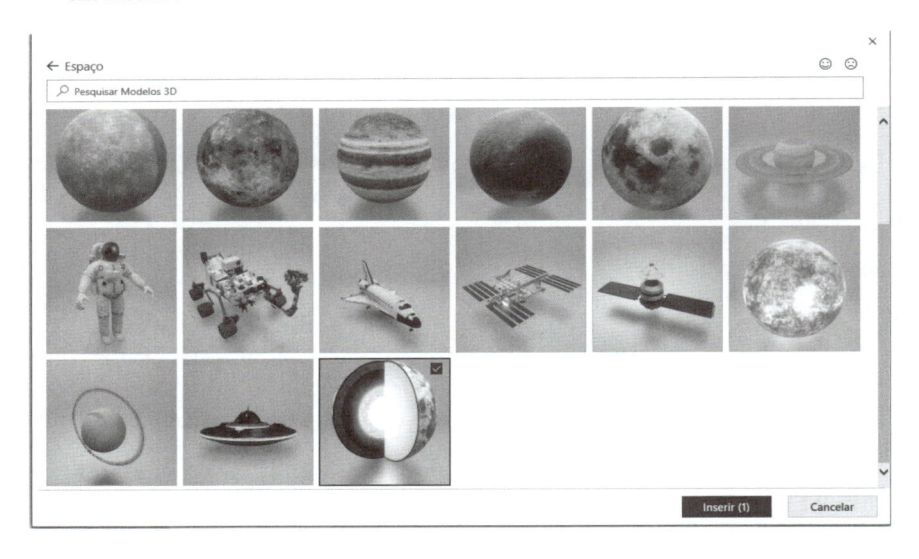

Repare que há um novo ícone, com a aparência de um átomo dentro do modelo. É com ele que fazemos o efeito de rotação.

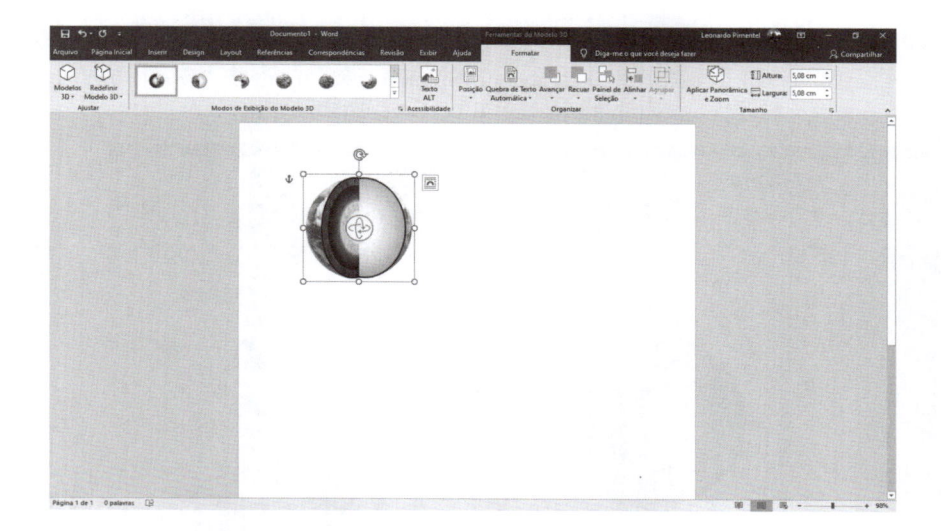

27. Basta clicar nele, manter o botão pressionado e mover o mouse em qualquer direção.

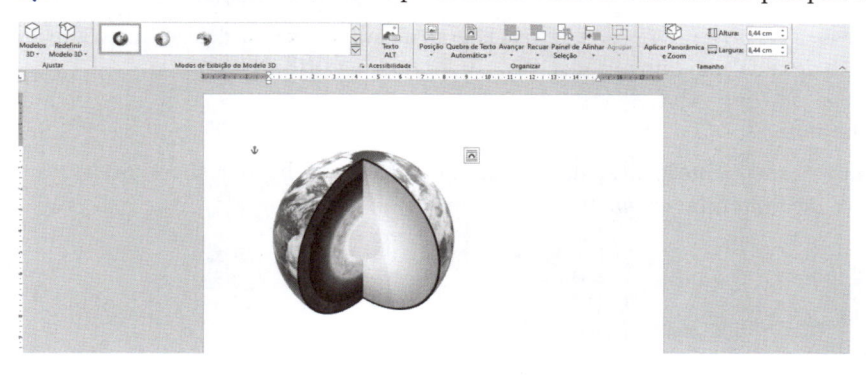

Guia Ferramentas do Modelo 3D/Formatar

Os *Modelos 3D* também têm sua própria aba, que tem mais diferenças em relação às demais.

Grupo Ajustar

No primeiro grupo, *Ajustar*, a ferramenta *Modelos 3D* serve para inserir novos modelos tridimensionais, e *Redefinir Modelo 3D* remove todos os efeitos aplicados ao modelo selecionado.

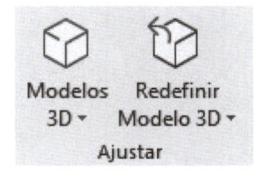

Grupo Modos de Exibição do Modelo 3D

Embora uma das coisas mais interessantes no trabalho com modelos 3D seja girar o modelo, também podemos escolher posições predefinidas nesse grupo.

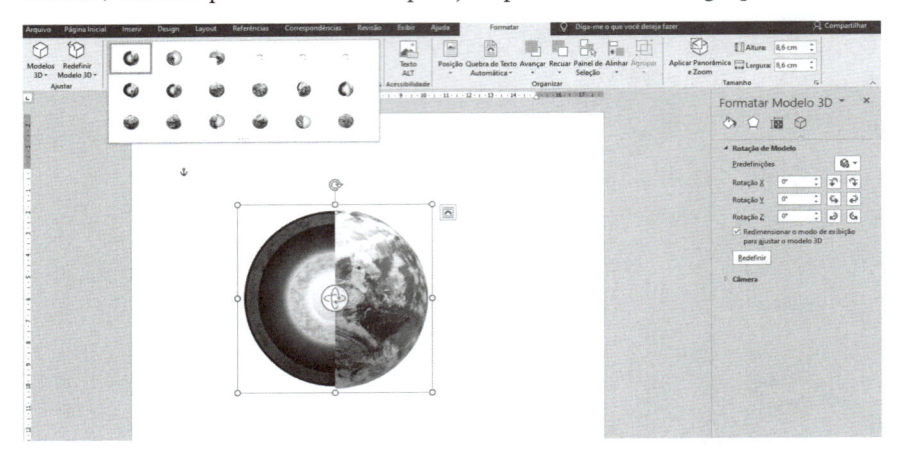

Note que esse grupo tem a opção de barra lateral, na qual podemos determinar o ângulo de rotação de cada eixo dimensional.

Grupo Tamanho

Este grupo é exatamente igual ao das demais ilustrações, mas há uma diferença: o recurso *Aplicar Panorâmica e Zoom*.

28. Ao clicar nele, um novo ícone aparece no modelo: uma lupa.

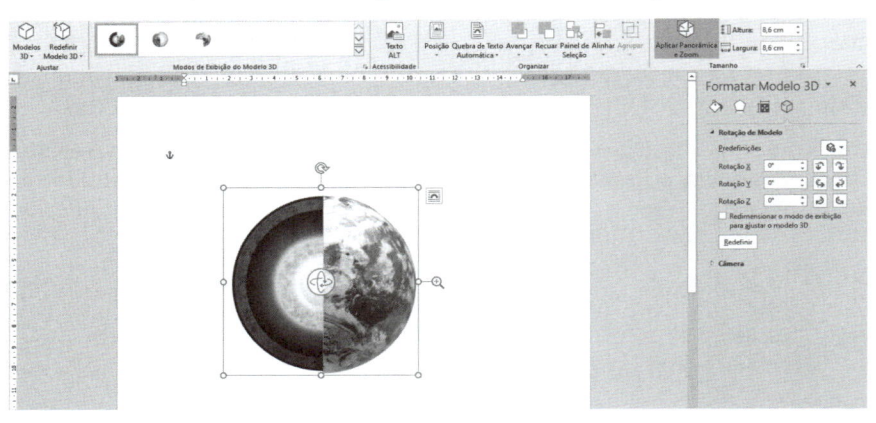

29. Ao clicar e arrastar a lente, um trecho da imagem é ampliado e destacado. Para ilustrar o *Zoom*, copie o modelo 3D para ter na tela a versão original e o trecho ampliado, que também é totalmente tridimensional.

Exercícios

1. Crie um arquivo novo em branco e insira a forma de sua preferência.
2. Troque a forma por outra usando *Alterar Forma*.
3. Edite os pontos da nova forma.
4. Altere o estilo da forma usando a lista de estilos pré-selecionados.
5. Mude o preenchimento para gradiente.
6. Mude o contorno para outra cor e altere o tamanho da linha para *6 pt*.
7. Aplique um efeito da lista de *Efeitos de Forma*.
8. Crie dentro da forma uma caixa de texto sem preenchimento nem contorno.
9. Digite um texto qualquer dentro da caixa e mude a orientação do texto.
10. Mude o alinhamento do texto.
11. Crie uma nova caixa, estabeleça um vínculo entre elas e aumente o texto.
12. Importe da internet o modelo 3D de sua preferência.
13. Use o ícone central para girá-lo na tela.
14. Escolha uma opção nos *Modos de Exibição*.
15. Destaque uma parte do modelo usando a função *Aplicar Panorâmica e Zoom*.

Anotações

8

Trabalhando com elementos gráficos

OBJETIVOS

» Inserir SmartArt
» Inserir gráficos
» Inserir instantâneos

Guia *Inserir* (parte 4)

Todas as ilustrações que vimos até aqui são elementos que podem ser inseridos em um texto. Neste capítulo, vamos ver tipos de ilustrações que trazem o texto para dentro de si. Estamos falando dos recursos *SmartArt*, *Gráfico* e *Instantâneo* do grupo *Ilustrações*.

Grupo Ilustrações (parte 3)

Para finalizar as ferramentas disponíveis no grupo *Ilustrações*, vamos agora ver os recursos *SmartArt*, *Gráfico* e *Instantâneo*.

SmartArt

1. SmartArts são modelos de listas, de diferentes complexidades, que permitem comunicar informações visualmente. Abra um novo arquivo em branco e clique em *SmartArt*, na aba *Inserir*. Abre-se um amplo menu onde podemos escolher dentre vários modelos.

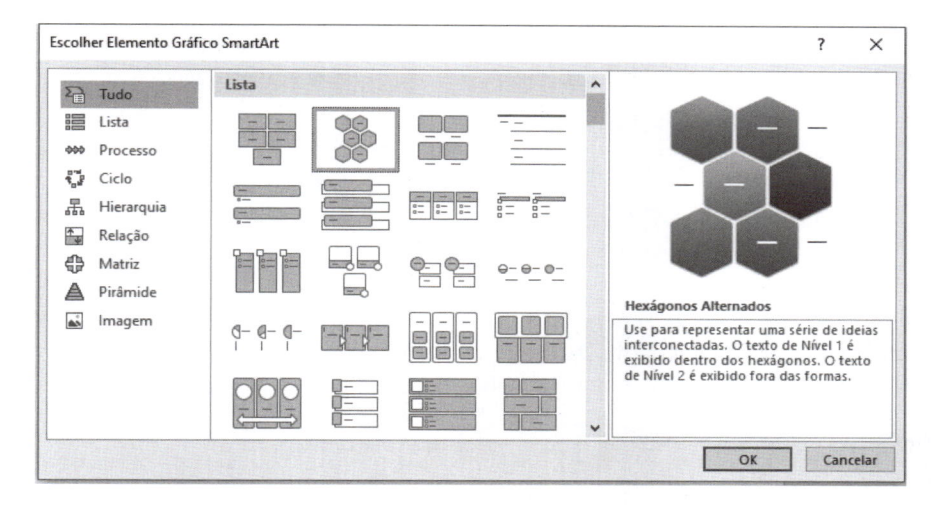

Guia Ferramentas de SmartArt/Design

2. Escolha o modelo *Hexágonos Alternados*, representando elementos conectados. Ao clicar em *OK*, aparecerão duas abas exclusivas: *Design* e *Formatar*.

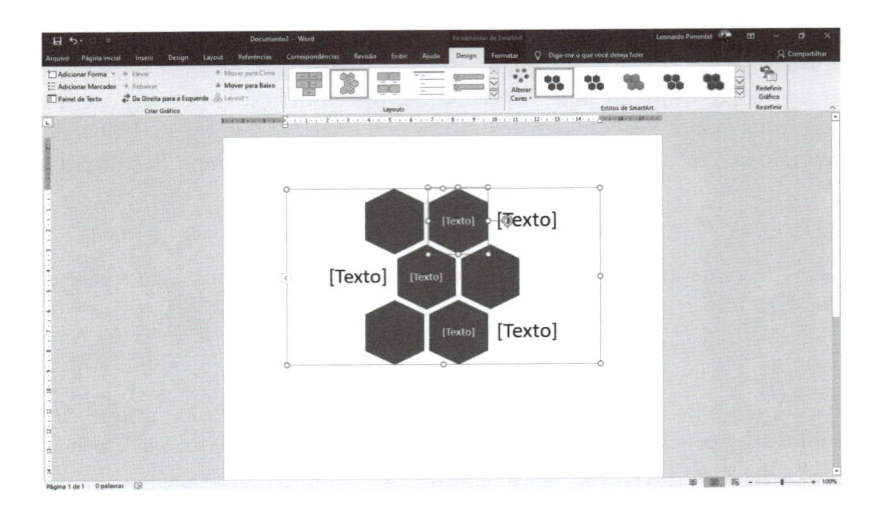

Grupo Criar Gráfico

O primeiro grupo de *Design* se chama *Criar Gráfico* e permite editar o SmartArt.

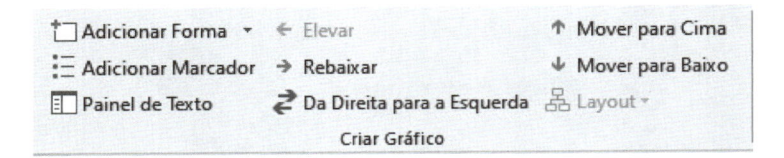

3. A opção *Adicionar Forma* permite adicionar novas formas (iguais às do modelo) acima ou abaixo da que estiver selecionada. Lembrando que uma forma é cada um dos elementos gráficos que compõem o SmartArt.

Há opções que não estão disponíveis, e se referem a um tipo especial de SmartArt, o *Organograma*, que veremos adiante.

4. Selecione uma das formas e insira uma forma depois dela. Perceba que, para manter o padrão do gráfico, são criadas duas novas formas.

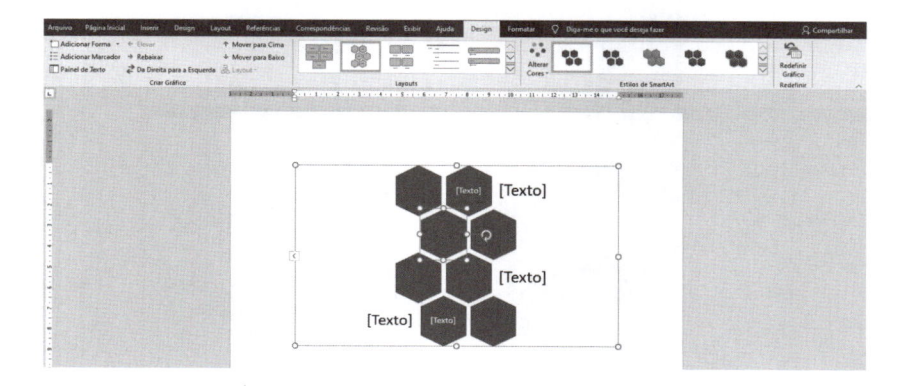

5. A ferramenta seguinte, *Adicionar Marcador*, inclui uma nova caixa de texto dentro do gráfico.

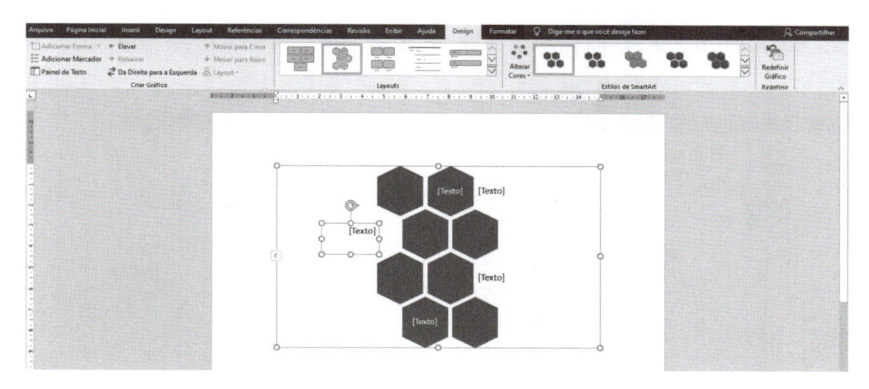

6. Particularmente útil é o terceiro recurso, *Painel de Texto*, que abre uma caixa na qual digitamos todos os textos do gráfico num formato de lista, com diferentes níveis. Repare que o tamanho das letras é redimensionado para que a palavra caiba toda em uma única linha da forma.

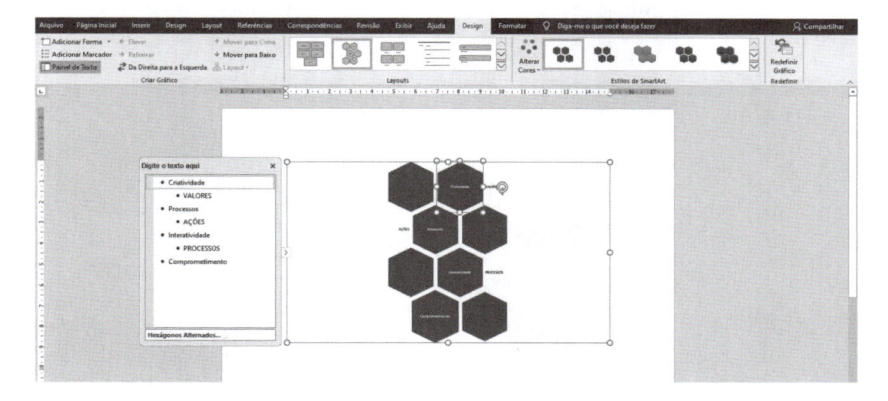

7. As funções *Elevar* e *Rebaixar* aumentam ou diminuem em um nível da lista a forma ou marcador selecionado.

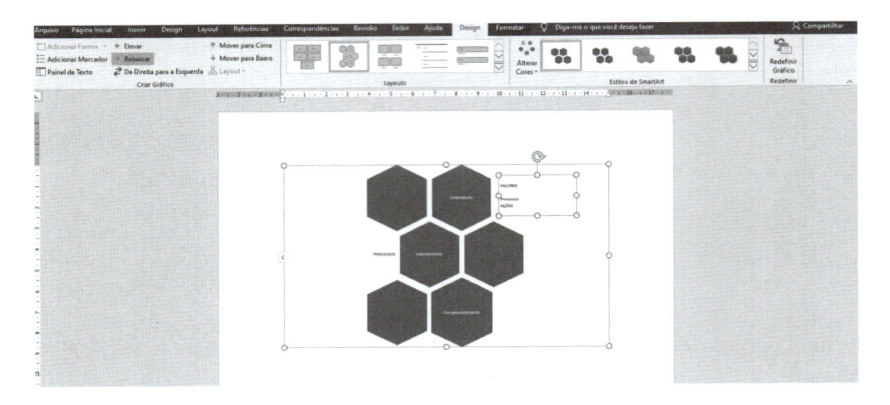

8. A opção *Da Direita para a Esquerda* inverte o sentido do SmartArt, sem afetar o conteúdo.

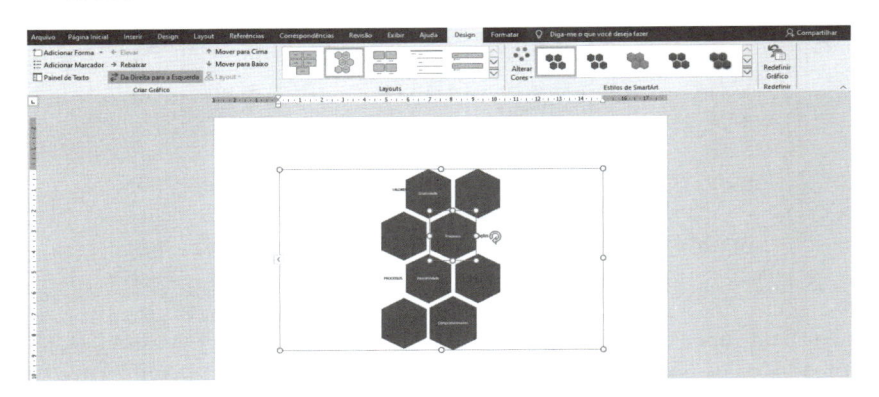

9. Já *Mover para Cima* leva a forma destacada (junto com a forma ao lado e seus textos interno e externo) para um nível acima, enquanto *Mover para Baixo* move um nível para baixo.

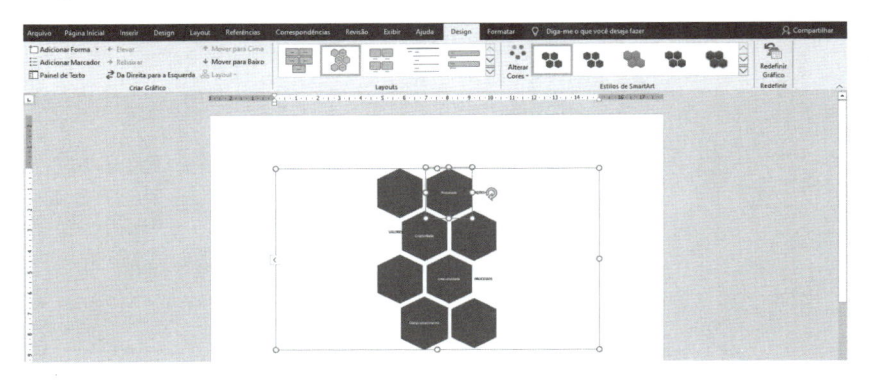

10. O último recurso desse grupo é *Layouts*, que também só está disponível para organogramas.

Grupo Layouts

O grupo seguinte se chama *Layouts* e traz uma lista de outros modelos simples de SmartArt.

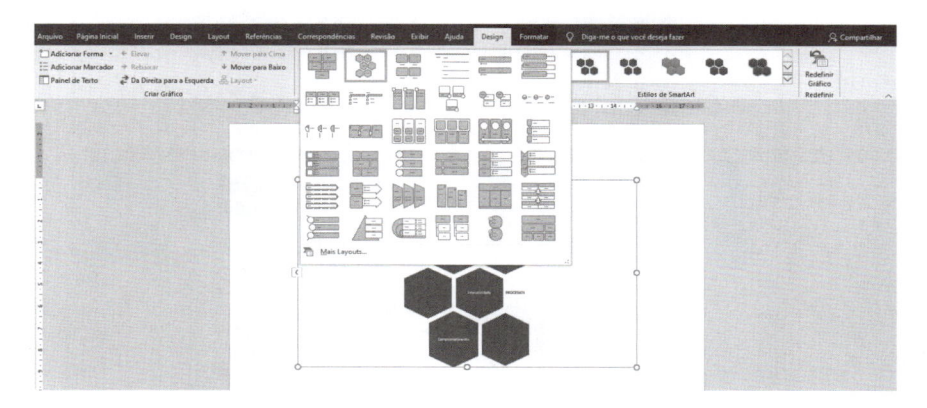

11. Ao clicar em *Mais Layouts*, voltamos ao menu inicial, com toda a lista disponível. Escolha outro modelo apenas para ver como o texto se move.

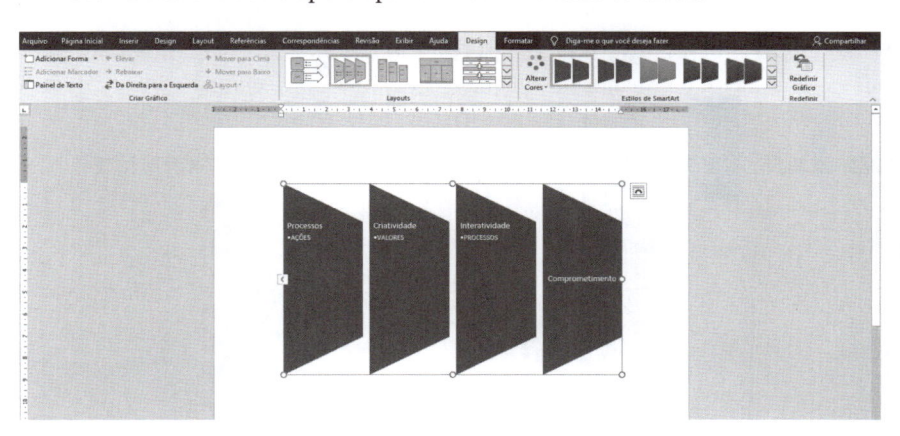

12. Retorne para os hexágonos.

Grupo Estilos de SmartArt

O próximo grupo é *Estilos de SmartArt*.

13. O recurso *Alterar Cores* permite modificar as cores do SmartArt.

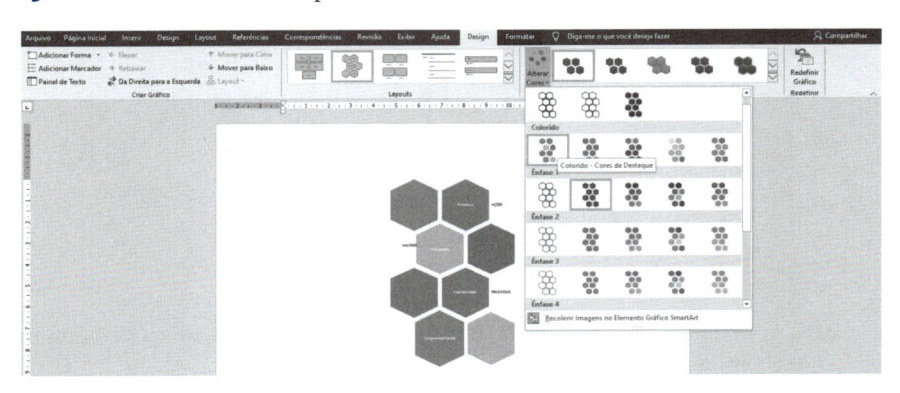

14. Ao lado desse botão, encontramos a lista de *Estilos de SmartArt*. O programa recomenda os estilos que melhor se adéquam à ilustração selecionada, inclusive com simulação de 3D.

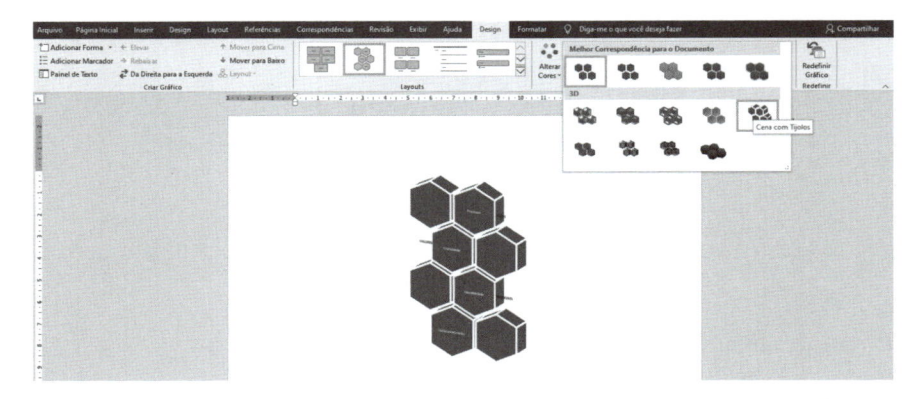

> Nunca é demais lembrar que legibilidade é tudo. Não adianta o SmartArt ficar lindo e colorido se o conteúdo não estiver legível.

Grupo Redefinir

O último grupo da aba *Design* é *Redefinir*, que apresenta uma única opção: *Redefinir Gráfico*, que desfaz todas as alterações feitas e restaura o SmartArt à forma original.

15. Antes de passarmos para a aba *Formatar*, vamos ver o modelo *Organograma*. Na aba *Inserir*, clique em *SmartArt*. No menu que se abre, clique em *Hierarquia* e selecione a opção *Organograma*. Este é um dos modelos possíveis, que serve para mostrar a cadeia de comando dentro de uma organização, por exemplo.

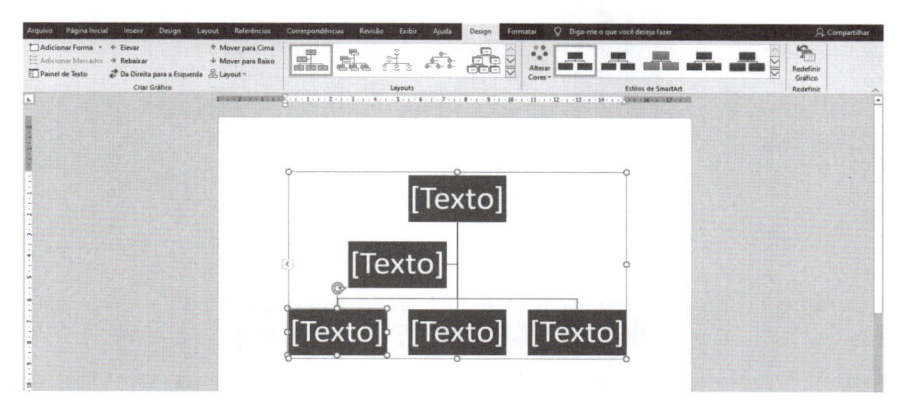

O organograma não aceita marcadores de texto, mas permite adicionar formas em níveis hierárquicos, assim como alterar o layout. Fora isso, todos os procedimentos são iguais aos demais SmartArts.

Guia Ferramentas de SmartArt/Formatar

16. Agora sim, clique na aba *Formatar*.

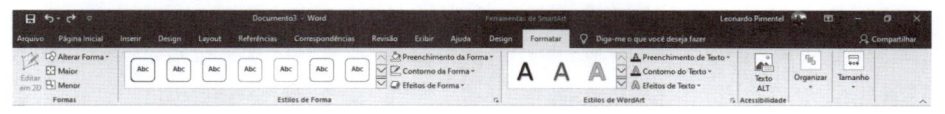

A aba *Formatar* é praticamente idêntica às abas de formatação das demais ilustrações, salvo pelo primeiro grupo, *Formas*.

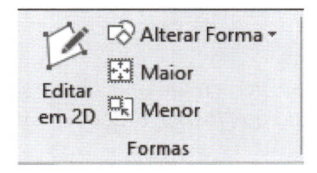

Caso o *Estilo* aplicado à SmartArt seja 3D, a opção *Editar em 2D* estará disponível. Ao clicar nela, o estilo 3D será desfeito, facilitando a edição do texto. Para voltar ao modelo 3D, basta clicar novamente nesse estilo.

17. O botão *Alterar Forma* permite mudar o formato das formas. Mas atenção: a alteração só se aplica ao que estiver selecionado. Para mudar todo o SmartArt, é necessário selecionar tudo, ou mudar as formas uma a uma.

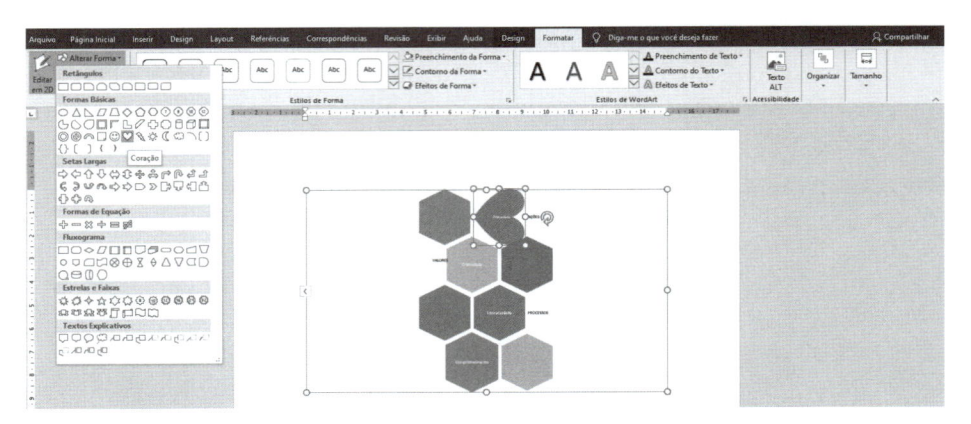

18. As ferramentas *Maior* e *Menor* aumentam e diminuem o tamanho da forma selecionada.

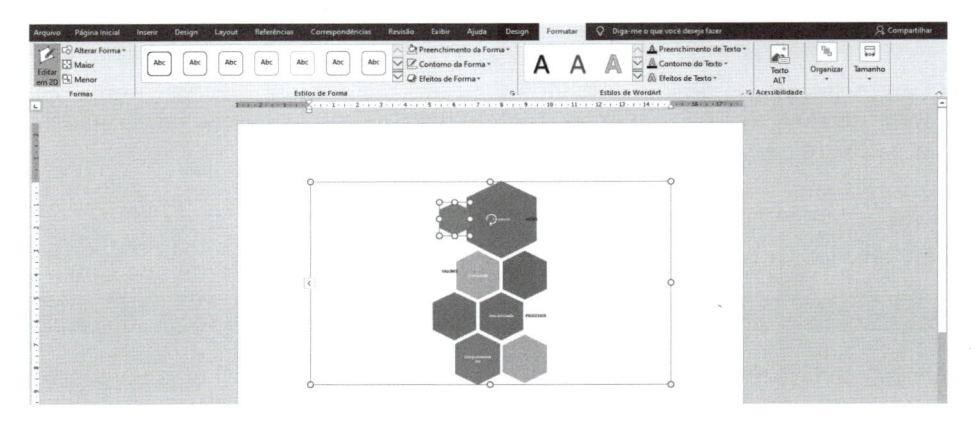

As demais ferramentas de formatação de SmartArts são iguais às que vimos nas ilustrações anteriores.

Gráfico

19. Os gráficos servem para mostrar comparativamente dados, percentuais e evoluções, dependendo do formato. Vamos ver alguns deles. Clique em *Inserir* e depois em *Gráfico*. Será aberto o seguinte menu:

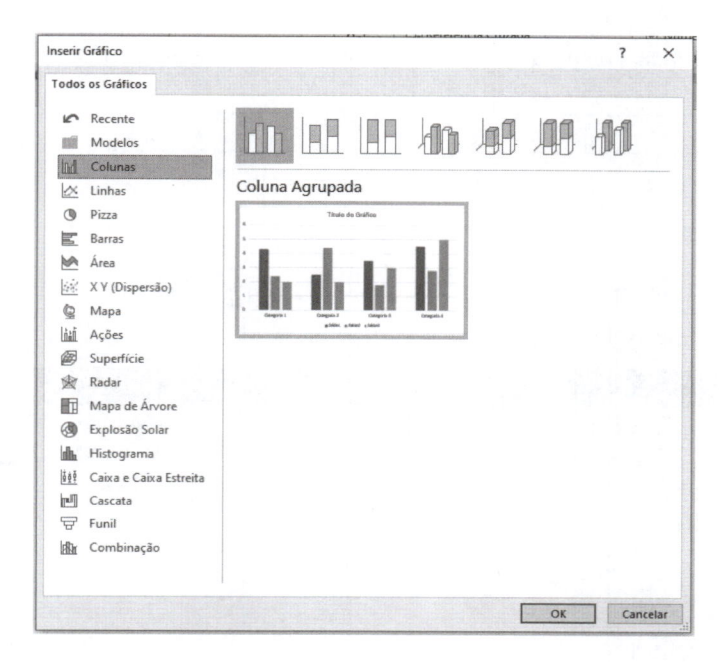

20. Escolha a opção *Coluna Agrupada*.

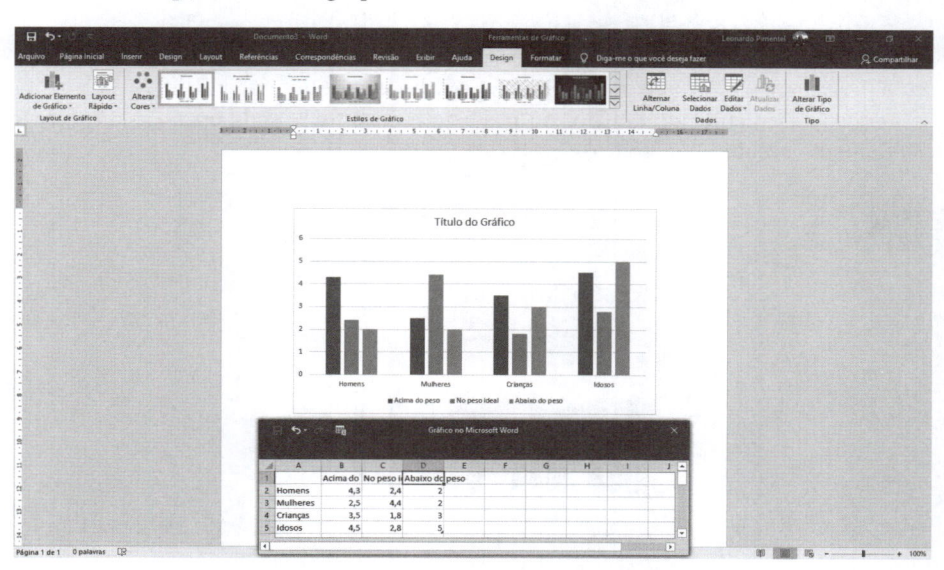

21. Além de abrir uma nova aba de *Design*, será aberta a janela *Gráficos do Microsoft Word*, na qual vamos preencher as informações que vão gerar o gráfico. Preencha os seguintes dados na tabela:

	Acima do peso	No peso ideal	Abaixo do peso
Homens	4,3	2,4	2
Mulheres	2,5	4,4	2
Crianças	3,5	1,8	3
Idosos	4,5	2,8	5

Guia Ferramentas de Gráfico/Design

Gráfico preenchido, hora de explorar a aba *Design*.

Grupo Layout de Gráfico

O primeiro grupo, *Layout de Gráfico*, é um dos mais complexos.

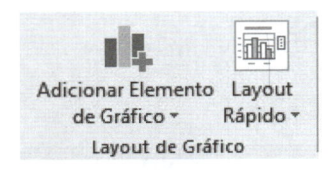

22. A ferramenta *Adicionar Elemento de Gráfico* permite interagir com praticamente todos os elementos do gráfico. Ao passar o mouse sobre cada opção, o respectivo elemento é exibido no gráfico.

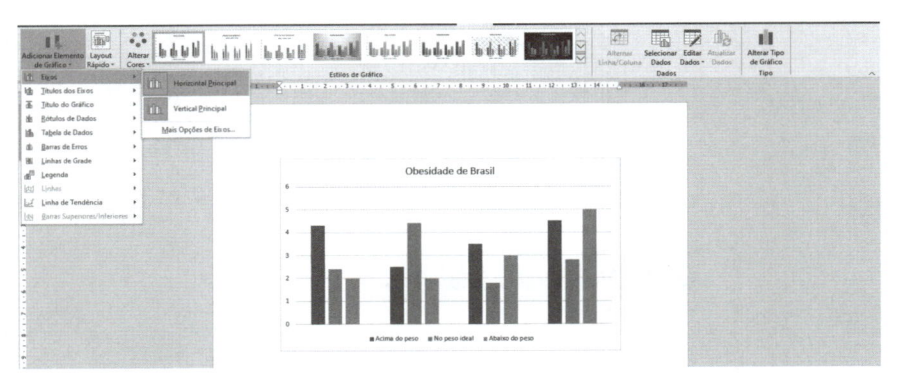

Os elementos disponíveis são:

- *Eixos*: Exibem as linhas principais vertical e horizontal, que norteiam um gráfico desse tipo.
- *Títulos dos Eixos*: Exibem o título horizontal e vertical do gráfico.

- *Título do Gráfico*: Define a posição do título.
- *Rótulos de Dados*: Trazem para dentro do gráfico os números que geraram cada coluna.
- *Tabela de Dados*: Mostra junto com o gráfico todos os dados e variáveis que o geraram.
- *Barras de Erros*: Mostram a margem de erro da informação exibida.
- *Linhas de Grade*: Exibem as guias nas quais o gráfico se sustenta em relação às linhas principais.
- *Legenda*: Permite escolher em que parte do gráfico ficarão as informações a que cada item corresponde.
- *Linhas de Tendência*: Mostram a evolução de uma das variáveis (o programa abre uma caixa perguntando sobre qual variável a linha vai ser traçada).

> A ferramenta *Adicionar Elemento de Gráfico* varia de acordo com o modelo usado. O que escolhemos é moderadamente complexo, de forma a ter muitos recursos. Um gráfico do tipo pizza, por exemplo, terá menos elementos a serem acrescentados.

23. Lembrando que todos esses elementos também são manipulados na barra fixa lateral acionada ao clicar na opção *Mais Opções* em cada item.

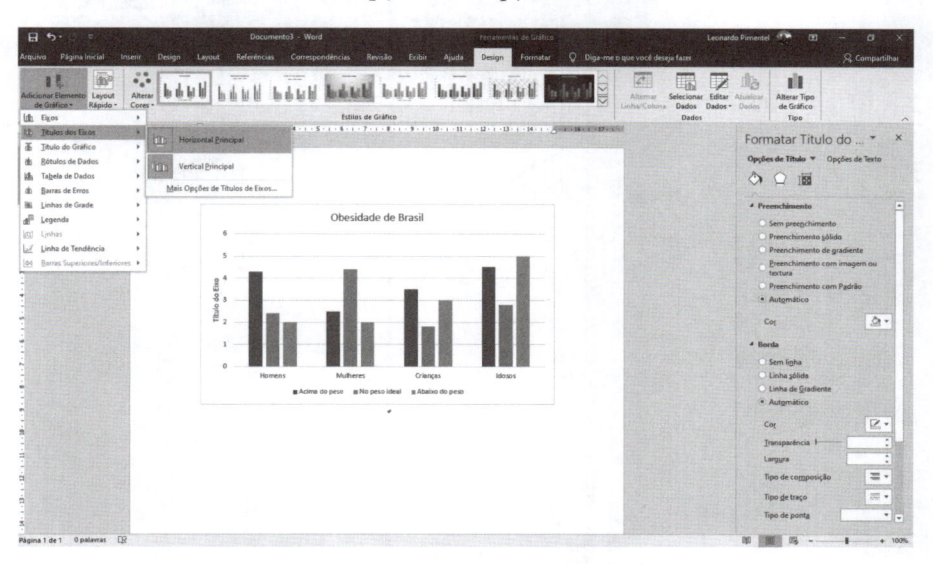

24. O ícone seguinte é *Layout Rápido*, que oferece novas opções de layout a partir do modelo de gráfico que estamos usando.

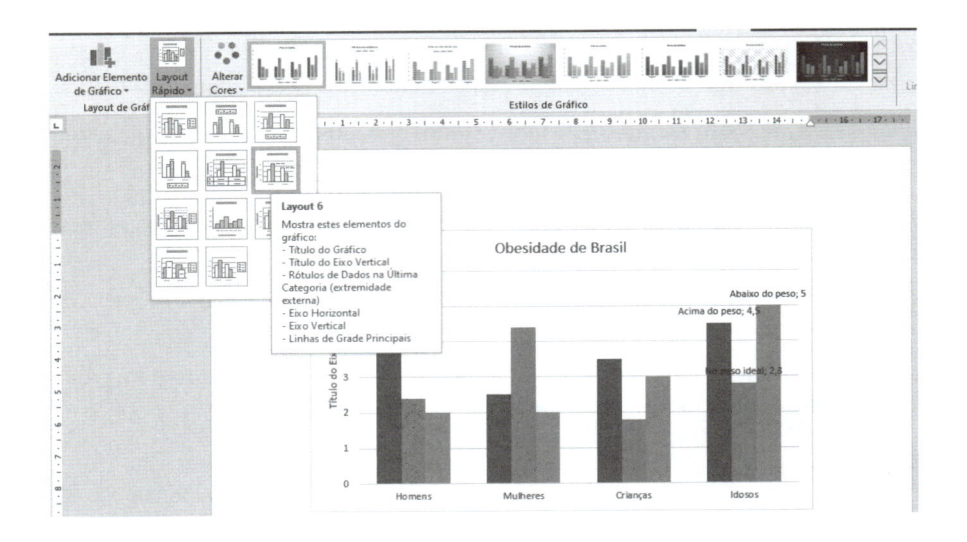

Grupo Estilos de Gráfico

O grupo seguinte é o já conhecido *Estilos*, agora aplicado a gráficos.

25. A ferramenta *Alterar Cores* permite modificar as cores do gráfico.

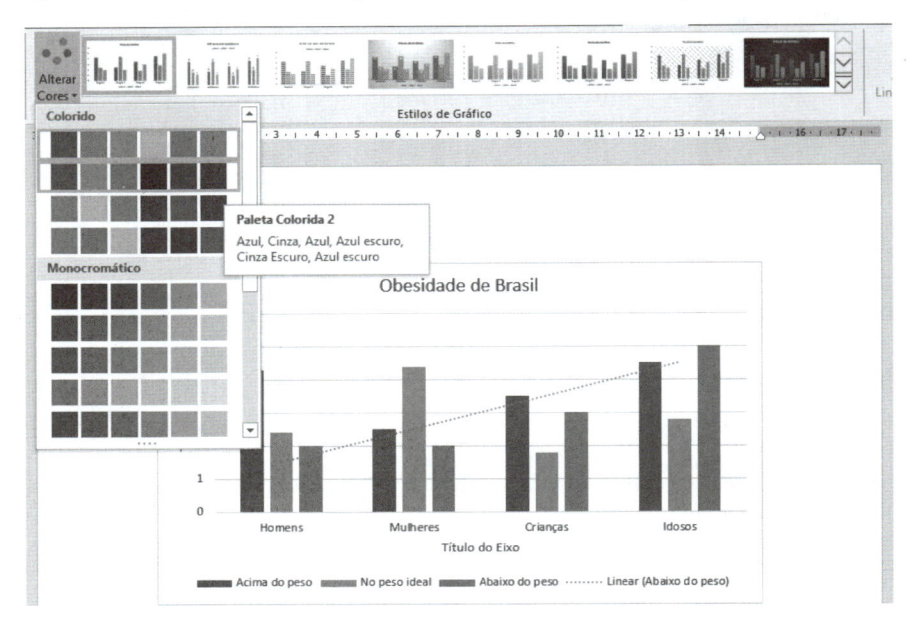

26. Em seguida, temos um menu de estilos que não alteram o layout do gráfico.

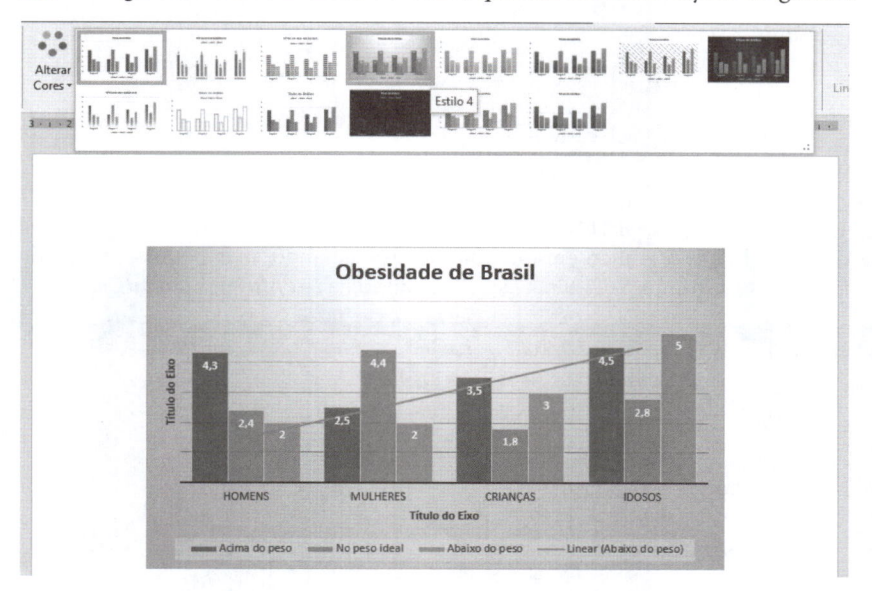

27. Perceba que algumas dessas ferramentas de design e formatação estão disponíveis nos ícones ao lado do gráfico.

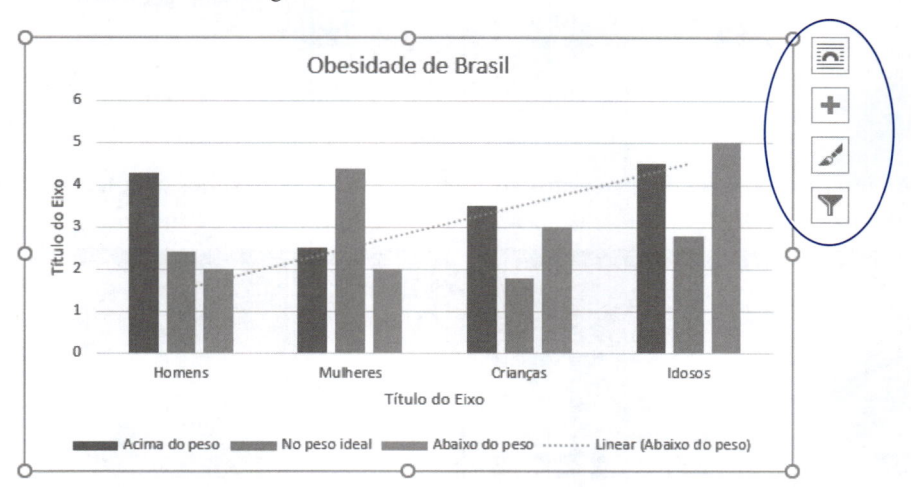

- *Opções de Layout*: Determinam como o texto se comporta em torno da ilustração.
- *Elementos do Gráfico*: Permitem inserir ou remover elementos do gráfico (os que já estão presentes aparecem marcados).
- *Estilo/Cor*: Permite acesso rápido aos estilos e temas de cores do gráfico.
- *Filtros*: Determinam as variáveis do gráfico.

Grupo Dados

O grupo seguinte é *Dados*.

28. A ferramenta *Alternar Linha/Coluna* inverte os eixos do gráfico. É um recurso que não está disponível para o gráfico em que estamos trabalhando, mas pode ser acessado pela ferramenta seguinte, *Selecionar Dados*, clicando-se em *Alternar Linha/Coluna*.

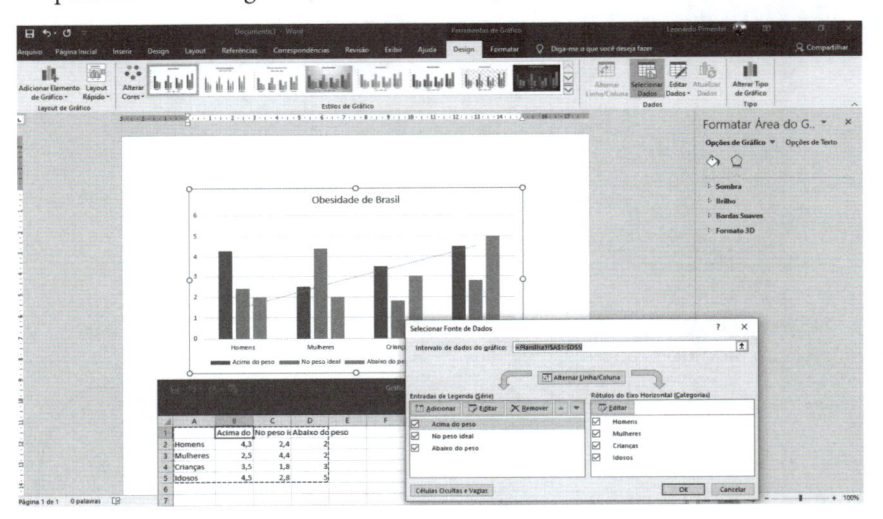

Ao fazer isso, em vez de quatro grupos com três variáveis, passamos a ter três grupos com quatro variáveis.

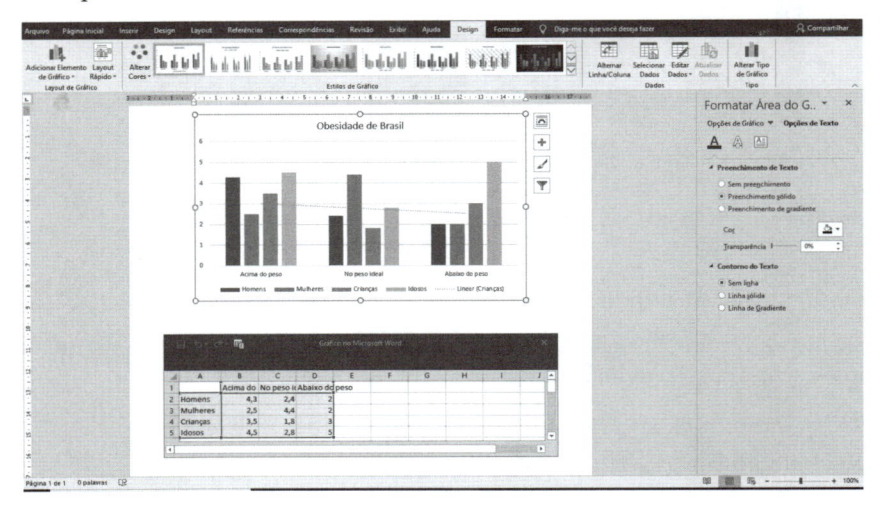

Além disso, o ícone *Alternar Linha/Coluna* agora fica disponível, permitindo desfazer a mudança.

29. O comando seguinte é *Editar Dados*, que abre novamente a ferramenta *Gráfico no Microsoft Word*. É interessante observar que, ao mudar um dado e passar para a célula seguinte, o gráfico se altera automaticamente.

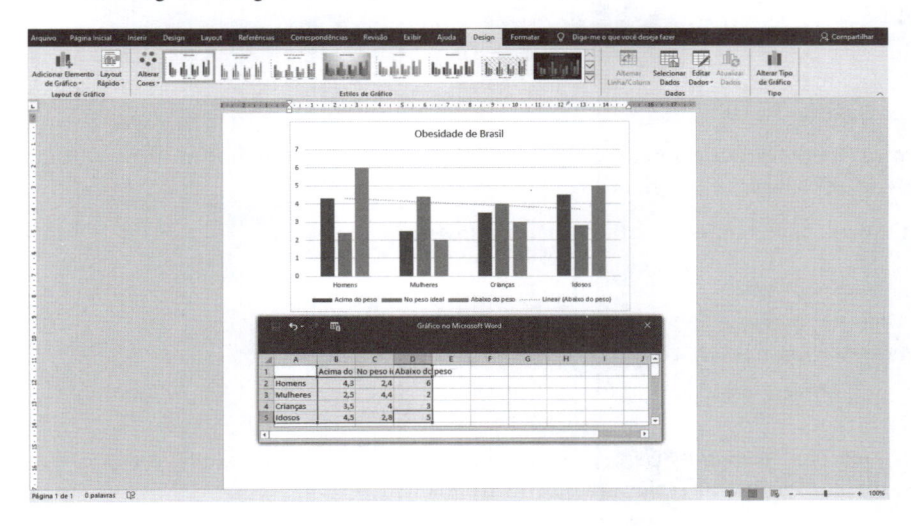

Grupo Tipo

E encerrando a aba *Design*, temos o grupo *Tipo*, com uma única ferramenta: *Alterar Tipo de Gráfico*.

30. Altere o gráfico do tipo *Colunas* para o tipo *Pizza*.

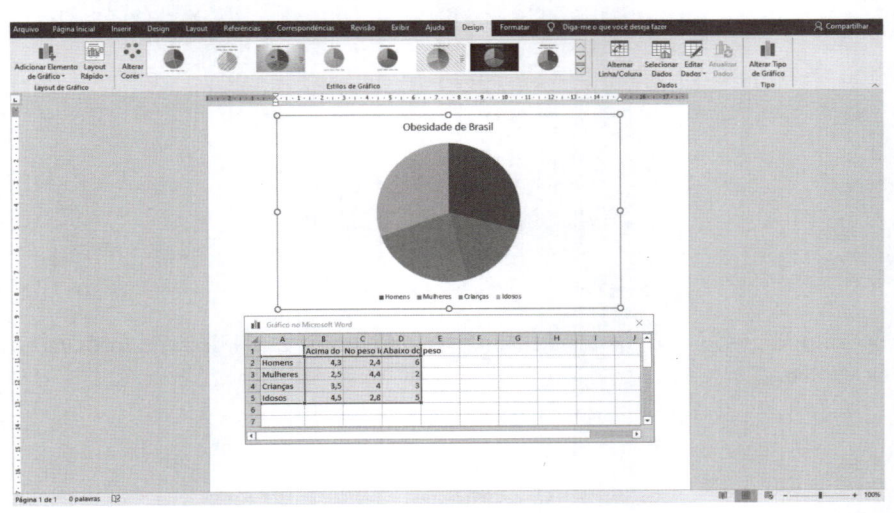

Guia Ferramentas de Gráfico/Formatar

Vamos agora para a aba *Formatar*, que é praticamente igual a todas as que já vimos até aqui.

Grupo Seleção Atual

A única diferença é o primeiro grupo, *Seleção Atual*. Nele, podemos mudar a formatação de um ou mais elementos do gráfico.

31. Escolha, por exemplo, a variável *Abaixo do peso*.

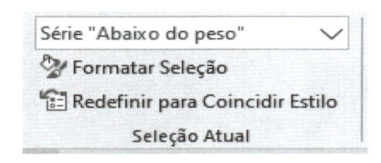

32. Clique em *Formatar Seleção*. Será aberta uma aba lateral fixa que permite, por exemplo, passar essa série para o primeiro plano.

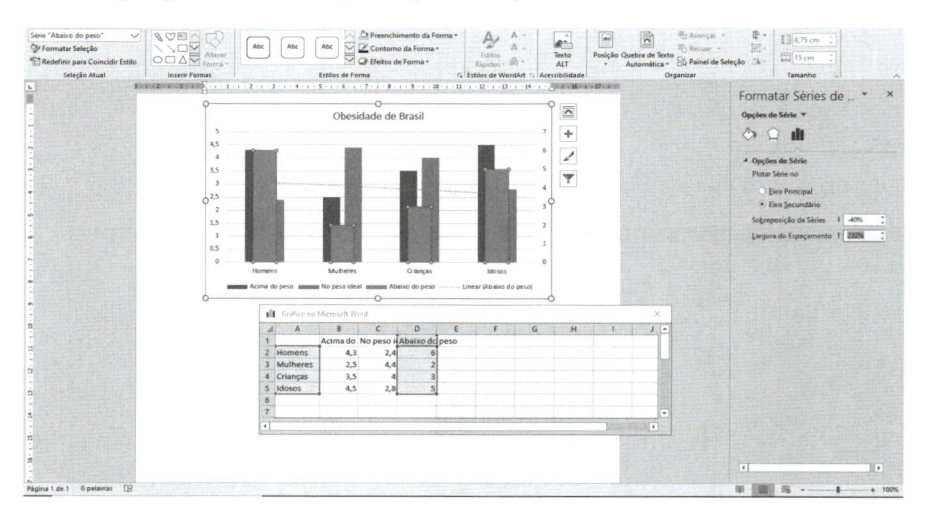

33. No mesmo grupo, o comando *Redefinir para Coincidir Estilo* desfaz a formatação na seleção.

Instantâneo

Como o resto da aba *Formatar* não traz novidades, vamos para o derradeiro elemento do grupo *Ilustrações*: *Instantâneo*, que nada mais é do que a captura de tela do seu computador.

34. Ao clicar em *Inserir* e *Instantâneo*, aparecerá uma lista com as janelas recentes. Selecione uma, e ela entrará no seu documento como uma imagem, editável como qualquer outra.

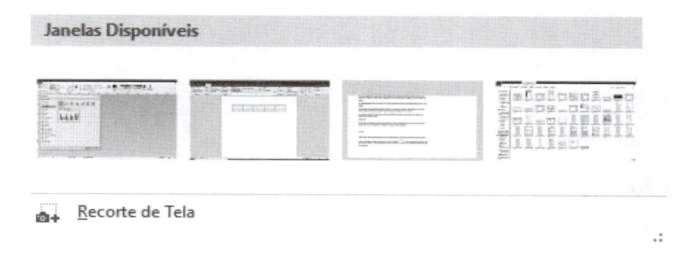

Terminamos aqui a longa parte de inserir ilustrações, mas as inserções não acabaram. No próximo capítulo, vamos ver como inserir recursos on-line no documento, incluindo vídeos.

Exercícios

1. Crie um novo documento e insira um SmartArt.
2. Acrescente um nível de forma.
3. Preencha os textos usando o *Painel de Textos*.
4. Movimente as formas usando as funções *Mover para Cima* e *Mover para baixo*.
5. Aplique um padrão de cores ao SmartArt.
6. Escolha um estilo do menu e aplique-o ao SmartArt.
7. Aplique um estilo 3D o SmartArt.
8. Em *Formatar*, passe-o para 2D e edite o texto.
9. Transforme o SmartArt novamente em 3D.
10. Mude a forma de dois elementos do SmartArt usando modelos de forma que se destaquem em relação aos demais.
11. Aumente e diminua o tamanho de duas diferentes formas do SmartArt.
12. Crie um novo documento e crie um gráfico de modelo *Barras Agrupadas*.

13. Preencha as informações com os mesmos dados que usamos no exemplo dado neste capítulo.
14. Acrescente *Linhas de Grade*, *Barras de Erros* e *Linha de Tendência* para uma das variáveis.
15. Mude o lugar da legenda.
16. Escolha um novo layout nos *Layouts Rápidos* e veja como o gráfico se transforma.
17. Altere o padrão de cores e o estilo do gráfico.
18. Inverta o eixo de *Linhas* e *Colunas*.
19. Edite os dados para mudar a configuração de dados.
20. Mude o tipo de gráfico para *Linhas*.
21. Selecione um elemento do gráfico e altere a formatação.

9
Trabalhando com recursos on-line

OBJETIVOS
» Inserir suplementos
» Inserir arquivos de mídia
» Inserir links
» Inserir comentários
» Inserir cabeçalho e rodapé

Guia *Inserir* (parte 5)

Até aqui, vimos como inserir diversos tipos de ilustrações no documento, mas as opções de elementos a serem inseridos ainda não acabaram. Neste capítulo, vamos ver como inserir recursos on-line no documento, incluindo vídeos.

GRUPOS SUPLEMENTOS E MÍDIA

Assim como navegadores da internet têm uma série de aplicativos que melhoram sua funcionalidade, o Word dispõe de diversos tipos de programas chamados de *Suplementos*, que podem ser adquiridos on-line (alguns são gratuitos, mas outros podem ter custos).

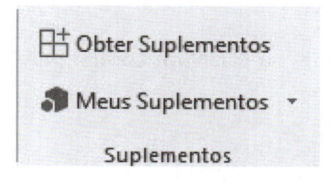

Obter Suplementos

1. Abra um novo documento em branco. No grupo *Suplementos*, clique em *Obter Suplementos*. Será aberta a página da loja on-line. Basta selecionar o aplicativo desejado e clicar em *Adicionar*.

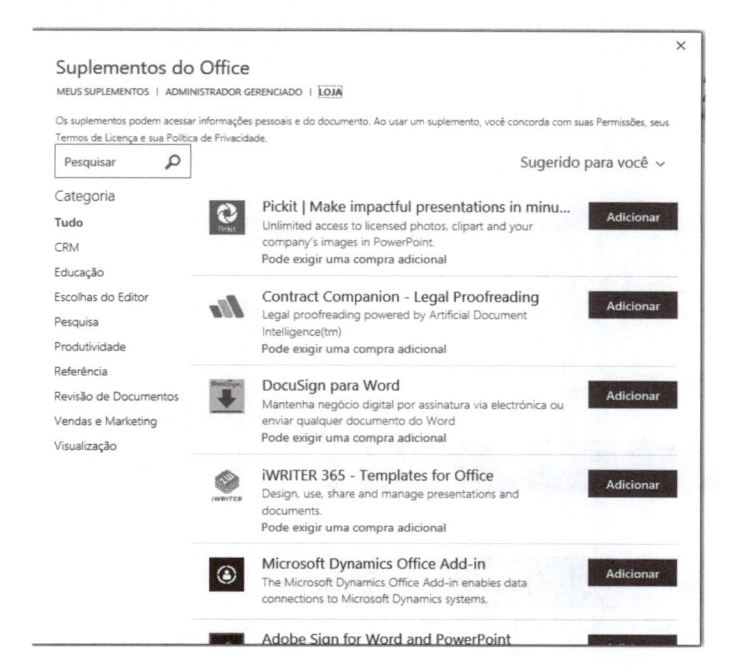

Vídeo Online

2. Outro elemento versátil que pode ser incorporado ao documento é um vídeo on-line (lembrando que esse recurso só funciona em documentos que serão lidos numa tela, já que ainda não é possível rodar um vídeo num documento impresso). Basta clicar no único recurso presente no grupo, *Vídeo Online Mídia*.

3. São abertas duas opções: fazer uma busca no YouTube, ou criar um código para incorporar um vídeo de outro site.

4. Na opção *YouTube*, faça uma busca por *Pixinguinha*, um dos maiores compositores do Brasil.

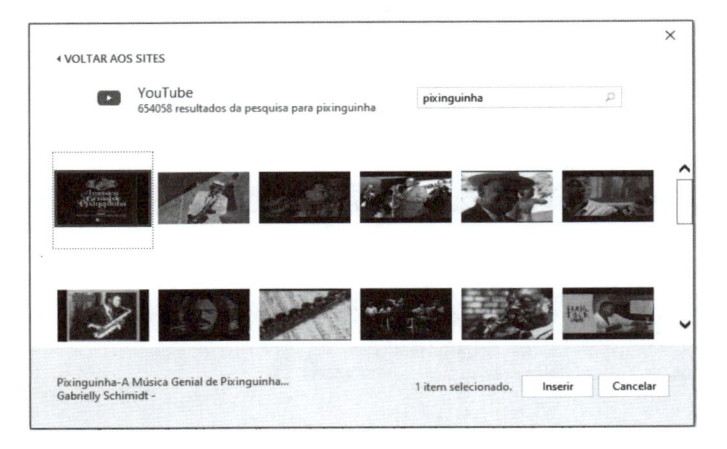

5. Escolha um dos vídeos e clique em *Inserir*.

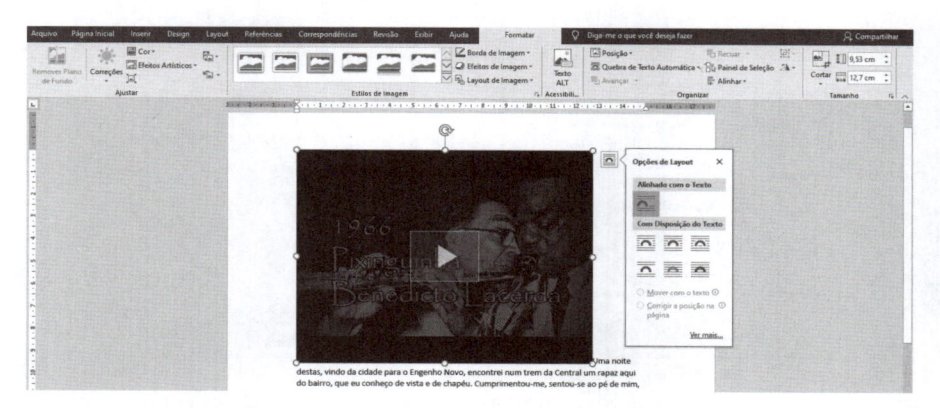

Repare que o vídeo se comporta como uma imagem, podendo receber molduras e sofrer alguns ajustes na página. Ao clicar no vídeo, ele será exibido dentro do documento. A mesma lógica vale para a opção de inserir um código de vídeo. Basta copiar o código de inserção do vídeo e colá-lo no documento.

Grupo Links

Outro recurso importante é a incorporação de links, indicadores e referências cruzadas, que, assim como os vídeos, não funcionam em documentos impressos.

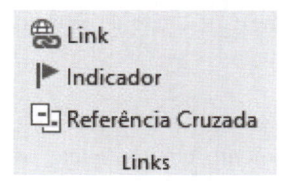

Link

1. Para inserir um link, basta destacar a palavra ou frase que abrigará o link e então clicar em *Link*.

> Uma alternativa é clicar na seleção com o botão direito do mouse e selecionar a opção *Link*. E se for associar o link a apenas uma palavra, não precisa selecioná-la. Basta que o cursor esteja nela para que o link seja aplicado automaticamente à palavra inteira.

2. Por exemplo, abra o arquivo *Casmurro 5*, selecione *Engenho Novo* (que é o nome de um bairro da Zona Norte do Rio de Janeiro) e clique em *Link*. Será aberta a seguinte janela:

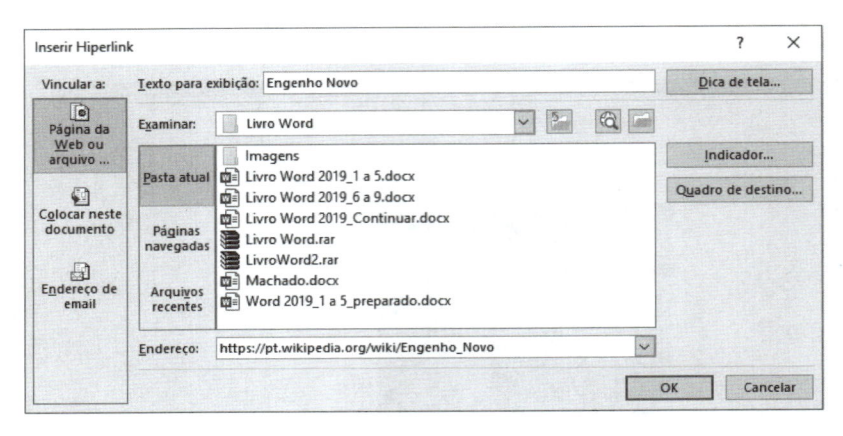

Como mostra a coluna à esquerda, temos as opções *Página da Web ou arquivo*, *Colocar neste documento* e *Endereço de email*.

Página da Web ou arquivo

3. Em *Endereço*, digite o link para o artigo sobre o bairro Engenho Novo na Wikipedia (https://pt.wikipedia.org/wiki/Engenho_Novo) e clique em *OK*.

> Uma noite destas, vindo da cidade para o Engenho Novo, encontrei num trem da Central um rapaz aqui do bairro, que eu conheço de vista e de chapéu. Cumprimentou-me, sentou-se ao pé de mim, falou da lua e dos ministros, e acabou recitando-me versos. A viagem era curta, e

4. Agora, *Engenho Novo* tem um link. Para abri-lo, pressione *Ctrl* e clique sobre o trecho destacado.

Colocar neste documento

5. Essa opção permite criar um link para outra parte do documento, como o início, os títulos (onde houver) e indicadores, que veremos adiante. Em *Texto para exibição*, será exibida a palavra ou as palavras que você selecionou, e abaixo aparecerá a lista de locais para os quais o link pode apontar, como capítulos e subitens do arquivo.

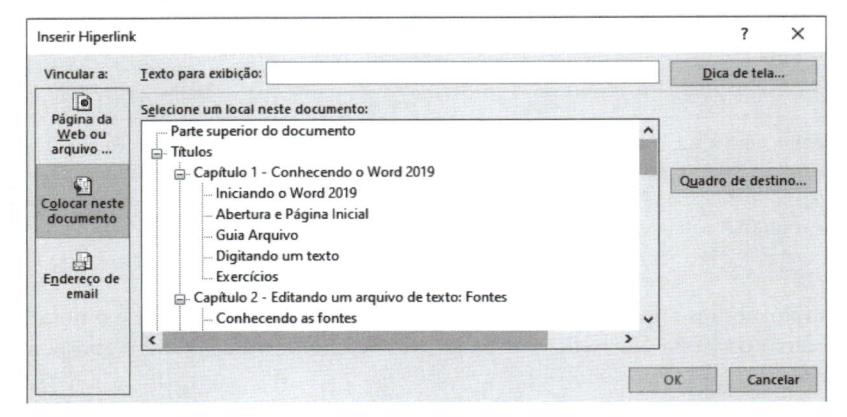

> Uma das grandes utilidades dessa ferramenta é a elaboração de sumários em e-books. Cada capítulo no sumário pode ser transformado em um link apontando para o capítulo propriamente dito. Em vez de procurar a página, o leitor simplesmente clica no título do capítulo que quer ler.

Endereço de email

6. Nessa opção, é possível incluir tanto o endereço para o qual as mensagens serão enviadas quanto o assunto.

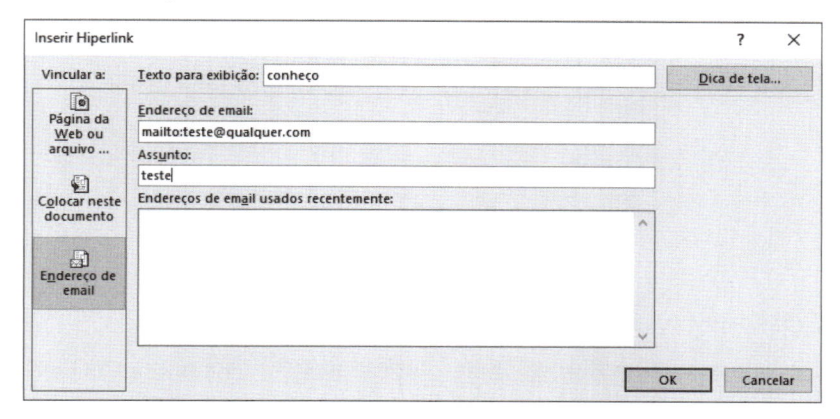

Indicador

7. A segunda ferramenta do grupo *Links* é *Indicador*. Com ela, você pode criar um ponto de referência específico no texto e, em seguida, um link para ele em outro local. Com uma palavra destacada, vá na guia *Inserir* e clique em *Indicador*. Na janela que se abre, dê ao indicador um nome. Com o indicador criado, podemos criar um link no documento para ele.

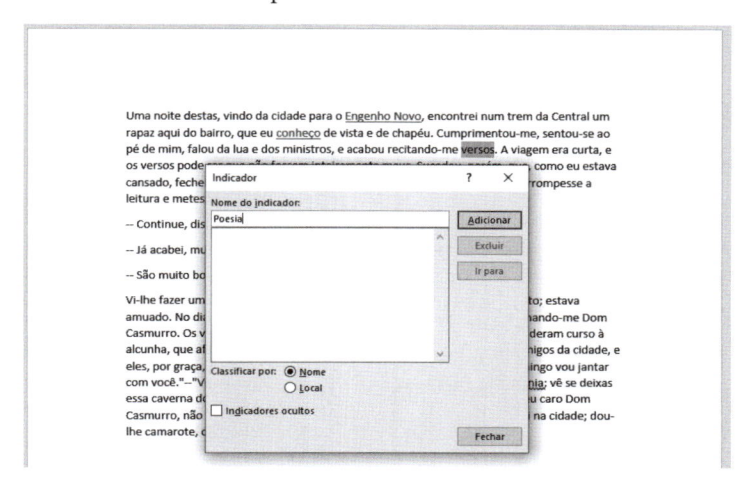

Referência Cruzada

8. A última ferramenta do grupo *Links* é *Referência Cruzada*, que permite criar um link já rotulado para diferentes elementos do documento, como títulos e itens numerados.

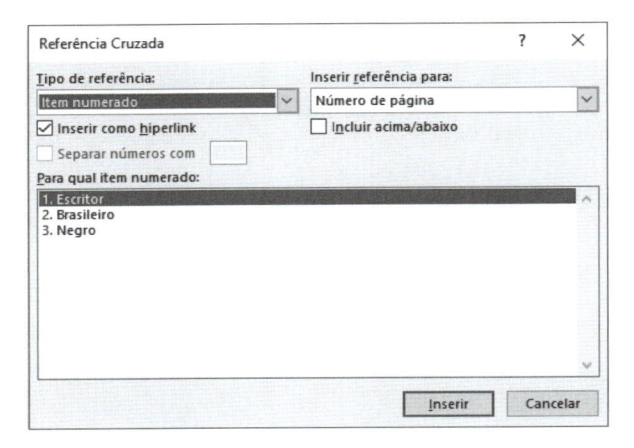

Grupo Comentários

1. O grupo seguinte é autoexplicativo: *Comentários*. Ao clicar na única ferramenta disponível, *Comentário*, será aberta uma aba paralela com a sua identificação e um espaço para escrever seu comentário. É muito útil para deixar lembretes para pesquisar informações posteriormente, ou recados para pessoas que receberão o arquivo. Outra forma de abrir um comentário é clicar com o botão direito do mouse sobre a palavra e selecionar *Novo Comentário*.

2. Dentro do comentário, há ícones para respondê-lo e para resolvê-lo. Neste caso, o comentário continua presente, mas deixa de estar ativo.

3. Caso queira excluir um comentário, clique dentro dele com o botão direito do mouse e clique na opção *Excluir Comentário*. Você também pode formatar o texto do comentário, bloquear os autores e várias outras opções.

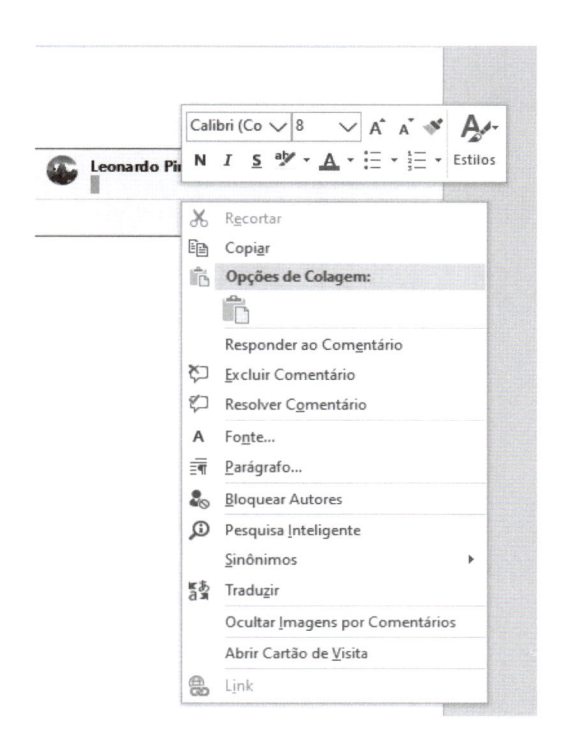

Grupo Cabeçalho e Rodapé

Imagine que você trabalha numa empresa em que todos os documentos precisam ter o logotipo no alto da página e o endereço no pé. O Word tem uma ferramenta bem simples para fazer isso: o grupo *Cabeçalho e Rodapé*.

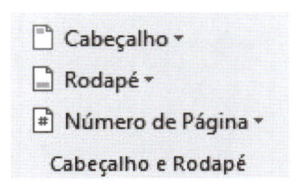

1. As opções *Cabeçalho* e *Rodapé* são muito semelhantes. A diferença é que a primeira entra no topo do texto, e a segunda, no pé. Ao clicar em uma dessas opções, é aberto um menu com modelos predefinidos.

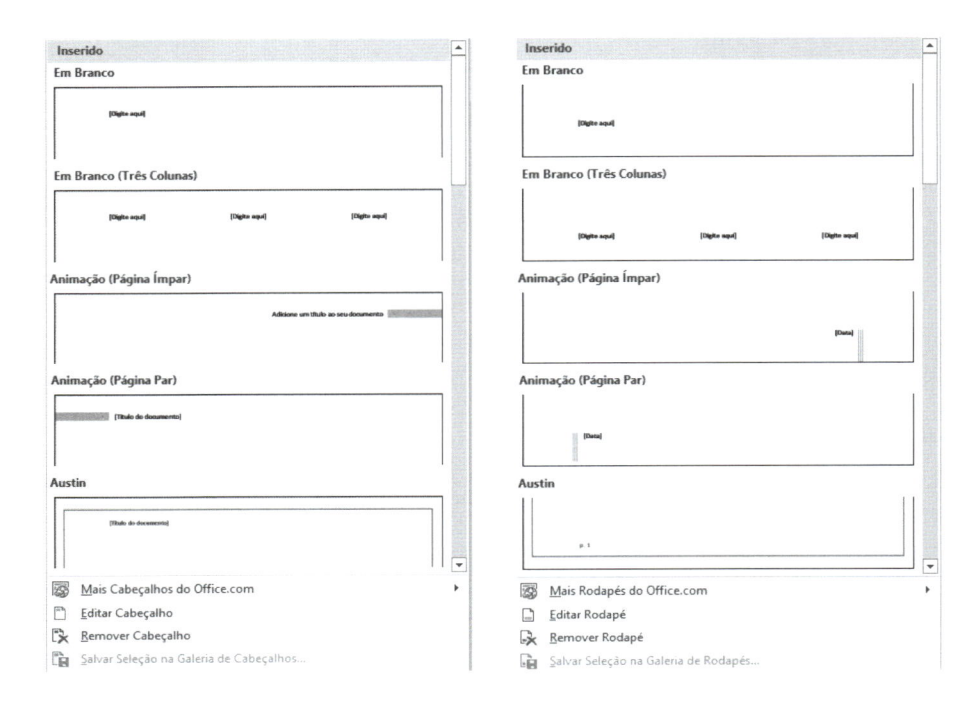

Guia Ferramentas de Cabeçalho e Rodapé/Design

2. Escolhendo qualquer um dos modelos, abre-se a aba *Ferramentas de Cabeçalho e Rodapé*, que permite editar tanto o rodapé quanto o cabeçalho. Os dois passam a ser editáveis.

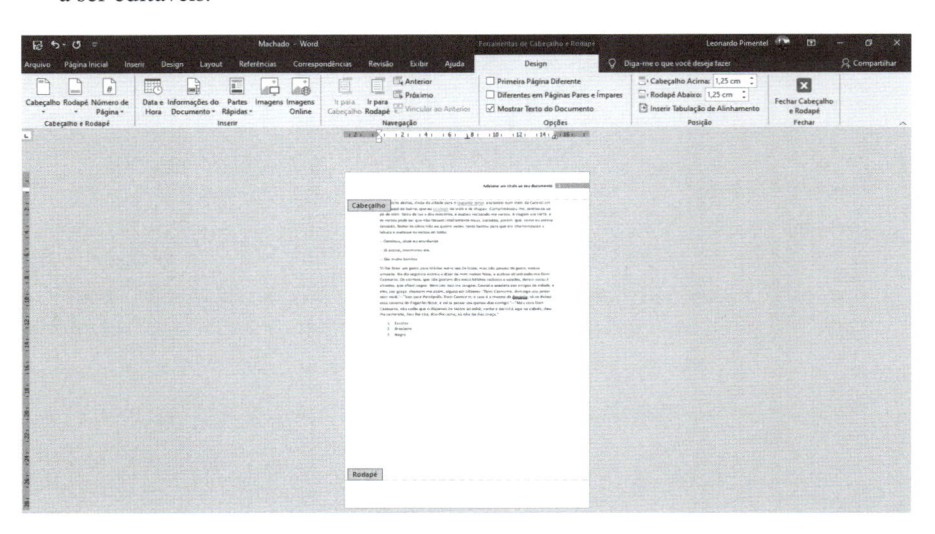

Grupo Cabeçalho e Rodapé

3. O primeiro grupo nessa nova aba é *Cabeçalho e Rodapé*, que apresenta essas opções e mais o recurso *Número de Página*, que também abre um menu de opções.

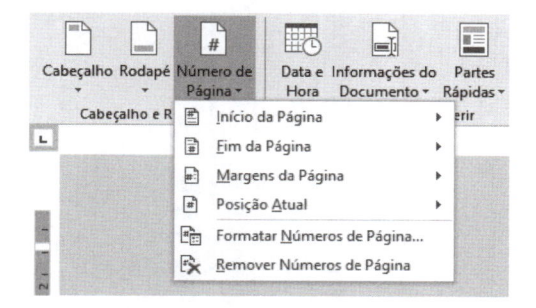

- *Início da Página*: Insere o número no topo da página, centralizado ou em um dos cantos.

- *Fim da Página*: Insere o número na parte de baixo da página, centralizado ou em um dos cantos.

- *Margens da Página*: Permitem que você insira a numeração nas laterais das páginas.

- *Posição Atual*: Insere o número da posição atual do cursor (sempre fora das margens).

- *Formatar Números de Página*: Usa as ferramentas de formatação que já conhecemos.

- *Remover Números de Página*: Exclui a numeração das páginas.

Grupo Inserir

4. O grupo seguinte é *Inserir*, que permite colocar os seguintes elementos dentro do cabeçalho e do rodapé.

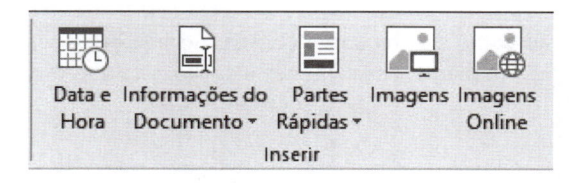

5. A opção *Data e Hora* permite inserir data e hora no documento, sendo possível programar para que essas informações sejam atualizadas automaticamente.

6. O item *Informações do Documento* permite inserir informações do documento tais como *Autor*, *Nome do Arquivo*, *Caminho do Arquivo* (onde ele está no HD ou na rede) e *Título do Documento*, quando houver. Também é possível inserir uma gama maior de informações clicando na opção *Propriedade do Documento*, e a opção *Campo* é uma configuração avançada para o escopo deste livro, usada para inserir elementos com fórmulas complexas.

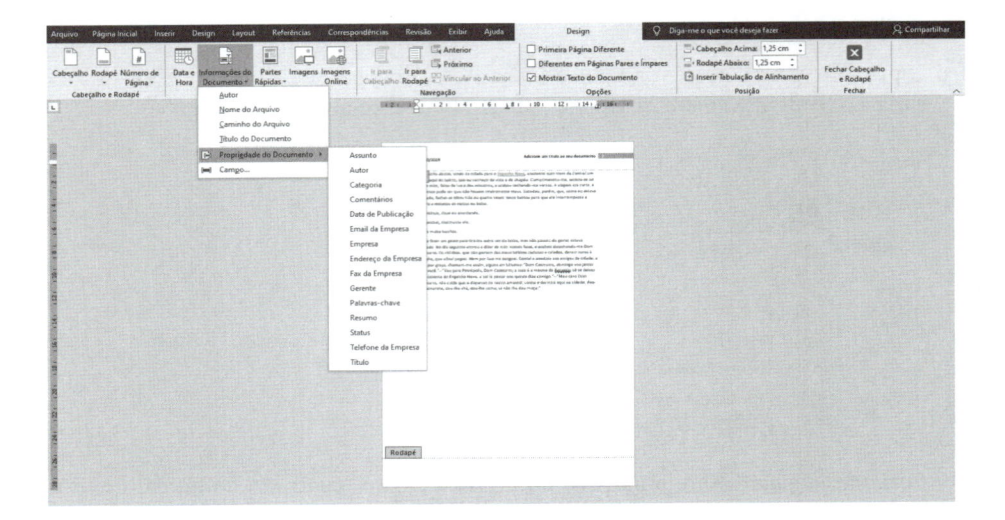

7. O ícone *Partes Rápidas* permite inserir elementos predefinidos e também salvar novas configurações, como a seleção do cabeçalho e a data.

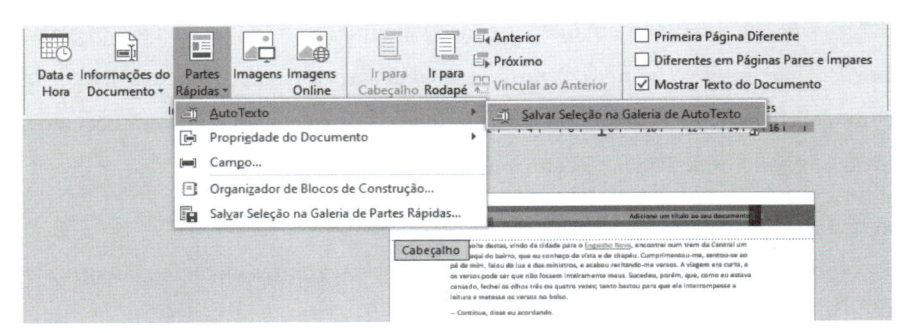

- *AutoTexto*: Permite salvar a seleção como um bloco de construção que pode ser inserido em outros documentos dali em diante. Ao clicar nessa opção, será aberta a seguinte janela.

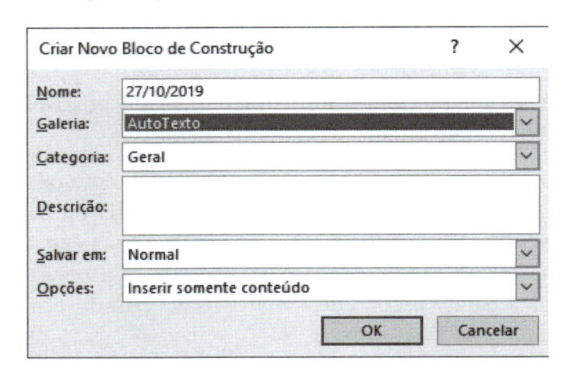

Como o elemento selecionado no exemplo era uma data, o programa a sugere como nome do bloco de construção. Repare também que não estamos restritos ao *Auto-Texto*. Podemos salvar a seleção como praticamente qualquer elemento. Por exemplo, depois de inserir imagens e textos em um cabeçalho, podemos usar esse recurso para salvá-lo na galeria *Cabeçalhos*, de modo que ele passe a aparecer na lista de modelos oferecidos pelo Word.

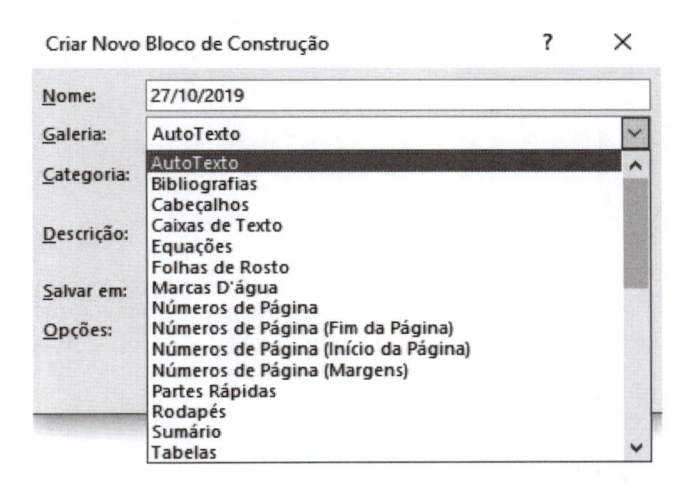

- *Propriedades do Documento* e *Campo*: São os mesmos do ícone anterior.
- *Organizador de Blocos de Construção*: Permite editar os blocos de construção. Repare que o bloco adicionado no item anterior já aparece na lista.

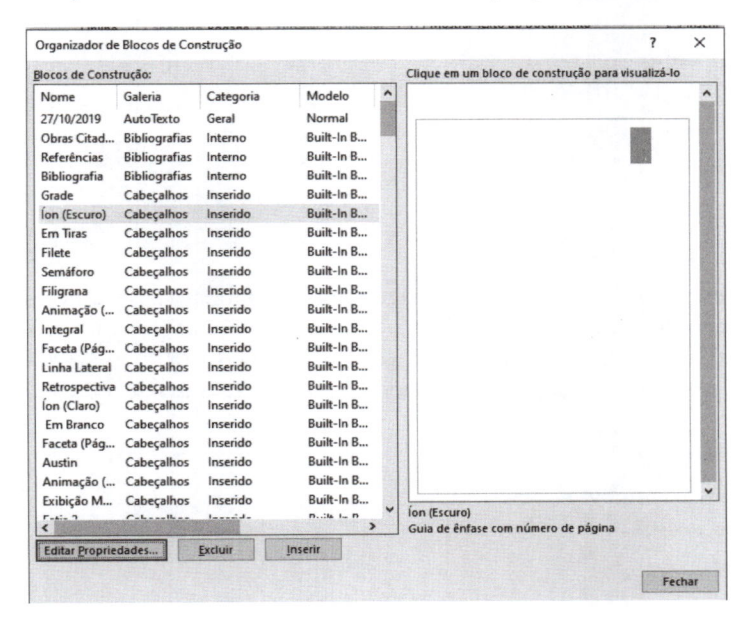

- *Salvar Seleção na Galeria de Partes Rápidas*: É semelhante ao *AutoTexto*, com a diferença de que o que é salvo aparecerá no menu de *Partes Rápidas*.

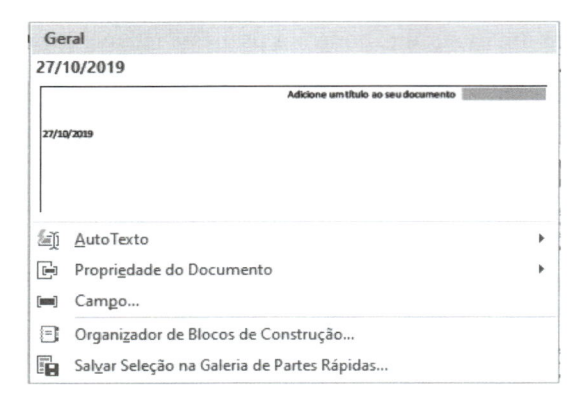

8. Os recursos *Inserir Imagens* e *Inserir Imagens Online* são exatamente iguais aos que vimos nos capítulos anteriores, permitindo, por exemplo, colocar uma logomarca no cabeçalho.

Grupo Navegação

9. Os três últimos grupos da aba *Ferramentas de Cabeçalho e Rodapé* são muito simples. *Navegação* serve para que você passe do cabeçalho para o rodapé e vice-versa. Os itens *Anterior* e *Próximo* fazem com que se passe de uma página para outra no mesmo elemento, e *Vincular ao Anterior* faz com que o texto digitado no elemento anterior seja repetido no atual.

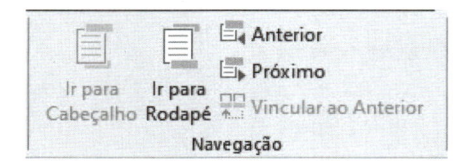

Grupo Opções

10. O grupo *Opções* permite definir que a primeira página terá uma formatação de cabeçalho e rodapé diferente do resto do texto. Também permite diferenciar os elementos nas páginas ímpares e pares, além de mostrar o texto do documento (padrão do Word), permitindo visualizar como o cabeçalho e o rodapé se combinarão com o texto.

Grupo Posição

Finalmente, *Posição* permite estabelecer a distância em que o cabeçalho e o rodapé ficarão do texto.

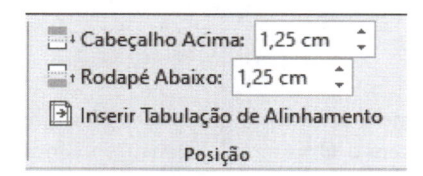

O último grupo é *Fechar*, com apenas um ícone para voltar ao corpo do texto.

GRUPO *TEXTO*

Este grupo permite trabalhar graficamente diferentes textos e até dar os primeiros passos em diagramação.

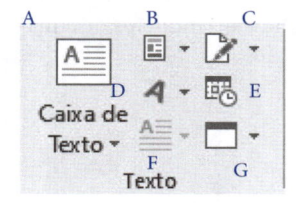

(A) *Caixa de Texto*: Permite inserir uma caixa de texto, que é como um documento dentro do documento. Você pode até mesmo inserir objetos nela e usar todas as formatações de texto que vimos até aqui.

(B) *Partes Rápidas*: Que exploramos em *Cabeçalho e Rodapé*.

(C) *Linha de Assinatura*: Insere um espaço para assinatura, caso o documento precise ser assinado. No menu que esse ícone abre, podemos preencher o nome, o cargo e o e-mail do signatário, assim como deixar instruções e permitir ou não que ele adicione comentários.

(D) *WordArt*: Abre uma nova caixa de texto com formatação predefinida.

(E) *Data e Hora*: Exatamente igual ao que vimos em *Cabeçalho e Rodapé*.

(F) *Capitular*: Insere uma letra maiúscula em corpo maior no início do parágrafo.

(G) *Objeto*: Permite criar ou buscar no HD arquivos que serão anexados ao documento. Você pode vincular o objeto ao arquivo, de modo que, se uma alteração for feita no arquivo original, ela aparecerá também no que está inserido no texto.

> Para que o vínculo funcione, é preciso que o seu documento tenha acesso ao arquivo original do objeto. Se o arquivo for mudado de pasta ou você passar seu documento para outra máquina, o vínculo será desfeito.

> Ainda em *Objeto*, temos a opção *Texto do Arquivo*. Por exemplo, se você tem um arquivo em PDF (um formato que não é editável no Word), pode usar essa ferramenta para copiar o texto desse arquivo e colá-lo no documento do Word.

Grupo *Símbolos*

Finalizando o longuíssimo tema da inserção de elementos, temos o grupo *Símbolos*, que podem ser tanto equações matemáticas quanto imagens e letras fora do alfabeto romano.

π Equação ▾
Ω Símbolo ▾

Símbolos

1. Ao clicar na seta ao lado de *Equação*, o programa apresenta uma lista de fórmulas matemáticas predefinidas, além de permitir que você busque mais modelos de equações no site do Office ou mesmo insira a sua própria equação.

Interno

Área de Círculo

$$A = \pi r^2$$

Expansão de Taylor

$$e^x = 1 + \frac{x}{1!} + \frac{x^2}{2!} + \frac{x^3}{3!} + \cdots, \quad -\infty < x < \infty$$

Expansão de uma Soma

$$(1+x)^n = 1 + \frac{nx}{1!} + \frac{n(n-1)x^2}{2!} + \cdots$$

Fórmula Quadrática

$$x = \frac{-b \pm \sqrt{b^2 - 4ac}}{2a}$$

Identidade Trigonométrica 1

$$\sin \alpha \pm \sin \beta = 2 \sin \frac{1}{2}(\alpha \pm \beta) \cos \frac{1}{2}(\alpha \mp \beta)$$

- Mais Equações do Office.com ▸
- π Inserir Nova Equação
- Equação à Tinta
- Salvar Seleção na Galeria de Equações...

2. A equação selecionada aparece no documento, assim como a nova aba *Ferramentas de Equação/Design*, que oferece diversas ferramentas para formatá-la. Devido ao escopo deste livro, não trataremos dessa aba, mas você pode testar seus recursos.

> Atenção: essa não é uma ferramenta para fazer contas. Se você substituir uma variável (como o raio) por um número, o resultado da equação não será exibido.

3. O último item de inserção é *Símbolo*, que permite inserir caracteres especiais, como letras gregas, árabes e hebraicas, símbolos de moedas (além do cifrão), símbolos fonéticos e muitos outros.

Exercícios

1. No texto de Machado de Assis, insira um vídeo do YouTube a sua escolha.
2. Transforme uma palavra em link para uma página da internet.
3. Transforme outra palavra em um link para um endereço de e-mail e teste para ver o resultado.
4. Crie um indicador em uma palavra.
5. Insira um hyperlink para esse indicador.
6. Crie um cabeçalho e insira o nome do documento, uma imagem e a numeração de página.
7. Passe para o rodapé e insira a data e o nome do autor.
8. Ainda no texto de Machado de Assis, insira uma caixa de texto com o modelo de sua preferência.
9. Insira uma caixa de WordArt e a edite.
10. Insira o recurso *Hora e Data*.
11. Insira uma linha de assinatura.
12. Insira um objeto de um arquivo existente em seu HD.

Anotações

10

Aparência e exibição do documento

OBJETIVOS

» Conhecer as ferramentas de design
» Editar o layout
» Conhecer os modos de exibição

Guia *Design*

Neste capítulo, vamos agrupar três abas que giram em torno do mesmo conceito: a exibição do documento. Estamos falando das guias *Design*, *Layout* e *Exibir*.

1. Abra o arquivo *Casmurro 6*. A aba *Design* permite aplicar modelos de aparência e conjuntos de cores ao documento, além de planos de fundo para a página. Ela possui apenas dois grupos: *Formatação do Documento* e *Plano de Fundo da Página*.

Grupo *Formatação do Documento*

1. A primeira ferramenta que temos é uma lista de *Temas*. Ao passar o cursor sobre as opções, vemos seu efeito no texto, como a mudança de tipo, corpo, cores e estilos. Escolha *Facetado*.

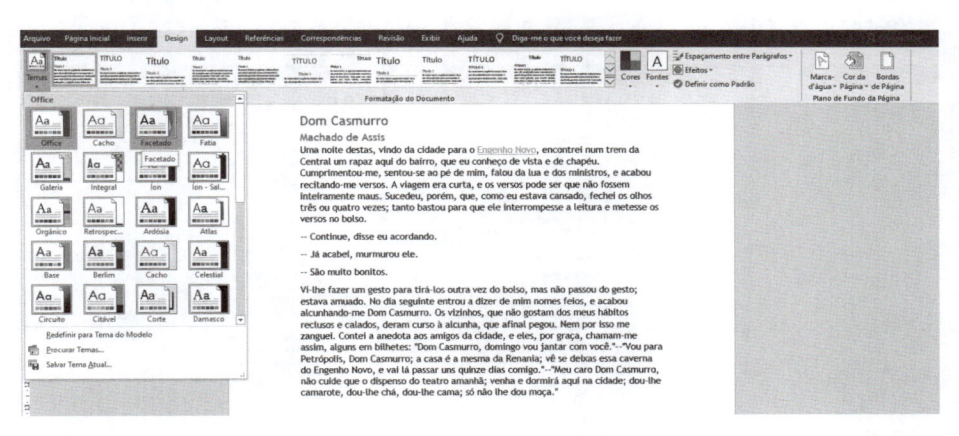

Temos ainda a opção de buscar temas no computador, salvar o tema do documento, ou redefinir para o tema escolhido.

2. À direita do ícone *Temas*, há a biblioteca *Conjuntos de Estilos*, que muda de acordo com o tema escolhido.

3. Os próximos ícones desse grupo têm funções de formatação semelhantes às que já vimos nos capítulos anteriores, com a diferença de que são aplicados automaticamente ao documento todo, e não apenas ao trecho selecionado. Clique nos ícones *Cores*, *Fontes*, *Espaçamento entre Parágrafos* e *Efeitos* e passe o mouse pelas opções para ver o resultado.

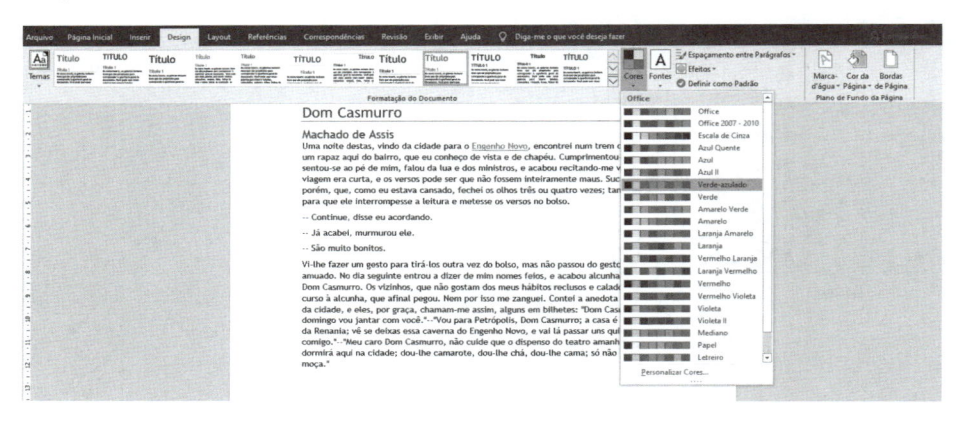

Se você gostou muito do resultado, pode clicar em *Definir como Padrão* para tornar esse estilo o padrão para todos os documentos que criar de agora em diante.

Grupo *Plano de Fundo da Página*

O último grupo de *Design* é *Plano de Fundo da Página*.

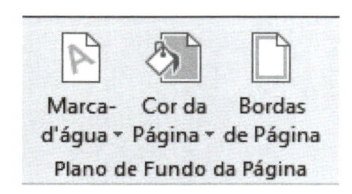

1. O primeiro elemento é *Marca-d'água*, que insere um texto ou objeto semitransparente sob o texto do documento. É um recurso muito útil para que o material não seja usado sem o devido crédito.

2. Caso não goste do resultado, clique em *Remover Marca-d'água*. Caso goste, pode salvá-la.

3. Em *Cor da Página*, é possível alterar o fundo branco para a cor de sua preferência.

4. E é possível ainda criar uma borda para a página, como já vimos no Capítulo 3.

Guia *Layout*

A segunda aba de que vamos tratar neste capítulo é *Layout*. Dos três grupos que a compõem, vamos tratar de apenas um: *Configurar Página*. O grupo *Parágrafo* é uma versão expressa das configurações de parágrafos que vimos no Capítulo 2, e o grupo *Organizar* também já é nosso velho conhecido.

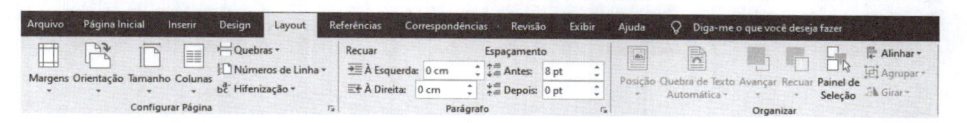

Grupo Configurar Página

1. Em *Margens*, podemos delimitar o tamanho da caixa de texto na página.

2. Em *Orientação*, determinamos se a página será vertical (*Retrato*) ou horizontal (*Paisagem*).

3. Em *Tamanho*, escolhemos o formato do papel para o qual o texto está configurado. O padrão do Word no Brasil é A4, mas também é comum se utilizar Carta e Ofício. A diferença no tamanho do papel impacta nas margens e em quanto de texto cabe em cada página.

4. Em *Colunas*, podemos escolher manter o padrão de uma só coluna ou utilizar duas ou mais.

5. Adiante temos as *Quebras*, que interrompem o texto e levam para uma nova página, coluna ou seção. Por exemplo, quando um capítulo termina no meio de uma página, podemos usar uma *Quebra de Página* para que o capítulo seguinte comece no alto da próxima página. Já a *Quebra de Seção* interrompe o texto e o leva para outro ponto, que pode ser em outra página, na própria página (para separá-lo de uma ilustração, por exemplo) ou mesmo na página par ou ímpar seguinte (criando uma página em branco entre os textos).

6. A opção *Números de Linha*, como o nome indica, permite a contagem de linhas de cada página ou coluna. Temos a opção de fazer a contagem contínua em todo o documento, reiniciá-la em cada página ou seção e suprimi-la no parágrafo onde o cursor de texto estiver.

7. E, finalmente, temos a *Hifenização*, ou seja, a separação de sílabas no final de cada linha do texto. Embora não venha ativada por padrão, ela é muito útil, já que elimina espaços em branco no fim das linhas (em textos alinhados à esquerda) e no meio das linhas (em textos justificados). A hifenização pode ser feita automaticamente pelo programa ou manualmente. Neste caso, ele localiza cada palavra que pode ser separada e pergunta em qual sílaba se deve fazer a divisão.
8. O grupo *Configurar Página* tem uma seta no canto direito inferior, que abre um menu de configurações avançadas para todos os elementos que vimos.

Guia *Exibir*

A última aba deste capítulo é a mais longa, mas nem por isso mais complexa. *Exibir* determina como o documento é visualizado na tela.

Grupo Modos de Exibição

O primeiro grupo que vamos analisar é *Modos de Exibição*.

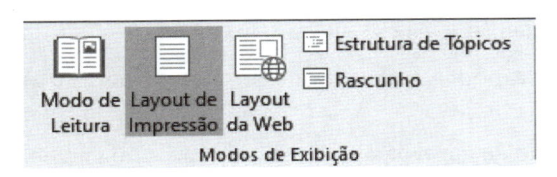

Modo de Leitura

1. Por padrão, todo texto do Word é mostrado no *Layout de Impressão*, que é o que temos visto desde o começo deste livro. Clique em *Modo de Leitura*, que reproduz o texto como um livro. Para passar de uma página para outra, clique na seta nas margens.

Layout da Web

2. O outro modo de exibição é *Layout da Web*, que mostra o documento como uma página da internet.

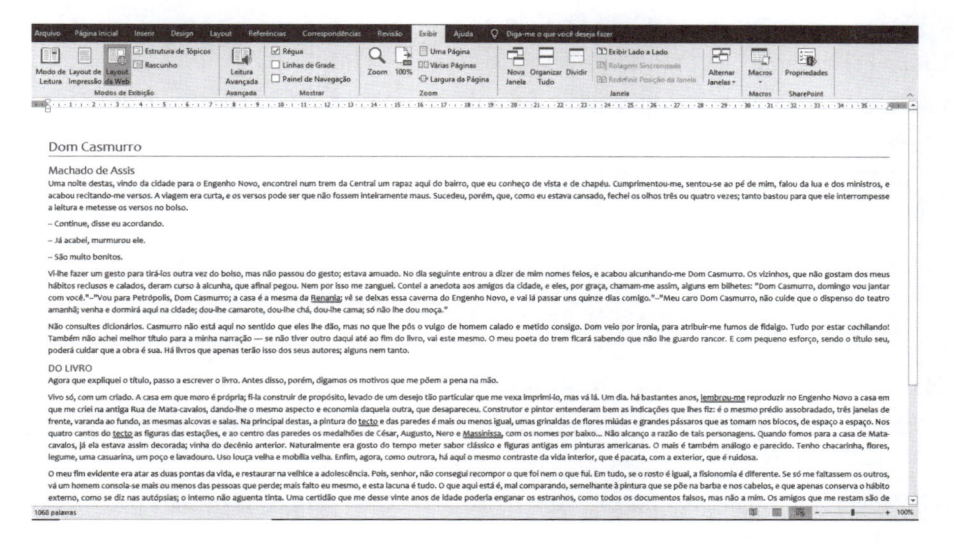

3. Outra opção é *Rascunho*, semelhante ao *Layout de Impressão*, mas sem as configurações de páginas. Era o padrão das primeiras versões do Word, mas hoje tem pouca utilidade, já que não permite visualizar diversas formatações. Melhor trabalhar direto com o texto na forma como ele será visto.

Estrutura de Tópicos

4. O próximo botão é *Estrutura de Tópicos*, que transforma cada elemento do texto em um tópico organizado por tipo (cada título corresponde a um nível, como indica o sinal de + antes dele). A estrutura em tópicos facilita, por exemplo, a movimentação de parágrafos de um ponto para outro do texto.

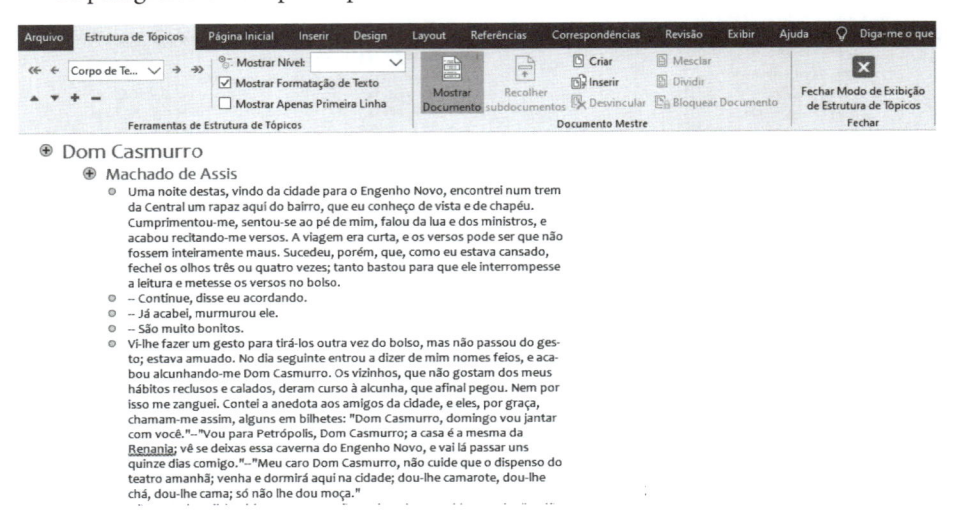

Grupo Ferramentas da Estrutura de Tópicos

Esse modo de visualização abre novos grupos. O primeiro é *Ferramentas de Estrutura de Tópicos*.

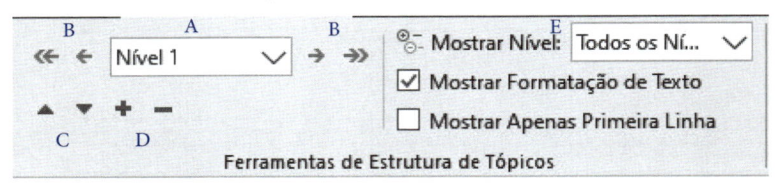

(A) *Nível do Tópico*: Mostra o nível do texto em que o cursor estiver.

(B) *Elevar/Rebaixar*: Permite rebaixar (setas para a direita) ou elevar (setas para a esquerda) o nível do texto.

(C) *Mover para Cima/para Baixo*: Move o item destacado para cima ou para baixo, sem mudar a formatação.

(D) *Expandir/Recolher*: Abre (sinal de +) ou fecha (sinal de -) os níveis. Ao fecharmos um nível, veremos apenas o título, mas não o corpo do texto.

(E) *Mostrar Nível*: Ao lado, vemos uma caixa para decidir que nível será exibido e as opções de mostrar a formatação do texto e de mostrar apenas a primeira linha de cada elemento.

Grupo Documento Mestre

O segundo subgrupo é *Documento Mestre*. Com ele, podemos inserir ou criar um subdocumento após um título.

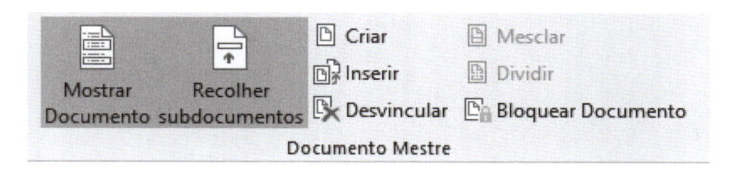

Grupo Avançada

1. O segundo grupo da aba *Exibir* é *Avançada*, que traz um dos mais interessantes recursos do Word 2019. Ao clicar em *Leitura Avançada*, será aberta uma nova aba e o modo de exibição será alterado.

- *Largura da Coluna*: Altera a largura da coluna, de modo que o leitor pode escolher o que for mais confortável.

- *Cor da Página*: Muda a cor de fundo, com opções para sépia com letras pretas e inverso (fundo preto e letras brancas).

- *Foco de Linha*: Permite concentrar o foco da leitura em uma, três ou cinco linhas, com setas de navegação para passar para outra linha ou grupo de linhas.

- *Espaçamento de Texto*: Aumenta o espaçamento entre as letras.

- *Sílabas*: Dividem todas as palavras do documento por sílabas.

- *Ler em Voz Alta*: Uma voz feminina lê o texto para nós. Não é perfeito, claro, pois cada palavra foi gravada separadamente, mas é um recurso fabuloso para pessoas com dificuldade de leitura. O áudio é controlado por um painel à direita do texto, podendo o leitor/ouvinte pausar, avançar, retroceder e aumentar o volume.

Grupos Movimentação de Páginas, Mostrar e Zoom

1. Avançando na aba *Exibir*, temos o grupo *Movimentação de Páginas*. Sua função é bem simples. Por definição, os textos do Word correm verticalmente. Nessa caixa, podemos fazer com que corram horizontalmente, como no *Modo de Leitura*.

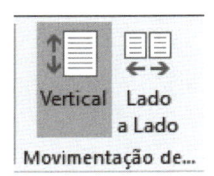

2. O próximo grupo, *Mostrar*, permite exibir a *Régua* (fica no alto e na lateral, indicando as margens e a caixa de texto), as *Linhas de Grade* (quadriculados que nos auxiliam a posicionar elementos no texto, mas dificultam a leitura) e o *Painel de Navegação*, onde podemos avançar para títulos e entretítulos e ainda fazer buscas por elementos. Marque os três para ver o resultado.

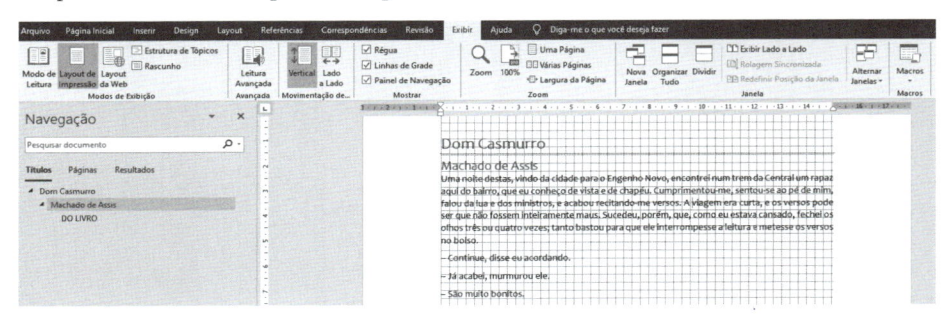

3. O grupo seguinte, chamado *Zoom*, permite gerenciar o tamanho da exibição.

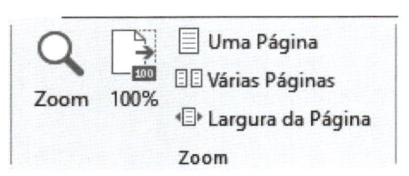

Grupo Janela

Como o próprio nome indica, tudo no Windows gira em torno de janelas. E esse é o grupo a seguir.

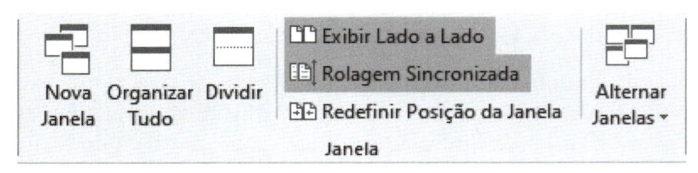

- *Nova Janela*: Cria uma cópia (não salva) da janela atual.

- *Organizar Tudo*: Todas as janelas do Word que estiverem abertas serão exibidas horizontalmente. Isso permite que você trabalhe em um documento enquanto consulta outro.

- *Dividir*: Permite dividir um documento em dois. Dessa forma, você pode editar um trecho e ler outro.

- *Exibir Lado a Lado*: Permite selecionar dois documentos abertos e visualizá-los lado a lado.

- *Rolagem Sincronizada*: Com a opção *Exibir Lado a Lado* selecionada, podemos fazer com que os dois arquivos rolem simultaneamente. Ou seja, quando corrermos o texto da esquerda, o da direita correrá também. Isso é útil, por exemplo, para comparar documentos.

- *Redefinir Posição da Janela*: Se você expandiu demais uma das janelas, clique nesta opção para que todas voltem a ocupar o mesmo espaço.

- *Alternar Janelas*: Permite alternar entre as janelas do Word abertas.

> Outra forma de alternar é pressionar *Alt* + *Tab* e escolher a janela desejada.

Grupo Macros

O penúltimo grupo é um grande poupador de tempo: *Macros*. São comandos que executam, a partir de um botão ou de uma ordem no teclado, uma ou mais tarefas programadas. Por exemplo, se você usa com frequência um texto ao mesmo tempo em itálico, negrito e sublinhado, pode criar uma macro para fazer isso, em vez de ter de clicar nos ícones ou nas teclas de atalho. É exatamente isso o que faremos.

1. Para iniciar, clique em *Macros* e depois em *Gravar Macro*.

2. Na janela a seguir, dê um nome à macro, por exemplo, *NegItSub*. Certifique-se de selecionar *Todos os Documentos (Normal.dotm)* e adicione (se quiser) uma descrição.

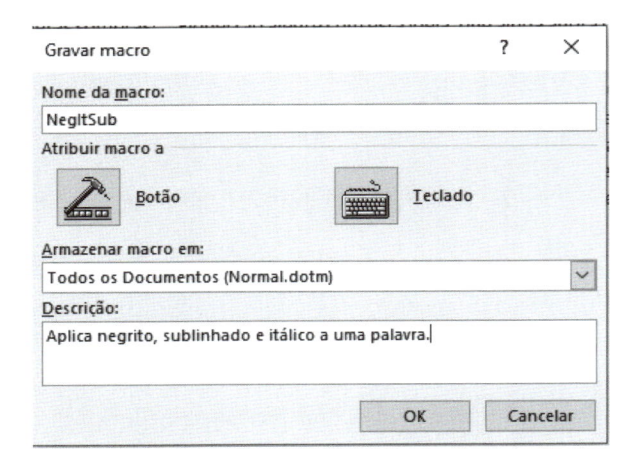

3. Clique em *Botão* para adicionar a macro como um botão na *Barra de Ferramentas de Acesso Rápido*. Será aberta a janela *Opções do Word*.

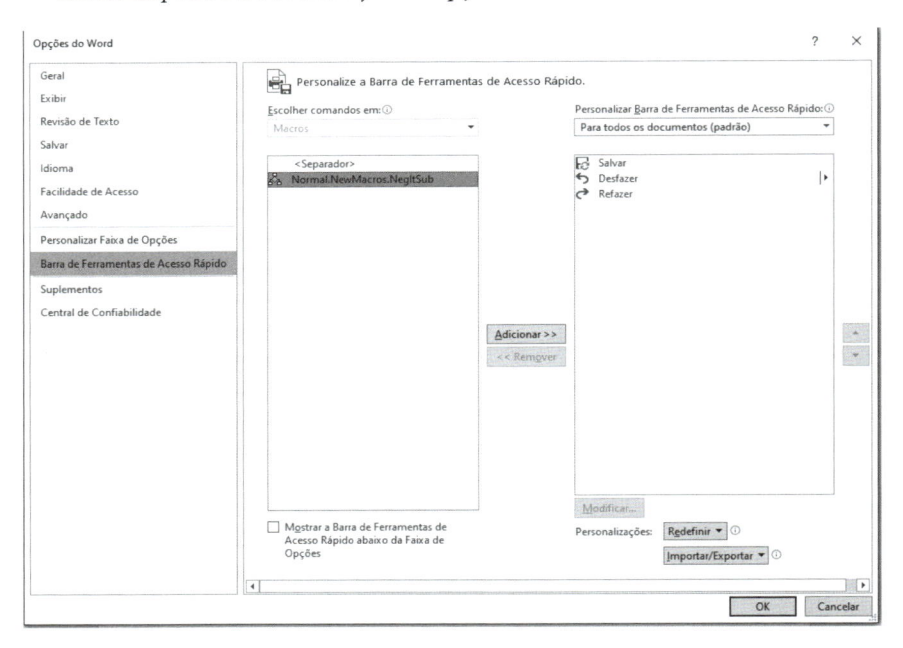

4. Na coluna à esquerda, selecione a macro e clique em *Adicionar* para que ela passe para a coluna da direita. Para alterar o ícone, clique em *Modificar*. Será aberta a lista a seguir. Escolha o *Smiley*, a carinha sorridente, e clique em *OK*.

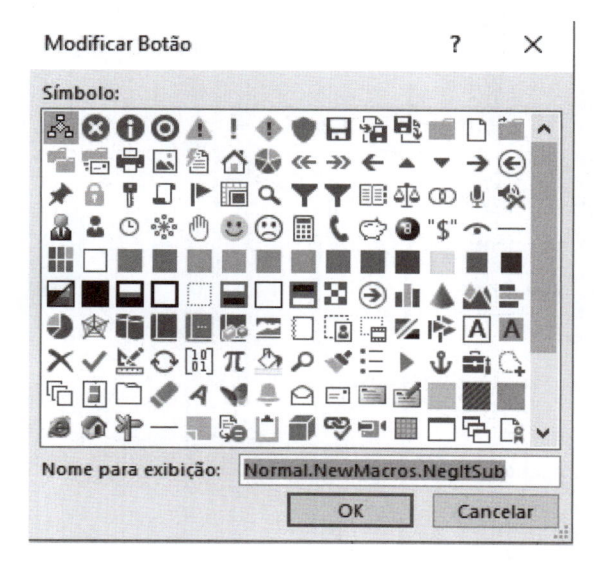

5. De volta à janela *Opções do Word*, clique novamente em *OK*. Agora, o cursor assume a forma de uma fita cassete, e você pode gravar de fato a macro.

6. Execute os comandos que deseja gravar: neste caso, pressione *Ctrl + N* (para aplicar *Negrito*), *Ctrl + I* (para aplicar *Itálico*) e *Ctrl + S* (para aplicar *Sublinhado*). Volte em *Macros* e clique em *Parar Gravação*.

O ícone *Smiley* vai aparecer na *Barra de Ferramentas de Acesso Rápido*.

Ao clicar nele, a palavra em que o cursor de texto estiver vai ficar em negrito, itálico e sublinhado.

Grupo SharePoint

O derradeiro grupo desta aba é *SharePoint*, que possui uma única ferramenta: *Propriedades*, que nos leva a *Informações*, na aba *Arquivo*, que vimos no primeiro capítulo.

Exercícios

1. Abra um texto com título e subtítulo formatados.
2. Escolha um tema diferente para os títulos e o texto.
3. Mude cor, fonte e espaçamento de parágrafo.
4. Crie uma marca-d'água para o documento.
5. Aplique uma cor do tema à página.
6. Mude a configuração das margens.
7. Mude o tamanho do papel e veja o efeito sobre o texto.
8. Divida-o em três colunas.
9. Inclua uma quebra de página na metade da segunda coluna.
10. Numere as linhas.
11. Hifenize manualmente o texto.
12. Selecione um parágrafo do texto e recue-o *1 cm* à direita e *2 cm* à esquerda.
13. Aumente em *3 pt* o espaçamento antes do parágrafo e reduza para *5 pt* o espaçamento depois.
14. Abra a estrutura de tópicos e suba o subtítulo um nível.
15. No modo *Leitura Avançada*, aumente a margem do texto, mude a cor de fundo, selecione o foco em uma linha, aumente a separação entre as letras e ouça a leitura do texto.
16. No grupo *Zoom*, use as ferramentas *Uma Página* e *Largura da Página*. Mude o percentual de exibição para *155%*.
17. Abra dois textos no Word, organize as janelas horizontalmente e lado a lado e divida um dos arquivos.
18. Crie uma macro de botão para deixar cada palavra do texto com a primeira letra em maiúscula (como vimos na aba *Página Inicial*, no grupo *Fonte*).

11

Referências e revisão

OBJETIVOS
» Inserir referências e citações
» Revisar o documento

Guia *Referências*

Para encerrar nossa jornada pelo Word, vamos examinar duas abas que representam o ponto final de um trabalho de texto: *Referências* e *Revisão*. Começaremos com a guia *Referências*, que trata de informações complementares do texto, tais como índices, sumários, bibliografias, citações, etc.

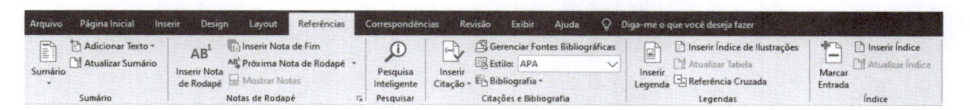

Grupo *Sumário*

O primeiro grupo dessa aba é *Sumário*, que cria um resumo remetendo às páginas do trabalho.

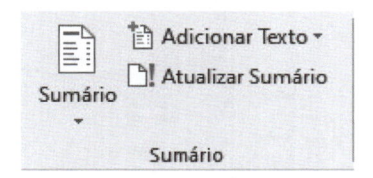

1. Abra o arquivo *Casmurro 7*. Posicione o cursor no início do título e clique no ícone *Sumário*. Na lista que se abre, clique no primeiro modelo, *Sumário Automático 1*. O programa identifica os títulos, subtítulos e entretítulos formatados e cria o sumário.

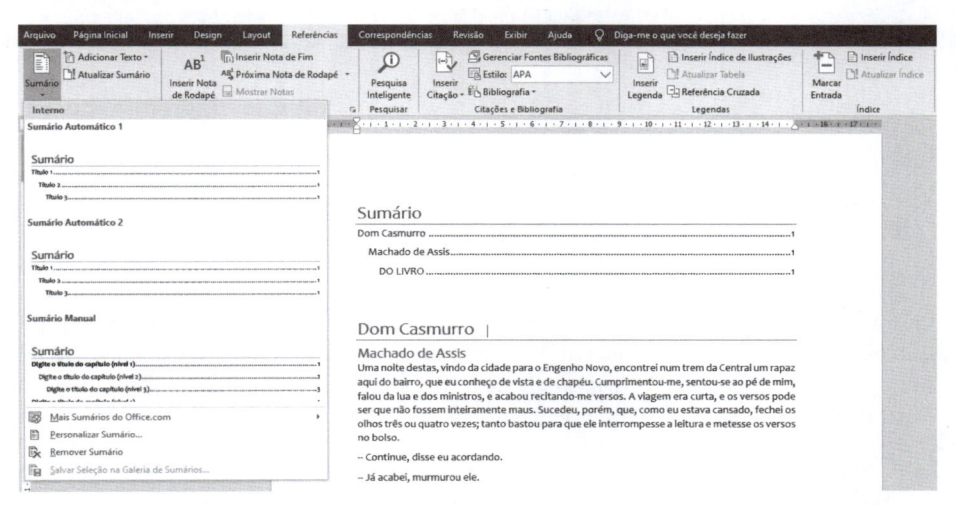

Grupo Notas de Rodapé

Em seguida, temos o grupo *Notas de Rodapé*, que insere notas numeradas associadas a um elemento da página. Ao contrário dos textos de rodapé que inserimos no Capítulo 9, essas notas não se replicam pelas demais páginas.

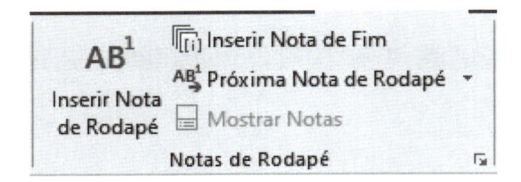

1. Por exemplo, com o cursor no final do nome do autor, clique em *Inserir Nota de Rodapé*. O número 1 sobrescrito aparece automaticamente na posição do cursor, e um espaço para digitar o texto da nota aparece no rodapé. Digite *Joaquim Maria Machado de Assis (Rio de Janeiro, 21 de junho de 1839 – Rio de Janeiro, 29 de setembro de 1908)*.

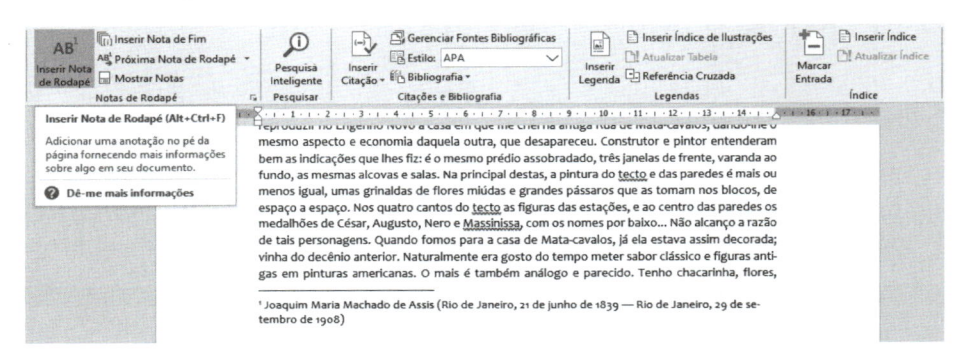

> Você pode inserir quantas notas de rodapé quiser, ou quanto texto quiser em sua nota, mas cuidado para não ter mais texto de notas do que texto numa página. Isso prejudica o ritmo da leitura.

Outra opção é *Inserir Nota de Fim*. Como o nome indica, ela é inserida no fim do capítulo ou do documento. A vantagem desse tipo de organização de notas é que não precisamos nos preocupar com a quantidade das notas nem com o tamanho. A desvantagem é que o leitor precisa ir constantemente ao fim do capítulo para lê-las.

2. Coloque o cursor após o nome do bairro *Engenho Novo*, na primeira linha do texto, e clique em *Inserir Nota de Fim*. Você será direcionado para o fim do documento, e será aberta uma nota com a numeração 1 (as notas de fim e de rodapé não interferem na numeração umas das outras). Digite *Bairro localizado na Zona Norte do município do Rio de Janeiro*.

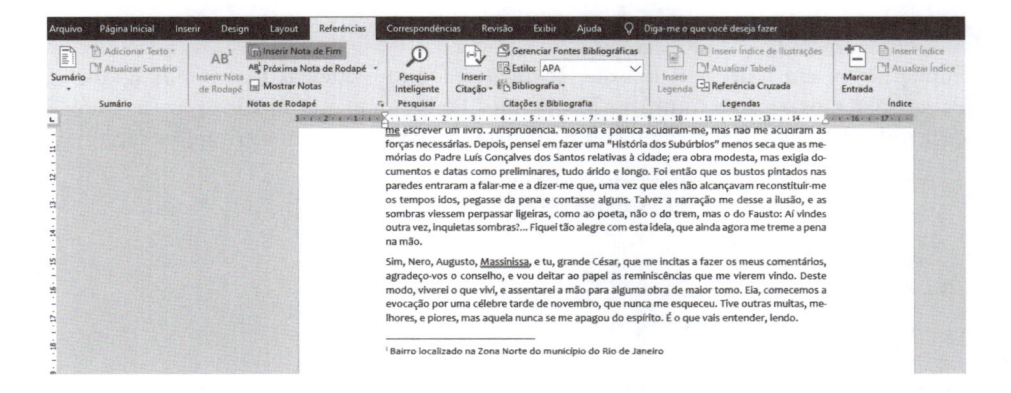

> Para eliminar uma nota de rodapé ou de fim inserida num texto, basta excluir o número na palavra de referência.

Grupo Pesquisar

1. O grupo seguinte só dispõe de uma ferramenta. Selecione uma palavra ou trecho e clique em *Pesquisa Inteligente*. O Word varre a internet atrás de referências.

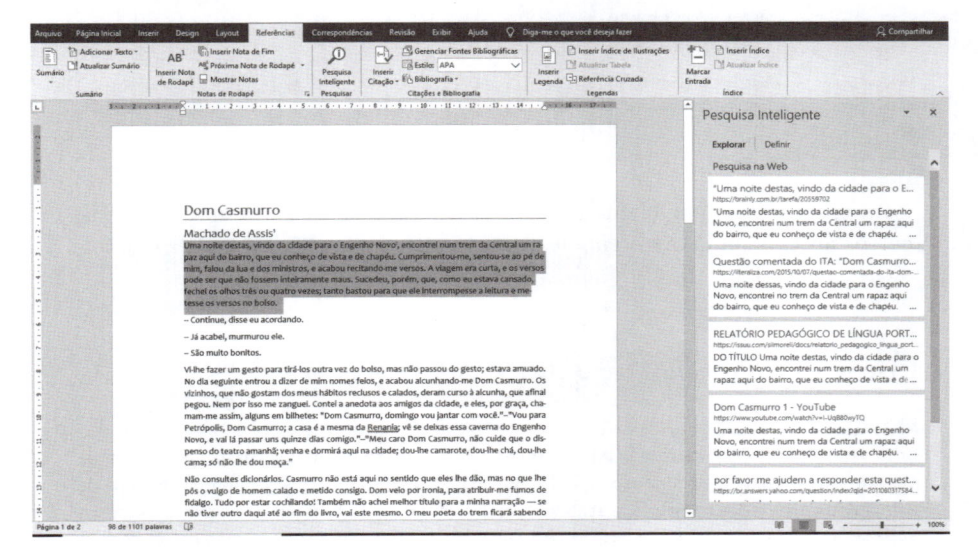

GRUPO CITAÇÕES E BIBLIOGRAFIA

Fundamental em todo trabalho que envolva pesquisa é citar as fontes bibliográficas. Para isso, temos o grupo *Citações e Bibliografia*. Lembrando que citação aqui é a referência a uma obra, não um trecho da obra formatado, como vimos nos primeiros capítulos.

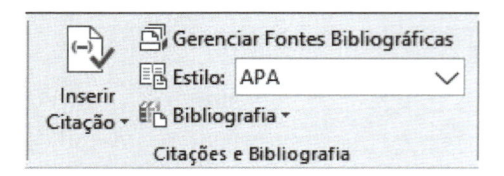

1. Selecione o título do documento, *Dom Casmurro*. Clique em *Inserir Citação* e em *Adicionar Nova Fonte Bibliográfica*. Será aberta uma janela para preencher com os dados do livro.

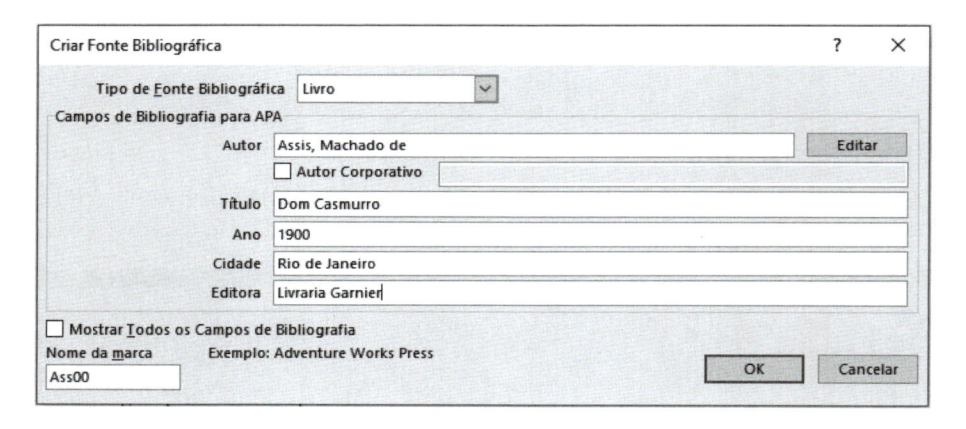

2. Com tudo preenchido, clique em *OK*. A citação aparece no ponto onde estava o cursor, apresentando o sobrenome do autor, o título da obra e o ano da edição.

> Caso você não tenha à mão todos os dados da obra, pode usar a opção *Adicionar Novo Espaço Reservado* e completá-lo depois.

> No ícone *Estilo*, você pode escolher o estilo da bibliografia. O padrão é APA, usado pela *American Psychological Association*, mas você pode escolher outro, se lhe convier.

3. O ícone *Bibliografia* abre uma biblioteca com modelos de bibliografia, obras citadas e referência. Com o cursor em qualquer ponto do texto, escolha um modelo da lista e ele aparecerá no fim do documento, trazendo as fontes bibliográficas salvas.

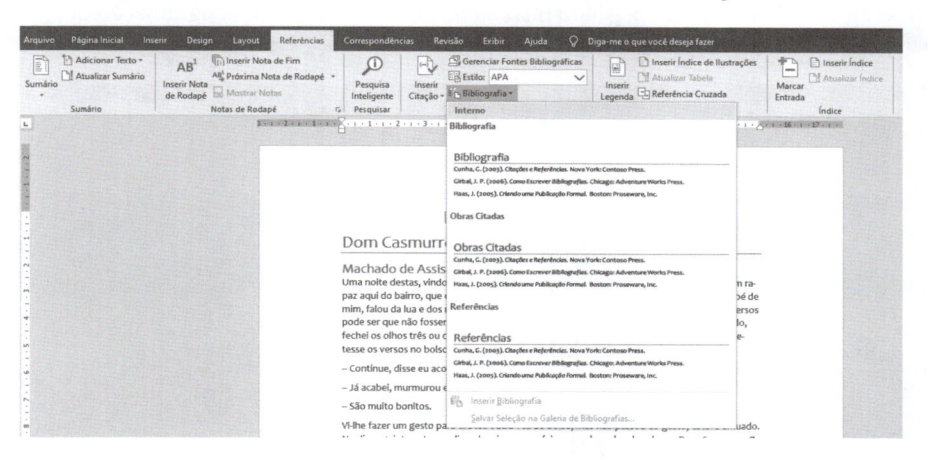

Grupo Legendas

Para entender o próximo grupo, *Legendas*, será preciso acrescentar imagens ao texto.

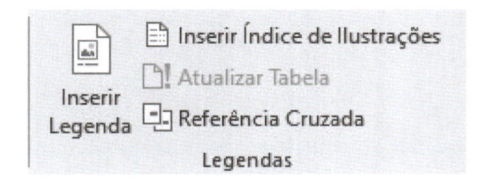

1. Usando os recursos aprendidos nos capítulos anteriores, pesquise na internet e insira duas fotos do próprio Machado. Com as fotos posicionadas na página, clique em uma delas com o botão direito do mouse e em *Inserir Legenda*. Será aberta a janela a seguir, onde é possível editar as informações da legenda.

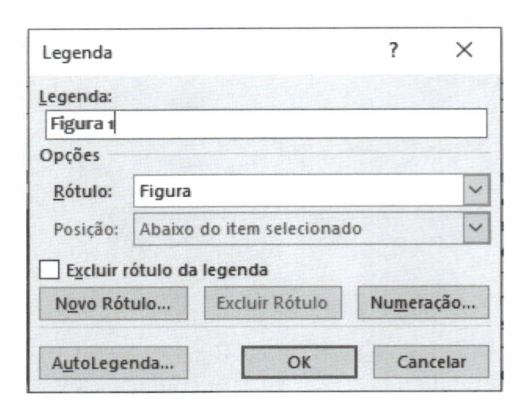

Você também pode editar a legenda na página. O resultado é uma diagramação que, se não possui recursos de programas específicos, é satisfatória para trabalhos mais simples.

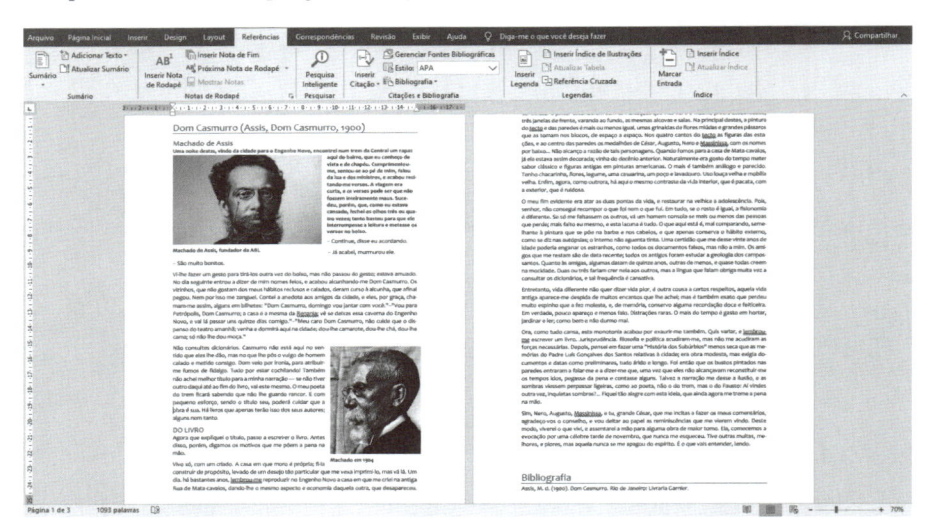

Grupo *Índice*

O último grupo da aba *Referências* é *Índice*.

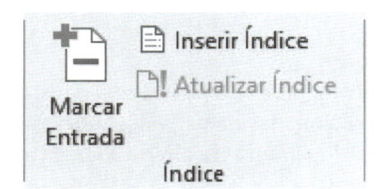

1. Diferentemente do sumário, que lista os títulos e subtítulos da obra, o índice remete a palavras-chave no texto. Para criar essas palavras-chave, selecione a palavra desejada, como *Nero*, por exemplo, e clique em *Marcar Entrada*. Será aberta a seguinte janela:

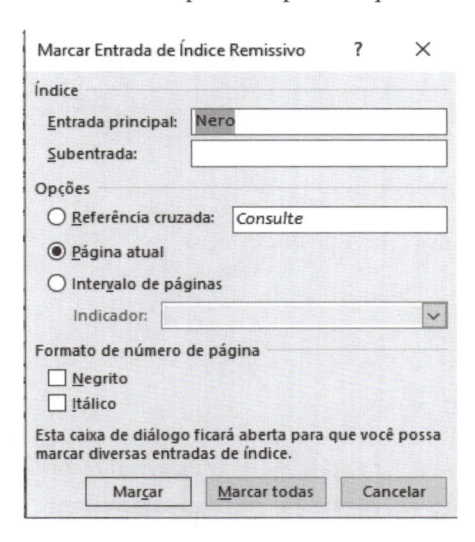

2. Para marcar apenas a palavra, clique em *Marcar*. Para marcar todas as ocorrências da palavra no documento, clique em *Marcar todas*. No arquivo *Casmurro 7*, marque as palavras *Central*, *Renânia* e *Nero*.

> Note que a configuração do documento passa para *Exibir Tudo*, de forma a mostrar as referências ao lado das palavras. Para voltar ao modo de exibição normal, pressione *Ctrl* + *.

3. Com essas palavras marcadas, posicione o cursor no final do documento e clique em *Inserir Índice*.

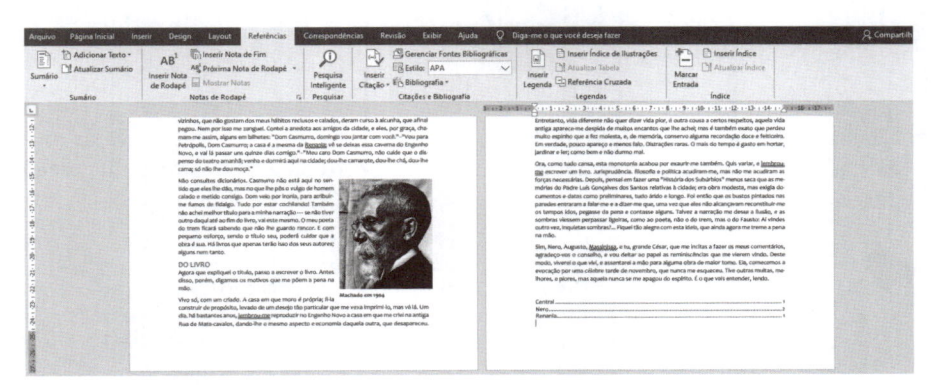

Guia *Revisão*

Chegamos à última aba abordada neste livro. Já que nenhum trabalho deve ser entregue sem ser revisto, é justo que encerremos com a aba *Revisão*.

GRUPO *REVISÃO DE TEXTO*

O primeiro grupo sobre o qual nos debruçaremos é *Revisão de Texto*.

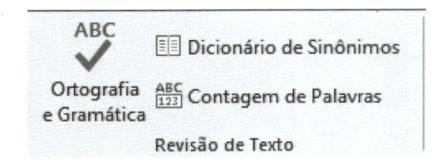

1. Clique no ícone *Ortografia e Gramática* para iniciar a revisão ortográfica e gramatical.

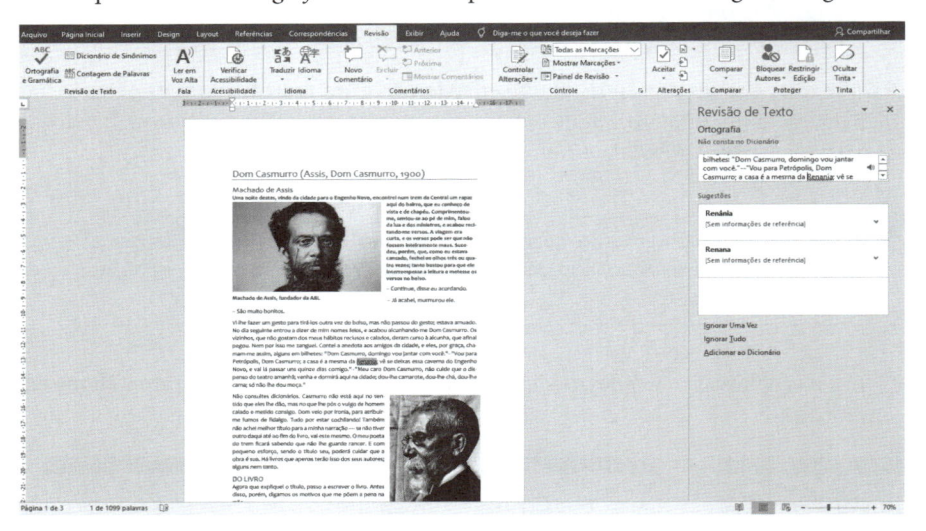

2. Na aba lateral que se abre, o programa destaca os erros e oferece sugestões de mudanças. Você pode aceitar as sugestões, ignorar o erro ou acrescentar a palavra ao dicionário.

> Não abuse de *Adicionar ao Dicionário*, especialmente em relação a estrangeirismos e gírias. Uma vez no dicionário, a palavra passa a ser considerada certa pelo programa, o que pode deixar passar um erro. É melhor clicar em ignorar.

3. Às vezes, repetimos palavras em um texto, o que é estilisticamente ruim. Nessas horas, uma ferramenta útil é o *Dicionário de Sinônimos*. Basta destacar uma palavra e clicar no dicionário para que o Word apresente sugestões.

4. O último item do grupo é *Contagem de Palavras*, que apresenta as estatísticas do documento, como o número de caracteres e palavras.

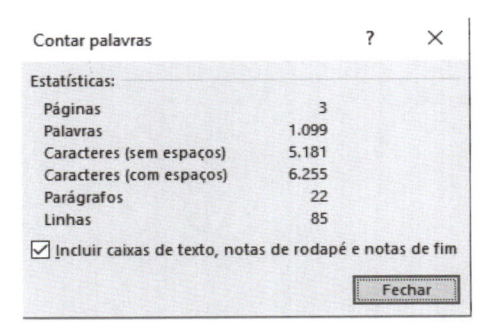

Grupos *Fala* e *Acessibilidade*

1. O grupo *Fala* conta com o recurso de leitura em voz alta, igual ao da *Leitura Avançada*.

Um dos temas mais relevantes dos dias de hoje é a acessibilidade, e o Word não se furta a essa questão. Como já vimos, podemos acrescentar textos adicionais a imagens e objetos para que, lidos em voz alta, os descrevam a deficientes visuais, por exemplo.

2. A ferramenta *Verificar Acessibilidade* checa onde o documento pode ser melhorado e dá sugestões.

Grupo *Idioma*

1. Nesse grupo, há o recurso *Traduzir*, que usa a ferramenta de tradução da Microsoft e abre o resultado em uma nova janela para que você o salve.

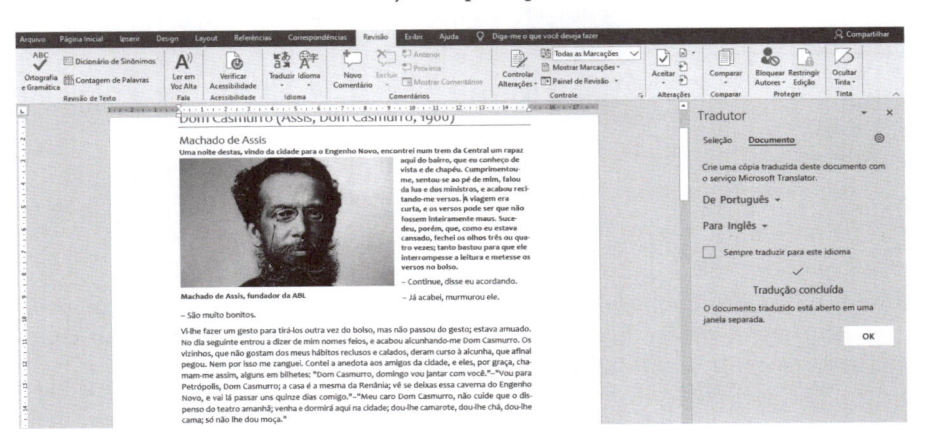

Só há um porém. Como qualquer programa automático de tradução, esse recurso não é totalmente confiável. É preciso que o texto seja revisto por alguém que compreenda o idioma, a fim de evitar que o *Machado de Assis* do subtítulo seja traduzido literalmente como *Axe of Assisi*, por exemplo.

2. Se você quiser escrever em outro idioma, use a ferramenta *Idioma* para trocar a língua padrão do documento.

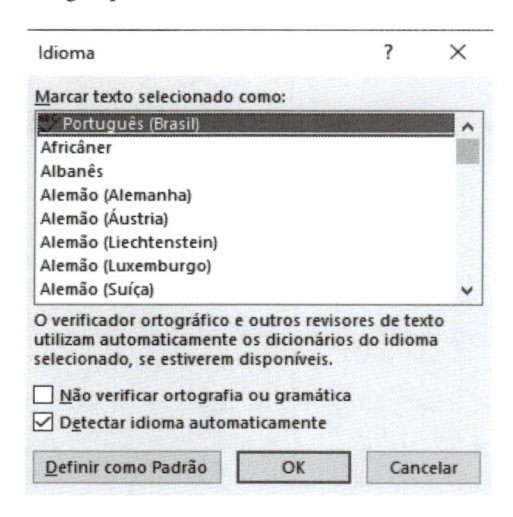

Grupos *Comentários* e *Controle*

O grupo *Comentários* não traz novidades em relação ao que vimos na aba *Inserir*, de modo que vamos passar direto para o importante grupo *Controle*.

Quando um texto passa por diversas pessoas, é comum que se perca um pouco a noção de quem modificou o quê. O remédio para isso é controlar as alterações. Com esse recurso ativado, em vez de as modificações serem feitas automaticamente no texto, elas são destacadas em outra cor para serem depois aceitas ou recusadas.

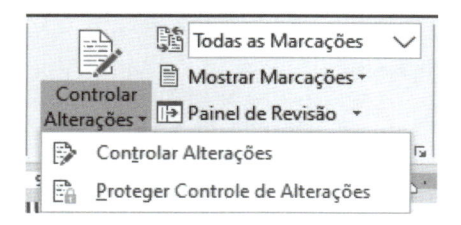

1. Ainda no arquivo *Casmurro 7*, ative o *Controlar Alterações* e troque a palavra *ministros* no primeiro parágrafo por *governantes*. As duas aparecem em vermelho, com a palavra removida riscada, mas ainda visível.

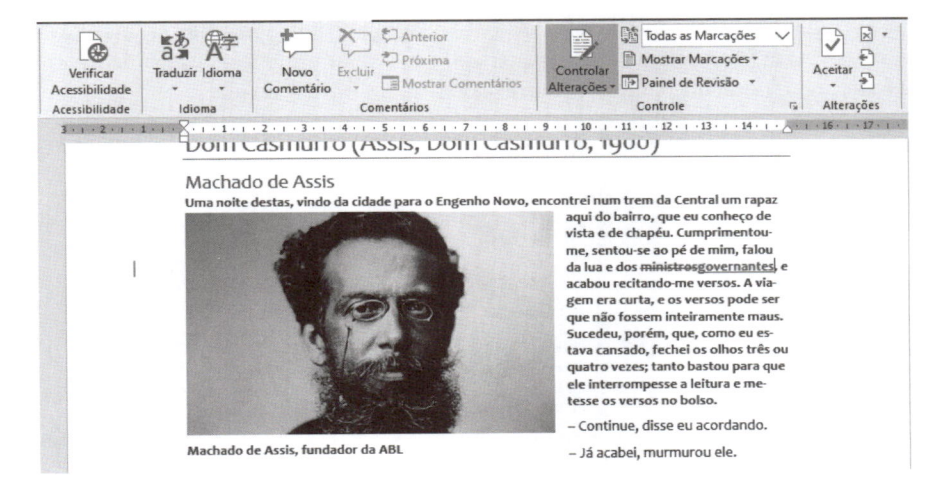

2. Se você não quer que outras pessoas desativem esse controle, clique na parte de baixo do botão *Controlar Alterações* e selecione *Proteger Controle de Alterações*, o que permitirá criar uma senha.

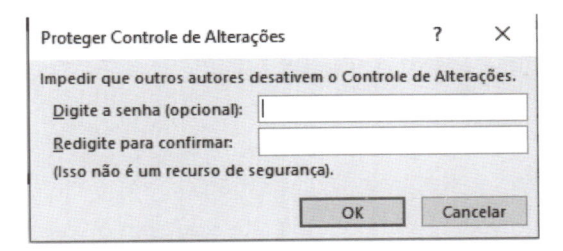

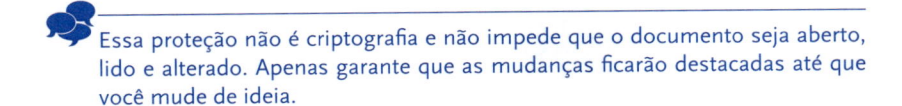

Essa proteção não é criptografia e não impede que o documento seja aberto, lido e alterado. Apenas garante que as mudanças ficarão destacadas até que você mude de ideia.

3. No ícone seguinte do grupo, podemos escolher que tipos de marcações vemos nessa revisão. O padrão é que todas as marcações sejam exibidas.

Referências e revisão – 247

4. Em seguida, podemos mostrar as marcações pelo tipo, como comentários, inserções e exclusões, ou até escolher exibir as alterações feitas por um revisor específico. Neste caso, até o momento, somente um revisor, o autor, mexeu no texto.

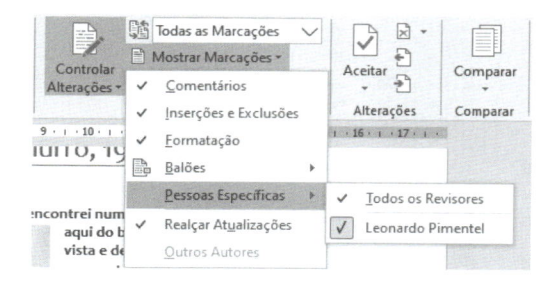

5. Na hora de fazer a revisão final, clique em *Painel de Revisão*, que mostra numa aba lateral tudo o que foi mudado.

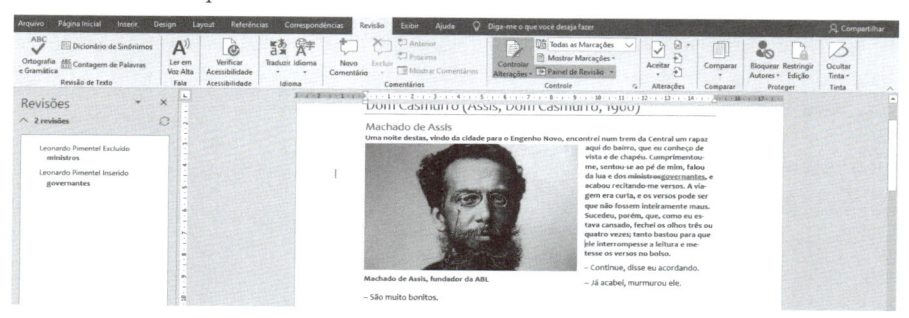

6. Tanto no painel quanto no corpo do texto, basta clicar na alteração com o botão direito do mouse para ter acesso às opções de aceitar ou rejeitar a alteração em questão. Você pode também desabilitar nesse menu o controle de alterações.

7. E a setinha no canto inferior direito desse grupo abre uma caixa de opções.

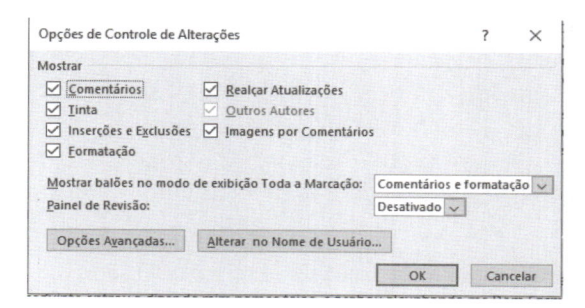

8. Dentro dessa caixa, as *Opções Avançadas* permitem escolher como cada alteração ou comentário será exibido.

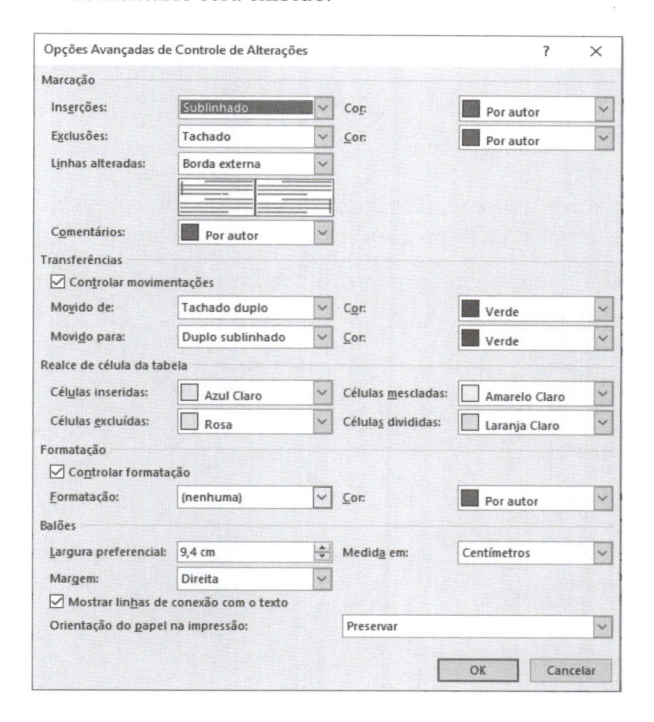

Grupos Alterações, Comparar, Proteger e Tinta

Uma vez que todo mundo já revisou o texto, é hora de aprovar ou rejeitar as alterações. Isso pode ser feito, como vimos, pelo *Painel de Revisão*, ou pelo grupo *Alterações*.

1. O primeiro ícone é *Aceitar*, que possui as opções *Aceitar e Passar para a Próxima* (para aceitar as alterações uma por uma), *Aceitar Todas as Alterações* e *Aceitar Todas as Alterações e Parar o Controle*.

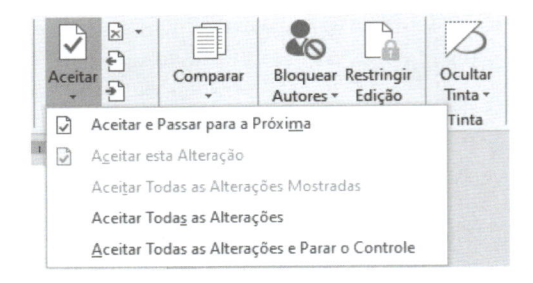

2. O ícone ao lado, *Rejeitar*, faz o caminho inverso, rejeitando alterações. Os dois ícones seguintes apenas navegam entre as alterações feitas.

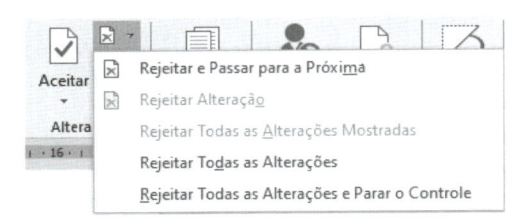

Depois de tanto ser mexido, o texto está pronto, mas como saber quais alterações ficaram e quais acabaram descartadas? O jeito é comparar versões do documento.

3. É possível tanto *Comparar* as alterações em um terceiro documento, ou *Combinar* diferentes revisões em um único documento.

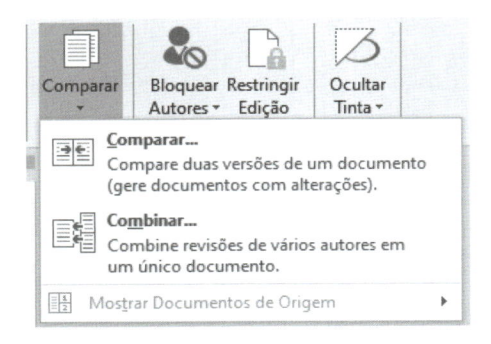

Nos dois casos, será exibida a janela a seguir para que você localize o arquivo de cada versão.

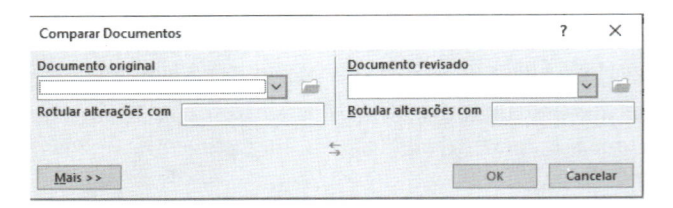

4. Para proteger um trecho do documento que você não quer que seja alterado, selecione o trecho desejado e clique em *Bloquear Autores*, no grupo *Proteger*.

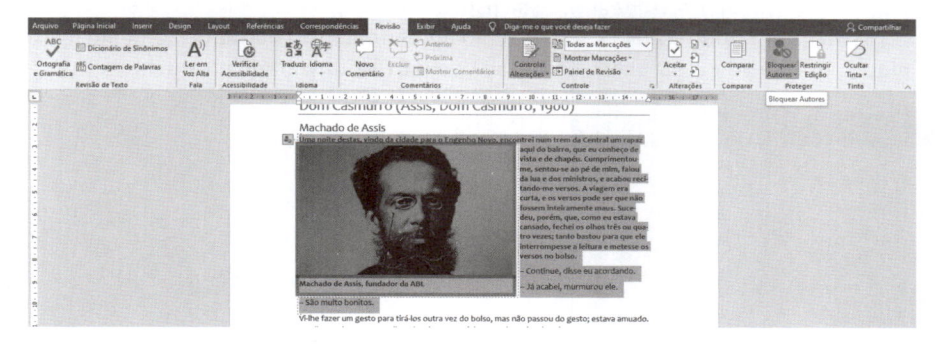

O trecho estará restrito até que você o libere e salve o documento.

5. Por meio de *Restringir Edição*, é possível controlar as alterações que podem ser feitas e por quais usuários. É possível restringir as mudanças de formatação a um único tema e determinar que um revisor possa somente fazer comentários, sem alterar o texto.

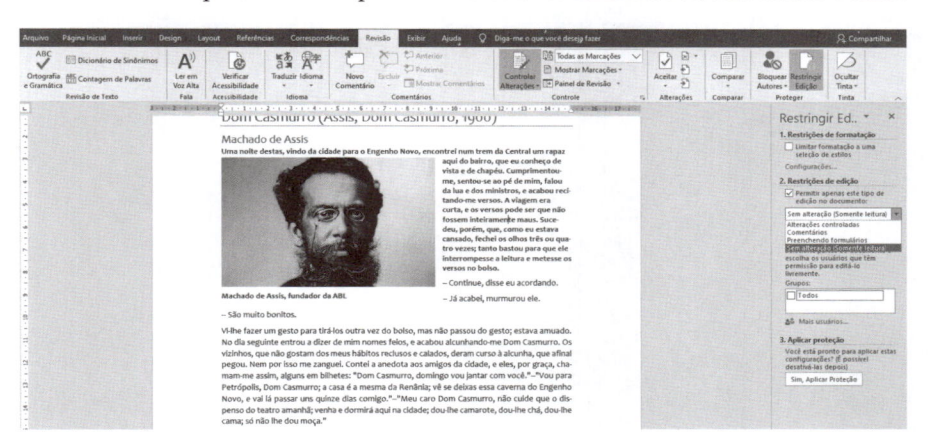

6. Finalmente, no grupo *Tinta* podemos ocultar ou excluir todas as anotações a tinta feitas nos desenhos do documento.

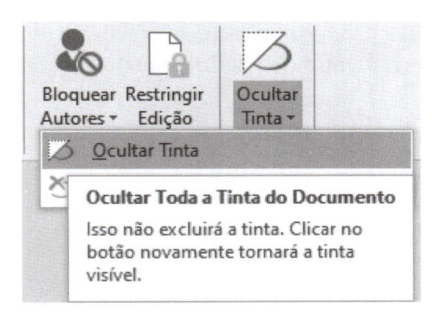

7. Um último adendo. Para encaminhar o documento para outros revisores, use o comando *Compartilhar*, no canto superior direito da tela. Na janela que se abre, o ícone ao lado de *Convidar pessoas* abrirá sua lista de endereços para localizar o e-mail dos revisores. Você pode escolher se eles terão autonomia para editar ou somente ler. E ainda pode decidir se as alterações serão compartilhadas automaticamente.

Com isso, encerramos nossa viagem pelo Word 2019. Com o conhecimento acumulado até aqui, você domina uma das mais poderosas ferramentas de edição de texto. Agora, mãos à obra.

Exercícios

1. Abra um texto com título e pelo menos um subtítulo ou entretítulo.
2. Insira o *Sumário Automático 2*.
3. Na aba *Inserir*, use os recursos do grupo *Texto* para mudar a formatação de um parágrafo.
4. Crie uma nota de rodapé e uma nota de fim.
5. Altere a formatação da nota de rodapé.
6. Pesquise na internet as referências bibliográficas de três obras (uma pode ser este livro aqui mesmo, para dar menos trabalho).
7. Insira as fontes como citações em três pontos diferentes de seu texto.
8. Gere uma bibliografia.
9. Insira uma ou mais imagens no documento.
10. Crie legendas para essas imagens.
11. Marque entradas em quatro palavras de pontos diferentes.
12. Crie um índice.
13. Mude cinco palavras para grafias erradas.
14. Use o corretor ortográfico para corrigi-las.
15. Use o dicionário de sinônimos em pelo menos uma palavra.
16. Habilite o controle de alterações.
17. Troque uma palavra do texto por outra.
18. Mude a formatação de um parágrafo.
19. Use o *Painel de Revisão* para aceitar as modificações.

Anotações

Sobre o autor

Leonardo Pimentel tem graduação em comunicação social/jornalismo pela Universidade Federal do Rio de Janeiro (UFRJ). Desenvolveu sua carreira nas áreas de jornalismo e comunicação social, com ampla experiência em veículos impressos e on-line, assim como assessoria de comunicação nos setores público e privado, incluindo chefia de equipes, edição, gerenciamento de crises, gerenciamento, coordenação e produção de conteúdo para redes sociais, reportagem, redação, etc.

Referências bibliográficas

ASSIS, Joaquim Maria Machado de. **Dom Casmurro**. Disponível em: http://www.dominiopublico.gov.br/download/texto/bv00180a.pdf. Acesso em: 1º out. 2019.

ASSIS, Joaquim Maria Machado de. **Memórias póstumas de Brás Cubas**. Disponível em: http://www.dominiopublico.gov.br/pesquisa/DetalheObraForm.do?select_action=&co_obra=2038. Acesso em: 1º out. 2019.

Índice geral

Alinhamento	74
Aparência e exibição do documento (Capítulo 10)	221
Aplicando estilos	95
Apresentação	7
Barra de Ferramentas de Acesso Rápido	15
Barra de revisão	21
Barra de visualização	22
Bordas	79
Classificar	72
Colocar neste documento	208
Comando *Abrir*	25
Comando *Fechar*	27
Comando *Imprimir*	26
Comando *Novo*	23
Comandos *Salvar/Salvar como*	23
Como baixar o material da Série Informática	9
Conhecendo o Word 2019	13
Converter Texto em Tabela	133
Cor da fonte	54
Criando um novo estilo	93
Definindo o corpo da letra	34
Digitar um texto	27
Efeitos básicos nas letras	39
Efeitos de texto e tipografia	44
Endereço de email	209
Entrelinhas e parágrafos	77
Escolhendo uma fonte	32
Estrutura de Tópicos	228
Estrutura do livro	9
Exercícios	28, 57, 84, 105, 135, 161, 181, 201, 219, 234, 253
Faixa de *Opções*	19
Folha de *Rosto*	109
Formas	165
Formatação básica (Capítulo 2)	29
Gráfico	192
Grupo *Acessibilidade*	147
Grupo *Ajustar*	179
Grupo *Alinhamento*	129

Grupo *Alterar*	177
Grupo *Área de Transferência*	97
Grupo *Avançada*	229
Grupo *Bordas*	118
Grupo *Cabeçalho e Rodapé*	211
Grupo *Citações e Bibliografia*	240
Grupo *Comentários*	210
Grupo *Configurar Página*	225
Grupo *Criar Gráfico*	186
Grupo *Dados*	198
Grupo *Desenhar*	125
Grupo *Documento Mestre*	229
Grupo *Editando*	101
Grupo *Estilo de Tabela*	116
Grupo *Estilos*	87
Grupo *Estilos de Forma*	168
Grupo *Estilos de Gráfico*	196
Grupo *Estilos de Imagem*	145
Grupo *Estilos de SmartArt*	190
Grupo *Estilos de WordArt*	175
Grupo *Ferramentas da Estrutura de Tópicos*	228
Grupo *Fonte*	31
Grupo *Formatação do Documento*	223
Grupo *Idioma*	245
Grupo *Ilustrações (parte 1)*	139
Grupo *Ilustrações (parte 2)*	165
Grupo *Ilustrações (parte 3)*	185
Grupo *Índice*	242
Grupo *Inserir*	213
Grupo *Inserir Formas*	166
Grupo *Janela*	230
Grupo *Layout de Gráfico*	194
Grupo *Layouts*	189
Grupo *Legendas*	241
Grupo *Linhas e Colunas*	126
Grupo *Links*	207
Grupo *Macros*	231
Grupo *Mesclar*	127
Grupo *Modos de Exibição*	226
Grupo *Modos de Exibição do Modelo 3D*	180

Grupo *Navegação*	216
Grupo *Notas de Rodapé*	238
Grupo *Opções*	216
Grupo *Opções de Estilo de Tabela*	115
Grupo *Organizar*	148
Grupo *Páginas*	109
Grupo *Parágrafo*	61
Grupo *Pesquisar*	239
Grupo *Plano de Fundo da Página*	224
Grupo *Posição*	217
Grupo *Redefinir*	191
Grupo *Revisão de Texto*	244
Grupo *Seleção Atual*	200
Grupo *SharePoint*	233
Grupo *Símbolos*	218
Grupo *Sumário*	237
Grupo *Tabela*	119
Grupo *Tabelas*	112
Grupo *Tamanho*	155, 180
Grupo *Tamanho da Célula*	128
Grupo *Texto*	175, 217
Grupo *Tipo*	199
Grupos *Alterações, Comparar, Proteger e Tinta*	249
Grupos *Comentários e Controle*	246
Grupos *Fala e Acessibilidade*	245
Grupos *Movimentação de Páginas, Mostrar e Zoom*	230
Grupos *Suplementos e Mídia*	205
Guia *Arquivo*	22
Guia *Design*	223
Guia *Exibir*	226
Guia *Ferramentas de Cabeçalho e Rodapé/Design*	212
Guia *Ferramentas de Desenho/Formatar*	165
Guia *Ferramentas de Gráfico/Design*	194
Guia *Ferramentas de Gráfico/Formatar*	200
Guia *Ferramentas de Ícones/Formatar*	176
Guia *Ferramentas de Imagem/Formatar*	140
Guia *Ferramentas de SmartArt/Design*	185
Guia *Ferramentas de SmartArt/Formatar*	191
Guia *Ferramentas de Tabela/Design*	115
Guia *Ferramentas de Tabela/Layout*	119

Guia *Ferramentas do Modelo 3D/Formatar*	179
Guia *Inserir (parte 1)*	109
Guia *Inserir (parte 2)*	139
Guia *Inserir (parte 3)*	165
Guia *Inserir (parte 4)*	185
Guia *Inserir (parte 5)*	205
Guia *Layout*	225
Guia *Página Inicial (parte 1)*	31
Guia *Página Inicial (parte 2)*	61
Guia *Página Inicial (parte 3)*	87
Guia *Referências*	237
Guia *Revisão*	244
Ícones	175
Ícones de comando da janela	18
Imagens	139
Imagens Online	159
Indicador	209
Instantâneo	201
Layout da Web	227
Limpar formatação	56
Link	207
Lista de vários níveis	67
Localizar	101
Maiúsculas e minúsculas	36
Marcadores	61
Menu de atalhos	56
Modelos 3D	177
Modificando estilos	88
Modo de Leitura	226
Mostrar tudo	73
Numeração	65
O que é a Série Informática	9
Obter Suplementos	205
Página da Web ou arquivo	208
Página em Branco e Quebra de Página	112
Pincel de Formatação	100
Primeiros passos (Capítulo 1)	11
Produtividade (Capítulo 4)	85
Realce do Texto	53
Recortar, Copiar e Colar	97

Recuo	71
Referência Cruzada	210
Referências e revisão (Capítulo 11)	235
Selecionar	104
SmartArt	185
Substituir	103
Tabela	112
Tabelas Rápidas	135
Trabalhando com desenhos e modelos 3D (Capítulo 7)	163
Trabalhando com elementos gráficos (Capítulo 8)	183
Trabalhando com imagens (Capítulo 6)	137
Trabalhando com páginas e tabelas (Capítulo 5)	107
Trabalhando com parágrafos (Capítulo 3)	59
Trabalhando com recursos on-line (Capítulo 9)	203
Vídeo *Online*	206